KB092510

사랑의 단상

Rorand Barthes

Fragments d'un discours amoureux

© Éditions du Seuil, 1977

This Korean edition was published
by Dongmoonsun Publishing Company in 2023
by arrangement with Éditions du Seuil, Paris
through KCC(Korea Copyright Center Inc.), Seoul.

사랑의 단상

롤랑 바르트

김희영 옮김

東文選 文藝新書 178

Fragments
d'un discours amoureux

Fragments
d'un discours amoureux

Fragments
d'un discours amoureux

Fragments
d'un discours amoureux

일러두기

- 원문에서의 대문자 표기는 방점을 찍는 것으로, 이탤릭체 표기는 **짙은 글자체**로 대체하였으며, 문맥에 따라 따옴표로 표기하기도 했다.

- 이 책의 주석은 원주와 역주의 구별 없이 일련번호를 붙였다. 다만 역주는 주석을 단 후 [역주] 표시를 병기했다.

- 이 책에서 자주 인용되는 《젊은 베르테르의 슬픔》이나 《잔치》, 그리고 나머지 책들은 원문에서 직접 옮겼으며, 각주에 그 출처를 붙였다.

- 이 책의 원제는 *Fragments d'un discours amoureux*(Éditions du Seuil, 1977)로, 다의적인 해석이 가능한 그런 표현이다. 직역하면 '사랑 담론의 단편들'이나, 단상이란 말 자체에도 생각이나 말의 단편적인 표현이란 뜻이 포함되어 있어 보다 간결한 표현을 택하였다. 그러나 바르트가 한 인터뷰에서 밝힌 대로 이 책이 사랑에 관한 철학적 담론이나 수필이 아닌 사랑하는 사람의 말을 극화한 것이라면, 영어 번역본 제목인 《연인의 담론 *A lover's discourse*》이 저자의 의도에 가장 가까운 번역이라고 할 수 있다. 하지만 이것은 불연속적이고도 분산된 언어의 파편으로만 존재하는 사랑하는 사람의 말이라는 의미나, 또는 바르트의 후기 저술을 특징짓는 '단상'의 의미를 수용하지 못한다는 점에서 문제가 있기에 이 책에서는 보다 친숙하고 간결한 《사랑의 단상》으로 옮겼음을 밝혀둔다.

이 책의 필요성은 오늘날 사랑의 담론이 **지극히 외로운 처지**에 놓여 있다는 사실을 인식한 데에서 비롯되었다. 이 담론은 아마도 수많은 주체들에(누가 그걸 알 수 있단 말인가?) 의해 말해져 왔을 것이다. 그러나 어느 누구에 의해서도 보호받지는 못했다. 그것은 주변의 언어들로부터 버림받았다. 또는 무시되고, 헐뜯어지고, 웃음거리가 되어 왔다. 권력에서 단절되었을 뿐 아니라, 그 메커니즘(과학·지식·예술)과도 단절된 것이다. 이렇듯 하나의 담론이 모든 군생 집단 밖으로 추방당하여 스스로의 힘에 의해 비실제적인 것 안으로 표류하게 되면, 그때 그것은 긍정의 장소가 —— 비록 미미한 것이긴 하지만 —— 되는 수밖에 없다. 요컨대 이 긍정은 바로 여기 시작하는 책의 주제이다.

이 책은 어떻게 만들어졌는가?

　모든 것은 다음과 같은 원칙에서 출발하였다. 사랑하는 사람을 단순히 어떤 증세가 있는 환자로 환원시켜서는 안 되며, 오히려 우리는 그의 목소리에서 비실제적인 것, 다시 말하면 다루기 힘든(intraitable) 것을 들어야 한다는 원칙 말이다. 이렇게 하여 사례를 들지 않고 오로지 일차 언어의(메타 언어가 아닌) 행위에만 의존하는 '극적인' 방법이 선택되었다. 연인의 담론을 묘사하는 것은 그 가상(simulation)으로 대체되었고, 분석이 아닌 언술 행위(énonciation)를 무대에 올려놓기 위하여 이 담론에서는 그 근본 주체인 '나'가 복귀되었다. 그러므로 여기서 제시된 것은 하나의 초상화이다. 그러나 이 초상화는 심리적인 것이 아닌 구조적인 것이다. 그것은 말(parole)의 자리를 읽게 해준다. 말하지 않는 그 사람(사랑의 대상) 앞에서 혼자 마음속으로 사랑스럽게 말하는 누군가의 자리를.

1. 문형

　담론의 라틴어 어원인 'dis-cursus'는 이리저리 돌아다니는 행위·왕래·'교섭'·'음모' 등을 뜻한다. 사실 사랑하는 사람은 머릿속에서 늘 돌아다니며, 새로운 교섭을 시도하거나 자신에 맞서 음모를 꾸미기를 멈추지 않는다. 그의 담론은 우연하고도 하찮은 기회에 그에게 다가오는 언어의 번득임으로만 존재한다.

이런 담론의 파편들을 우리는 문형(figure)[1]이라 부를 수 있을 것이다. 이 단어는 수사학적 의미보다는 차라리 체조나 무용에서 말하는 '피겨'란 뜻으로 이해되어야 할 것이다. 간단히 말해서 그리스어의 의미말이다. σχῆμα는 '도형'이란 뜻이 아니다. 그것은 보다 생동감 넘치는, 즉 휴식을 취하는 상태가 아닌 행동하는 상태에서 포착된 몸짓이다. 이를테면 운동 선수나 웅변가의 육체, 또는 동상처럼 긴장된 육체에서 고정시킬 수 있는 그 무엇이다. 그것은 자신의 문형에 사로잡혀 있는 연인에게서도 마찬가지이다. 그는 운동 선수처럼 조금은 미친 경주에 날뛰며 자신의 힘을 소모한다. 또는 웅변가처럼 문장을 꾸미기도 하고, 동상처럼 한 역할에 처박혀 얼어붙기도 한다. 문형, 그것은 작업중에 있는 연인이다.

우리를 스쳐가는 담론 속에서 우리가 알아차릴 수 있는 어떤 것, 즉 언젠가 읽고 듣고 느꼈던 것에 의해 문형은 잘려진다. 그리하여 문형의 윤곽이 그려지고(하나의 기호처럼), 기억되어진다(이미지 혹은 이야기

---

1) 수사학에서 일컫는 '문형(figure)'이란 은유·환유 등 문장에 광택을 주는 일체의 수사법을 지칭하는 말이나, 바르트는 "움직이는 상태에서 포착된 언어"란 새로운 정의를 내리고 있다. 일반적으로 이 단어를 문채·비유·형상·형태소 등으로 번역하고 있으나, 이런 바르트의 정의에는 부합되지 않는 것 같아 좀 생경하고 어색하긴 하지만 그리스어 어원이 도형이라는 점, 그리고 작업중의 연인이 사용하는 언어의 형상이란 점에서 문형(文形)으로 옮겨 보았다. 영어의 '패턴(pattern)'을 일반적으로 '문형(文型)'이라 하고 있어 도식적이고도 반복적인 느낌을 주는 듯하나, 어떤 점에서는 사랑하는 사람의 언어도 그 강박적인 성격 때문에 그런 느낌에서 완전히 벗어난다고는 할 수 없다. 그러나 이런 언어의 형상을 지칭할 때를 제외하고, 순수하게 모습·형체를 가리킬 때는 형상이라는 말도 같이 사용하고자 한다.[역주]

처럼). 어느 누군가가 "이 얼마나 맞는 말인가! 난 이 언어의 장면을 알아볼 수 있어"라고 말할 수만 있다면 그것으로 이미 하나의 문형은 성립된 것이다. 언어학자들은 그들의 몇몇 실험을 위해 언어학적 감정이란 막연한 개념을 사용한다. 이와 마찬가지로 문형을 구성하기 위해서는 사랑의 감정이라는 안내자 외에는 그 무엇도 필요치 않다.

　텍스트의 분배가 어느쪽에는 많고 어느쪽에는 적다는 것은 그리 중요한 문제가 아니다. 많은 문형이 갑자기 끝나 버리는 그런 죽은 시간도 있다. 또 어떤 것들은 모든 사랑 담론의 실체(hypostase)임으로 해서 본질이 가지는 희소성(빈약함)마저도 갖는다. 우수라든지, 이미지 혹은 사랑의 편지에 대해 과연 무슨 말을 할 수 있을까? 모든 사랑의 담론이 욕망·상상계·고백으로 짜여진 바에야. 그러나 이 담론을 말하고 여러 개의 에피소드로 쪼개는 사람은 그것으로 한 권의 책이 만들어질지 어떤지를 알지 못한다. 훌륭한 문화적 주체로서 자신의 말을 되풀이해서도, 모순되는 말을 해서도, 전체를 부분으로 간주해서도 안 된다는 사실을 알지 못한다. 그가 아는 것은 다만 어느 순간 자신의 머리를 스쳐갔던 생각이 마치 어떤 코드(code)[2]의 흔적처럼 새겨져 있다는 사실뿐이다(예전에 그것은 기사도 사랑의 코드이거나, 혹은 사랑의 지도(la carte du Tendre)[3]였을 것이다).

――――――――――

2) 코드란 언어학에서 의사소통의 행위에 사용되는 신호 체계를 지칭하는 말이나, 바르트에 의하면 이미 보고 듣고 읽은 어떤 것이 연상 작용에 의해 드러나는 "인용의 한 전망이자 구조의 환영이다"(S/Z, p.26)라고 표현된다. 따라서 바르트의 코드는 책 읽기의 잠재적인 방향이나, 텍스트의 복수태적 성격을 읽는 한 도구라 할 수 있다. 〔역주〕
3) 17세기 프랑스 여류 작가인 스퀴데리 양(Mlle de Scudéry)이 상상한, 여러 개의 사랑의 길이 묘사된 지도를 가리킨다. 〔역주〕

이 코드를 우리는 각자 자신의 이야기로 채울 수 있을 것이다. 빈약하든 그렇지 않든 간에 문형은 항상 거기 있어야 하며, 또 그것을 위한 자리(칸)가 마련되어져야 한다. 마치 그 문형이 하나의 '장소(topos)'인 사랑의 '논점(topique)'⁴⁾이란 것이 존재한다는 것처럼. 그런데 논점의 속성은 얼마간 비어 있다는 것이다. 그것은 규정상 반은 코드화되어 있고, 반은 투사적이다(또는 코드화되어 있으므로 투사적이다). 그러므로 우리가 여기서 기다림·고뇌·추억에 대해 할 수 있었던 말은, 독자 스스로가 포착하여 거기에 덧붙이거나 삭제하여 다른 사람에게 넘겨주도록 하기 위해 제공된 하나의 조그만 보충물에 지나지 않는다. 사람들은 문형 주위에서 고리찾기놀이를 한다. 때로 그것을 전달하기 전 마지막 정지 순간에 좀더 오래 붙들고 있을 때도 있다. (이상적인 책이란 하나의 협동조합일 것이다. "하나로 결합된 연인들과 독자들에게.")

각 문형의 서두에 적힌 말은 그것의 정의가 아니라 논지(argument)이다. 그런데 논지의 어원인 라틴어 'argumentum'은 '제시부·이야기·개요·일화·지어낸 이야기' 등을 뜻한다. 나는 거기에다 브레히트식의 선전 문구인 거리감의 도구⁵⁾란 의미를 덧붙인다. 이 논지는 사랑의 주체가 누군가에는 상관없이(어느 누구도 사랑의 담론을 생산하기 위한 충분한 거리감은 갖지 못한다), 다만 그가 말하는 것에만 관계 있다. 여기 고뇌란 한 문형이 있다면, 그것은 바로 주체가 가끔 "난 괴로워!"라고 외

4) 논점(topique)의 그리스어 어원은 topos로서 장소·자리를 뜻한다. 수사학적 의미로는 판에 박힌 말투, 상투어를 가리킨다.〔역주〕
5) 브레히트(Brecht)는 관객이 극중 인물과 동일시하는 전통 연극에 반해 극중 인물과 배우를 분리하는 서사극을 주장함으로써 관객의 비평 정신을 유발코자 하였는데, 이것이 바로 거리감의 도구 또는 효과이다.〔역주〕

치기 때문이다(이 단어의 임상적인 의미와는 관계없이). 어디에선가 마리아 칼라스는 "고뇌여!"라고 노래한 적이 있다. 문형은 일종의 오페라 아리아이다. 사람들은 왕왕 그 첫 구절로 곡조를 알아보고 기억하며 조정한다("그 꿈을 살고 싶어라(Je veux vivre ce rêve)" "내 눈이여 눈물을 흘려라(Pleurez, mes yeux)" "별은 빛나건만(Lucevan le stelle)" "내 운명을 슬퍼하리라(Piangerò la mia sorte)"). 이와 마찬가지로 문형도 어둠 속에서 그것을 분절하는 언어의 주름으로부터 출발한다(시구라든가 후렴구 또는 영창곡 같은).

  사람들은 단어만이 용도를 가질 뿐 문장은 그렇지 못하다고 말한다. 그러나 각 문형마다 그 깊숙이에는 사랑하는 사람의 구조 안에서만 용도를 갖는 하나의 문장, 대개는 미지의(혹은 무의식적인?) 문장이 잠들고 있다. 이 모체가 되는 문장은 (여기서는 그렇다고 가정한) 완전한 문장도, 완성된 메시지도 아니다. 그것의 활동 원칙은 말하는 것에 있는 것이 아니라 분절하는 것에 있다. 대체로 말하자면 그것은 하나의 '통사론적 곡조(air syntaxique)' 또는 '구성법(mode de construction)'에 지나지 않는다. 이를테면 여기 주체가 사랑하는 이를 약속 시간에 기다리고 있다고 한다면, 그의 머릿속에는 다음과 같은 문장의 곡조가 끊임없이 떠오를 것이다. "그래도 이건 너무하잖아……." "그이/그녀는 ……할 수도 있었을 텐데." "그이/그녀는 그래도 ……란 걸 잘 알 텐데." 무엇을 할 수 있으며, 무엇을 안단 말인가? 그건 별로 중요한 문제가 아니다. 이미 기다림이란 문형은 형성되었으니까. 이런 문장들은 중단된 상태로 있음으로써 바로 문형의 모체가 된다. 어떤 감정의 상태를 말하고 나서 그냥 멈추어 버리는. 그 역할은 이미 채워진 것이다. 단어는 결코 미친 것이 아니다(기껏해야 변태적(pervers)이라고나 할까). 미친 것은 바로 통사부(syntaxe)이다. 주체가 자신의 자리를 찾는 것은—— 그리하여 그 자리를 찾게 되거나, 또는 언어가 부과하는 거짓 자리를 찾게 되는 것은—— 바로 문장의 차원에서가 아닐까? 문장 깊숙이에는 프로이트나 라캉이 말하는 '언어의 환각(hallucination verbale)'[6] 같은 그 무엇이 있다. 즉 일반적으로 통사론적 부분으로만 한정되어 있는 잘려진 문장이 ("비록 당신이 ……일지라도" "당신이 아직도 ……해야 한다면" 등등). 이렇게 해서 모든 문형의 감정적 동요가 생겨난다. 아무리 달콤한 문형이라 할지라도 그 내부에는 어떤 미결 상태의 공포가 어려 있다. 나는 문형에서 넵투누스의 폭풍우 같은 '쿠오스 에고(quos ego)'[7]를 듣는다.

2. 순서

문형은 사랑하는 동안 내내 주체의 머릿속에 순서 없이 떠오르는 그런 것이다. 왜냐하면 그것은 매번 어떤 우연(내적인 것이든, 또는 외적인 것이든 간에)에 달려 있기 때문이다. 이런저런 우연한 사건에 부딪칠 때마다 사랑하는 사람은 문형의 저장소(혹은 보고)에서 필요·명령 또는 그의 상상계의 즐거움에 따라 문형을 길어올린다. 그러면 문형이 터져나오고, 또는 모든 멜로디에서 차단된 음처럼 홀로 진동하거나, 일종의 록뮤직 모티프처럼 신물나게 되풀이된다. 문형을 연결하고, 그 인접성을 결정하는 것은 논리가 아니다. 그것은 통합체(syntagme)[8] 밖에, 이야

---

6) 후기 구조주의 움직임에 커다란 영향을 미친 라캉(Lacan)은 프랑스 프로이트학파의 창설자로, 그에 의하면 언어는 인간 의식에 선행하는 것으로 무의식의 동의어로 간주된다.[역주]
7) 베르길리우스(Vergilius)의 《아이네이스 Aeneis》에 의하면, 바다 위로 몰아친 폭풍우에 노한 넵투누스가 이 말을 외쳤다 한다. 일반적으로 '쿠오스 에고'는 몹시 화난 상태를 가리킨다.[역주]

기 밖에 있다. 문형은 에리니에스[9] 여신이다. 공중에 떠돌아다니는 모기보다 더 아무렇게나 움직이다 부딪치고 잠잠해지고 다시 나타나고 마침내는 사라진다. 연인의 담론은 변증법적인 것이 아니다. 그것은 끊임없이 되풀이되는 달력이나, 혹은 감정 문화의 백과사전처럼 계속 돌아간다(사랑하는 사람에게는 부바르와 페퀴셰[10] 같은 그 무엇이 있다).

언어학 용어를 빌린다면, 문형은 통합적(intégratif)이 아니라 배열적(distributionnel)이다.[11] 그것은 항상 동일 층위에 머물러 있다. 사랑하는 사람은 일련의 문장들의 묶음으로 말하지만, 그 문장들을 상위 층위 즉 한 권의 작품으로 통합시키지는 못한다. 그것은 어떤 초월도, 구원도, 소설도(그러나 소설적인 것은 많은) 존재하지 않는 수평적인 담론이다. 물론 모든 사랑의 에피소드에는 의미가 주어질 수 있다. 그것은 태어났다 자라고 죽어간다. 인과 관계나 목적성에 의해 항상 해석할 수 있는, 필요에 따라서는 도덕적인 고찰마저도 가능한 그런 길을 밟는다("그땐 내가 미쳤었지, 이젠 다 나았지만" "사랑이란 속임수야, 지금부턴 경계해야지" 등등). 바로 이것이 저 '서사적 큰 타자(au grand Autre narratif)' 혹은 도에

---

8) 통합체란 언술 행위에서 "어떤 언어 요소와 그 환경 사이의 선형의 연속적 결합 관계"를 나타내는 언어학 용어로서, 나타나지 않는 것의 계열체(paradigme)와는 대립된다.(이정민·배영남 공저, 《언어학사전》, p.773 참조)[역주]

9) 에리니에스(Erinyes)는 그리스 신화에 나오는 복수와 징벌의 세 여신 알렉토, 티시포네, 메가에라를 가리킨다.[역주]

10) 부바르(Bouvard)와 페퀴셰(Pécuchet)는 동일 제목의 플로베르 소설에 나오는 우스꽝스럽고 희화적인 인물들로 백과사전적인 지식을 실생활에 그대로 적용하려 한다.[역주]

11) 바르트에 의하면 통합적 관계란 하나의 층위가 그보다 높은 상위 층위와 연관지어서 파악된 경우이고, 배열적 관계란 하나의 층위 그 자체에서 파악된 경우이다. 배열적 대신 분포적이란 용어를 사용하기도 한다.(김치수 편저, 《구조주의와 문학비평》, p.99 참조)[역주]

지나친 힘은 모두 과소평가하는 일반 여론에 종속된 사랑 이야기이다. 주체가 순서도 끝도 없이 관통하는 저 커다란 상상계의 흐름을 다만 고통스런, 병적인, 그래서 반드시 치유되어야만 하는 위기로 주체 자신이 환원시키기를 바라는 그런 일반 여론에(그것은 히포크라테스가 말하는 질병처럼 "태어났다 커지고 괴롭히다 사라지는 거야"). 사랑 이야기(또는 '모험')란, 사랑하는 사람이 이 세상과 화해하기 위해 지불해야 하는 공물(貢物)이다.

그러나 이 이야기를 결코 알지 못한 채 그것을 동반하는 담론·독백·방백은 아주 다르다. 이 담론(그리고 그것을 재현하는 텍스트)의 원칙은 그 문형들이 배열될 수 없다는 데 있다. 즉 정돈되고, 배열되고, 일정한 순서를 밟아 하나의 결말(결산)에 이르는 것 말이다. 이 책에서 말하는 것이 사랑 이야기(또는 어떤 사랑에 대한 이야기)가 아니라는 것을 이해시키기 위해서는, 또 의미의 유혹을 저지하기 위해서는 '절대적으로 무의미한' 순서를 택하는 것이 필요했다. 그리하여 우리는 이 문형들의 연결을(책은 그 제도상 일정한 순서를 따라야만 하므로) 이름짓기와 알파벳 순서란 두 개의 자의적인 결합에 맡겼다. 그러나 이 자의적인 결합은 의미론적인 이유(사전에 나오는 모든 이름 중에서 문형은 두세 개의 이름밖에는 가질 수 없으므로)와 알파벳 순서를 규정하는 우리의 오래된 관습에 의해 각기 조정되었다. 그렇게 하여 우리는 논리적인 시퀀스를 만들어낼지도 모르는 순수 우연의 농간을 피할 수 있었다. 왜냐하면 어느 수학자의 말처럼 "괴물을 낳는 우연의 힘을 과소평가해서는" 안 되기 때문이다. 문형들의 어떤 순서로부터 드러나는 괴물이란 이 경우 '사랑의 철학'일 것이다. 오직 그것의 긍정만을 기대해야 하는 바로 거기에서.

3. 참고 문헌

이런 사랑의 주체를 구성하기 위해 우리는 다양한 출처의 조각들을 가지고 조립하였다. 어떤 것은 괴테의 《젊은 베르테르의 슬픔》[여기서는 《베르테르》라고 표기함] 같은 규칙적인 책읽기에서 온 것이고, 또 어떤 것은 꾸준한 책읽기(플라톤의 《잔치》, 선(禪), 정신분석학, 몇몇의 신비주의자들, 니체, 독일 가곡), 우연한 기회에 행해진 책읽기에서 온 것이다. 또 몇몇은 친구들과의 대화, 내 스스로의 삶에서 온 것도 있다.

책과 친구들에게서 빌린 것은 때로 이 텍스트의 여백에다 책 제목과 친구들 이름의 이니셜을 씀으로써 그 출처를 밝히고 있지만 전부 그런 것은 아니다. 이렇게 주어진 주석은 권위적인 것이 아니라 우정어린 것이다. 나는 내 글을 증명하고자 인용하는 것이 아니다. 다만 지나가는 길에 나를 매혹시키고 설득했던, 혹은 한순간이나마 이해한다는(또는 이해된다는?) 즐거움을 주었던 것들을 하나의 인사로서 상기하려 할 따름이다. 그러므로 읽고 들은 것에 대한 이런 회상은 자주 불확실하고도 미완성의 상태로 남아 있다. 그것은 어쩌면 이런저런 것이 읽혀지고 말해지고 들은 장소들의 기억(책이나 만남) 외에는 다른 아무것도 아닌 담론에는 어울리는 것인지도 모른다. 왜냐하면 필자가 여기 사랑하는 사람에게 그의 '지식'을 빌려준다 할지라도, 사랑하는 사람은 그 지식의 올바른 사용과는 무관한 자신의 순진무구한 상상계만을 건네주기 때문이다.

그러므로 여기에서 말하고
얘기하는 사람은
바로 사랑하는 사람이다.

"나는 빠져들어간다, 나는 쓰러진다…"

빠져들어가는 것 S'ABÎMER
절망 또는 충족감으로 사랑하는 사람에게 나타나는 사라짐의
충동.

1 때로 상처 또는 행복감으로 **수렁에 빠지고** 싶은 충동이 나
베르테르[1] 를 사로잡는다.

오늘 아침(시골에서) 날씨는 부드럽고 잿빛이다. 나는 (무
슨 일인지도 모르면서) 괴로워한다. 모든 울림이 제거된 (누
구를 협박하려는 것도 아닌) 자살의 상념이 떠오른다. 그것
은 무미한 상념이다. 그것은 아무것도 부수지 않아(아무것
도 '깨뜨리지 않아') 오늘 아침의 빛깔(이 정적, 이 버려짐)과
도 잘 어울린다.

---

1) 《베르테르》: "이런 상념들 속에 나는 빠져들어가고, 이 장엄한 현
상의 힘 앞에 쓰러진다네."(p.16) "그녀를 만나야지…… 이런 생각만
하면 모든 것은 수렁에 삼켜진 것처럼 더이상 아무것도 바라지 않게
된다네."(p.43)

어느 다른 날 우리는 비를 맞으며 호숫가에서 배를 기다린다. 이번에는 행복감으로 인해 똑같은 사라짐의 충동이 내게로 온다. 이렇게 때로 불행 또는 기쁨이 어떤 소요도, 더이상 어떤 감정의 격분도 일으킴이 없이 그냥 내게로 떨어진다. 그러면 나는 분해되는 게 아니라 용해되어진다. 넘어지고, 가라앉고, 녹여진다. 나를 잠시 스쳐가고, 유혹하고 만져 봤던(마치 발로 물을 만지는 것처럼) 이 상념은 다시 되돌아올 수도 있다. 그것은 엄숙한 것이라곤 전혀 없는, 정확히 말해 **부드러움**(douceur)이란 것이다.

2 수렁에 빠지고 싶은 충동은 상처에 의해 올 수도 있지만, 또 어떤 융합에 의해 올 수도 있다. 우리는 사랑하기 때문에 함께 죽는다. 에테르 속에 용해된 열린 죽음, 합장(合葬)의 닫힌 죽음.

트리스탄[2]
보들레르[3]

---

2) 트리스탄: "이 끝없는 에테르의 축복받은 심연 속으로, 네 숭고한 영혼의 그 광대한 무한 속으로 나는 아무 의식 없이 빠져들어간다네. 오 쾌락이여!"(이졸데의 죽음)

《트리스탄과 이졸데》(여기서는 《트리스탄》이라 표기함)는 콘월의 왕인 마크의 왕비 이졸데와 그의 조카 트리스탄 사이의 숙명적인 비련을 노래한 켈트족의 전설로서, 프랑스에서는 베룰(Béroul)과 토마(Thomas)가, 독일에서는 슐레겔(Schlegel)과 빌란트(Wieland)가 각각 작품으로 완성하였다.(역주)

3) 보들레르(Baudelaire): "장밋빛과 신비로운 푸른빛이 어우러진 어느 날 저녁, 우리는 하나의 유일한 섬광을 교환하겠지. 모든 것은 긴 오열처럼 작별 인사로 가득한 채."(〈연인들의 죽음〉, 《악의 꽃》에서)

추락(abîme)[4]은 최면의 한순간이다. 어떤 암시가 작용하여 나를 죽이지 않고 기절하게끔 명령한다. 아마도 거기에 추

로이스브루크[5]

락의 부드러움이 있는지도 모른다. 나는 그것에 대해 아무런 책임도 없다. (죽는) 행위는 내 임무가 아니다. 나는 내 자신을 내맡기고 양도한다(누구에게? 신, 자연, 그 사람을 제외한 모든 것에게).

3 이처럼 수렁에 빠지고 싶은 생각이 떠오를 때, 그것은 어느 곳에도 내가 설 땅이 없다는 것을 의미한다. 죽음에서조차도. 그 사람의 이미지는——내가 밀착하고, 그 때문에 내가 사는——더이상 존재하지 않는다. 때로는 어떤 재앙이 그 이미지를 영원히 멀어지게 하는 것 같고, 또 때로는 엄청난 행복이 나를 그것에 결합시키는 것 같고. 분리되든 용해되든 나는 어느곳에서도 받아들여지지 못한다. 너, 나, 죽음, **말을 걸 수 있는 대상**은 아무것도 앞에 없다.

(이상하게도 사랑의 상상계의 극단적인 행위 안에서——이미

---

4) 여기서 '빠져들어가다' 또는 '수렁에 빠지다'로 옮긴 프랑스어 's'abîmer'의 명사형 'abîme'은 '심연, 깊은 수렁'의 뜻을 가지고 있다. 그러나 '심연'이란 단어가 '빠져들어가다'란 동사적 의미를 표현하지 못하므로 여기서는 '추락'으로 옮기고자 한다. 그러나 때에 따라서는 '심연'이란 단어도 같이 사용하고자 한다.[역주]
5) 로이스브루크(Ruysbroeck): "심연의 휴식……."(《선집》, p.40)
  로이스브루크는 벨기에의 신비주의자로 네덜란드어로 글을 쓴 최초의 작가이다. 후일 루터와 로욜라 등에게 커다란 영향을 끼쳤다.[역주]

지로부터 쫓겨났거나, 또는 합쳐졌기 때문에 사라지는──이 상상계의 붕괴가 이루어진다. 망설이는 짧은 순간에 나는 사랑하는 사람으로서의 구조를 잃어버린다. 그것은 아무 준비도 없이 이루어진 거짓 장례, 공소 기각 같은 그 어떤 것이다.)

4 죽음을 사랑하는 걸까? 키츠의 말처럼 반쯤은 그런 마음도 있다고 하면 너무 과장된 말일까(**편안한 죽음을 반쯤은 사랑했거니**(half in love with easeful death)).[6] 죽는 것으로부터 해방된 죽음. 나는 이런 환상을 해본다. 내 육체의 어느곳에서도 피가 흐르지 않는 부드러운 출혈, 채 사라지기 전에 고통을 덜 시간을 가질 수 있도록 계산된 거의 즉각적인 소모. 나는 잠시나마 죽음의 뒤틀린 상념 속에 머무른다(망가진 열쇠처럼 뒤틀린). 죽음을 내 **밖에서** 생각하는 것이다. 생각해 본 적도 없는 논리로써 죽음을 생각하는 것이다. 나는 죽음과 삶을 대립시키면서 그것을 연결하는 숙명적인 쌍 밖으로 표류한다.

5 추락은 시의적절한 사라짐에 불과한 것일까? 내가 거기서
사르트르[7] 휴식이 아닌 **감동**(émotion)을 읽는 것은 그리 어려운 일이

---

6) 키츠(Keats), 〈나이팅게일에 부치는 노래〉.〔역주〕
7) 사르트르, 〈도피로서의 기절과 분노에 대해〉, 《감동 이론 소묘》.

아니다. 나는 내 장례를 도피로 위장한다. 나를 **책임감 있
는** 주체로 만드는 이 막힘, 이 조밀함에서 벗어나기 위해 나
는 묽어지고 기절한다. 나는 나간다. 그것은 곧 황홀이다.

어느 힘들었던 저녁 파티 후, X⋯는 셰르슈-미디 가[8]에서
말로 할 수 없는 것과는 아주 거리가 먼, 잘 짜여진 문장과
또렷한 목소리로 자기도 때로는 기절하기를 바란 적이 있
다고 설명하는 것이었다. 그는 결코 마음대로 사라질 수 없
다는 데 대해 안타까워하고 있었다.
그의 말은 자신의 약함에 굴복하여 세상이 부과하는 상처
에 더이상 저항하지 않게 되기를 바란다는 뜻이었다. 그러
면서도 동시에 그는 이 쇠약한 힘에 다른 힘을, 다른 긍정
을 내세우고 있었다. **나는 모든 것에 대해, 모든 것에 맞서
용기의 거부를 따라서 윤리의 거부를 수행한다.** X⋯의 목
소리가 말하는 것은 바로 그것이었다.

---

8) 파리 몽파르나스 근처의 거리 이름.〔역주〕

부재하는 이

부재 ABSENCE

사랑하는 이의 부재를 무대화하는 언어의 에피소드는, 그 부재
의 이유나 기간은 어떠하든 부재를 모두 버려짐의 시련으로 변
형시키려는 경향이 있다.

1 사랑의 부재에 대한 많은 가곡과 멜로디, 노래들이 있다.

베르테르 그러나 이 고전적인 문형을 《베르테르》에서는 찾아볼 수
없다. 그 이유는 간단하다. 이 작품에서 사랑의 대상인 로테
는 움직이지 않으며, 어느 순간 멀어지는 것은 바로 사랑
의 주체인 베르테르이기 때문이다. 그런데 부재에는 항상
그 사람의 부재만이 존재한다. 떠나는 것은 그 사람이며, 남
아 있는 것은 나 자신이다. 그 사람은 끊임없는 출발, 여행
의 상태에 있다. 그의 천직은 철새, 사라지는 자이다. 그런
데 사랑하고 있는 나, 나의 천직은 반대로 칩거자, 움직이지
않는 자, 그 사람의 처분만을 기다리며 자리에서 꼼짝 않
는, 마치 역 한구석에 내팽개쳐진 수화물마냥 '유보된(en
souffrance)' 자이다. 사랑의 부재는 일방통행이다. 그것은 남

아 있는 사람으로부터 말해질 수 있는 것이지, 떠나는 사람으로부터 말해질 수 있는 것이 아니다. 항상 현존하는 **나**는 끊임없이 부재하는 **너** 앞에서만 성립된다. 그러므로 부재를 말한다는 것은 곧 주체의 자리와 타자의 자리가 교환될 수 없음을 단번에 상정하는 것이다. 다시 말하면 "사랑하는 것만큼 사랑받지 못한다는 것을."

2 역사적으로 부재의 담론은 여̇자̇가 담당해 왔다. 여자는 칩

위고[1]

거자, 남̇자̇는 사냥꾼·나그네이다. 여자는 충실하며(그녀는 기다린다), 남자는 나돌아다닌다(항해를 하거나 바람을 피운다). 여자는 시간이 있기에 물레로 실을 잣고, 노래를 부른다. 그러므로 부재에 형태를 주고, 이야기를 꾸며내는 것은 여̇자̇이다. 〈실을 잣는 여인〉(les Fileuses), 〈베틀의 노래〉(les Chansons de toile)[2] 등은 동시에 부동(물레의 웅웅거림에 의해)과 부재(멀리서 들리는 여행의 리듬, 겹쳐지는 파도 소리)를 말한다. 따라서 그 사람의 부재를 말하는 남자에게는 모두 **여성적인** 것이 있음을 표명하는 결과가 된다. 기다리고 있고, 또 그로 인해 괴로워하는 남자는 놀랍게도 여성화되어

---

1) 위고(Hugo): "여인이여 당신은 누구 때문에 우는가? —— 부재하는 이 때문에."(포레(Fauré)가 곡을 붙인 위고의 시 〈부재하는 이〉에서)
2) 〈베틀의 노래〉는 프랑스 서정시의 가장 오래된 기록으로, 12세기에 씌어진 이 작자 미상의 작품은 자기 방에 갇힌 채 실을 잣는 젊은 여인의 이야기를 노래하고 있다.〔역주〕

E. B.[3] 있다. 성도착자여서가 아니라 사랑하기 때문에 여성적인 것이다. (신화와 유토피아――그 기원도 미래도 **여성적인** 것을 가진 주체에 속해 왔고, 또 속할 것이다.)

3 가끔 부재를 잘 견디어낼 때가 있다. 그러면 나는 '정상적인' 사람이 된다. '소중한 이'의 떠남을 감수하는 '모든 사람'의 대열에 끼게 되는 것이다. 일찍부터 어머니와 떨어져 있도록 훈련된 그 길들이기에 나는 능숙하게 복종한다. 그러나 처음에는 무척이나 고통스러웠던(거의 미칠 지경이었던) 그 길들이기에. 나는 젖을 잘 뗀 주체처럼 행동한다. 어머니의 젖가슴이 아닌 다른 것으로 **그동안** 양분을 취할 줄도 안다.

이 잘 견디어낸 부재, 그것은 망각 외에는 다른 아무것도 아니다. 나는 간헐적으로 불충실한 것이다. 그것은 내가 살아남을 수 있는 조건이기도 하다. 망각하지 않는다면 죽을 것이기에. **가끔** 망각하지 않는 연인은 지나침, 피로, 기억의

베르테르 긴장으로 죽어간다(베르테르처럼).

(어렸을 때 난 잊어버리지 않았다. 어머니가 멀리 일하러 간 그 기나긴 버려진 나날들을. 저녁마다 어머니를 마중하러 세브르-바빌론[4] 버스 정류장에 나가곤 했다. 버스는 여러 대가 지나갔

---

3) 바슐리에(E. Bachellier)의 편지에서.
4) 파리 몽파르나스 근처의 거리 이름.[역주]

지만 그 어느것에도 어머니는 없었다.)

4 이 망각으로부터 나는 아주 빨리 깨어난다. 서둘러서 어떤
기억을, 혼란을 재구성해 본다. 하나의 (고전적인) 단어가 육
^{로이스브루크5)} 체로부터 우러나와 부재의 감동을 말해 준다. 즉 **갈망하다**
(soupirer)란 단어가. 그런데 그것은 '육체의 현존을 갈망하
^{디드로6)} 는' 것을 뜻한다. 남녀양성겸유자(androgyne)의 두 반쪽은 서
로를 갈망한다. 입김을 불 때마다 각자의 불완전한 입김이
서로 상대방의 입김에 섞이기를 원하는 것처럼. 두 개의 이
미지를 하나로 녹이는 것으로서의 포옹의 이미지. 그러나
사랑의 부재에서의 나는 서글프게도 누렇게 메마르고 오
그라든, **떨어진 이미지**이다.

(무엇이라고? 욕망이란 대상이 현존하든 부재하든 항상 동일
한 것이 아니란 말인가? 대상은 항상 부재하는 것이 아닐까?
^{그리스인7)} ── 그러나 그것은 동일한 우수가 아니다. 그리스어에는 욕망
에 대한 두 단어가 있다. 부재하는 이에 대한 욕망에는 '**포토스**

---

5) 로이스브루크, 《선집》.
6) 디드로(Diderot): "네 입술을 내게로 기울여 다오.
　　　　　　　　그리하여 내 입에서 나오자마자
　　　　　　　　내 영혼이 다시 네게로 건네주는."
　　　　　　〈로망스 취향의 노래〉)
　　디드로는 18세기 프랑스 계몽주의 철학가이자 소설가이다.[역주]
7) 그리스인: 데티엔느(Détienne), 《아도니스의 정원》, p.168에서 인용.

(Pothos)'가, 현존하는 이에 대한 욕망에는 보다 격렬한 '히메로
스(Himéros)'가.)

5 나는 부재하는 이에게 그의 부재에 관한 담론을 끝없이 늘
어놓는다. 이것은 요컨대 놀라운 상황이다. 그 사람은 지시
물(référent)[8]로는 부재하지만, 대화 상대로서는 현존한다.
이 이상한 뒤틀림으로부터 일종의 감당하기 어려운 현재
가 생겨난다. 나는 지시의 시간과 담화의 시간 사이에 처박
혀 꼼짝 못한다. 당신은 떠났고(그 때문에 내가 괴로워하는),
또 당신은 여기 있다(내가 당신에게 말하고 있으므로). 그러
면 나는 현재가, 이 어려운 시간이 무엇인지를 알게 된다.
그것은 고뇌의 순수한 한 편린이다.
부재는 지속되고, 나는 그것을 견디어내야만 한다. 그래서
나는 부재를 **조작하려** 한다. 시간의 뒤틀림을 왔다갔다하
는 행동으로 변형시키거나, 리듬을 산출하거나, 언어의 장
면을 열고자 한다(언어는 부재에서 태어난다. 아이는 실패를
가지고 장난한다. 어머니의 외출과 귀가를 흉내내며 실패를 던
졌다 붙잡았다 한다. 하나의 패러다임이 창출된다). 부재는 능
동적인 실천, **분망함**(affairement)'(다른 일은 아무것도 못하게
하는)이 된다. 다양한 역할(의혹·비난·욕망·우울)이 등장
하는 허구의 이야기가 만들어진다. 이런 언어의 무대화는

---

8) 지시물이란 기호나 단어에 의해 제시되는 구체적인 세계의 것을
지칭하는 언어학 용어이다.(역주)

그 사람을 죽음으로부터 멀어지게 한다. 아이가 어머니의 부재를 여전히 믿고 있는 시간과 이미 죽었다고 생각하는 시간 사이에는 극히 짧은 차이밖에 없다고 한다. 부재를 조작하는 것, 그것은 이 순간을 연장하려는, 그리하여 그 사람이 냉혹하게도 부재에서 죽음으로 기울어질지도 모르는 순간을 되도록 오래 늦추려는 것이다.

6 욕구불만의 문형은 현존일 것이다(나는 그 사람을 매일 보지만 충족되지 못한다. 대상은 실제 저기 있으나, 상상 속에서는 여전히 결핍되어 있다). 그리고 거세(castration)의 문형은 불연속성이리라(나는 '울지 않고' 그 사람을 잠시 떠나 있을 것을 승낙한다. 관계의 장례를 감수한다. 나는 **망각**할 줄 안다). 그런데 부재는 결핍의 문형이다. 나는 동시에 욕망하며 욕구한다. 욕망(désir)이 욕구(besoin)에 짓눌린다.[10] 바로 거기에 사랑의 감정의 집요한 사실이 있다.

---

9) 위니콧(Winnicott): 《분석 단상》《유희와 현실》의 저자이며, 영국의 정신분석학자.〔역주〕

10) 라캉은 프로이트의 업적 중 욕망 이론을 가장 중요한 것으로 간주하고, 이것을 정신분석의 핵심으로 재정립하고자 하였다. 그는 욕망(désir)을 욕구(besoin)·요구(demande)와 구별하는데, 욕구란 생리적인 것이나 특정 대상과 관계되는 것으로 충족 가능하며, 요구란 말로 표현되어 타자에게 건네지는 것이다. 그런데 욕망은 존재의 원초적 결여로 인해 결코 충족될 수 없는 것이다. "욕구는 실제적인 대상과 관계되지만, 요구에서의 대상은 비본질적인 것으로 그것은 사실상 사랑의 요구이다. 욕망은 이런 욕구와 요구의 틈 사이에서 생겨나는데, 실제적인

("영원하고도 열렬한 욕망이 저기 있다. 그러나 신은 욕망보다 로이스브루크[11] 더 높은 곳에 있고, 그리하여 욕망의 치켜진 팔은 저 숭앙받는 완전무결함에는 결코 이르지 못한다." 부재의 담론은 두 개의 표상문자로 씌어진 텍스트이다. 한쪽에는 **욕망의 치켜진 팔**이, 다른 한쪽에는 **욕구의 내민 팔**이 있다. 나는 치켜진 팔의 음경의 이미지와 내민 팔의 음문의 이미지 사이에서 흔들거리며 망설인다.)

7 홀로 찻집에 앉아 있다. 누군가가 와서 인사한다. 나는 사람들로 둘러싸여 원해지며 영합의 대상이 된 듯한 느낌이다. 그러나 그 사람은 부재하고, 그래서 나는 나를 노리고 있는 이 세속적인 영합으로부터 그가 지켜 주도록 마음속에 그를 소환한다. 내가 빠져들어가는 듯한 이 유혹의 히스테리에 대항하기 위해 그의 '진실'(그는 내게 그런 느낌을 준다)에 호소한다. 내 세속적인 처신이 마치 그 사람의 부재 탓인 양 그의 보호를, 귀환을 간청한다. 어머니가 아이를 찾으러 오듯이 그 사람이 다시 나타나 이 세속적인 현란함으로부터, 사회적인 자만심으로부터 나를 구해 주기를, 사랑

대상과 무관하다는 점에서는 욕구로 환원되지 않으며, 언어나 타자의 무의식을 고려함이 없이 자신을 강요하고, 또 타자에 의해 절대적으로 인정받기를 원한다는 점에서는 요구로도 환원되지 않는다." (J. Laplanche & J. -B. Pontalis, *Vocabulaire de la Pshychanalyse*, p.122) [역주]

11) 로이스브루크, 《선집》, p.44.

세계의 "그 종교적인 내면성과 장중함을" 돌려주기를 간청한다.

(X…는 내게 사랑이 그를 세속적인 삶으로부터 보호해 주었다고 말했다. 파벌·야심·진급·음모·동맹·탈퇴·역할·권력으로부터. 사랑은 그를 사회의 찌꺼기로 만들었지만 그는 오히려 기뻐했다고.)

S. S.[12]   8 불교의 한 공안(公案)은 다음과 같이 말한다. "스승이 제자의 머리를 오랫동안 물속에 붙잡고 있었다. 점차 물거품이 희박해지고, 마지막 순간에 가서야 스승은 제자를 꺼내어 되살린다. 네가 지금 공기를 원했던 것처럼 진실을 원할 때, 너는 비로소 진실이 무엇인지를 알게 되리라."
그 사람의 부재는 내 머리를 물속에 붙들고 있다. 점차 나는 숨이 막혀 가고, 공기는 희박해진다. 이 숨막힘에 의해 나는 내 '진실'을 재구성하고, 사랑의 다루기 힘든 것을 준비한다.

---

12) 사르뒤(S. Sarduy)가 인용한 공안.

"근사해!"

근사해 ADORABLE

사랑하는 사람은 사랑의 대상에 대한 자신의 욕망의 특이함을
이름짓지 못하여 조금은 바보 같은 이 "근사해!"라는 말에 귀착
한다.

1 "9월 어느 청명한 날 장을 보러 나갔지. 그날 아침 파리는 **근
사했어**…… 등등."

수많은 지각 현상이 갑자기 눈부신(눈이 부시다는 것은 결
국 보지도 말하지도 못하게 하는 것이다) 인상을 형성하러 온
다. 날씨·계절·빛·거리·산책·파리지앵들·쇼핑, 이 모든
것들은 **이미** 추억의 소명을 지닌 것 안에 포함되어 있다.
한 폭의 그림이란 요컨대 온정의 상형문자요(그뢰즈[2]가 그
렸을 것 같은), 유쾌한 욕망이다. 내가 붙잡으려 하지 않았는

디드로[1]

---

1) 디드로(Diderot)도 레싱(Lessing)처럼 의미심장한 순간에 대한 이론
을 전개하고 있다.(《전집》, III, p.542)
2) 그뢰즈(Greuze): 18세기 프랑스 화가로 윤리적 주제의 그림을 많이
그렸다.[역주]

데도 온 파리가 내 손아귀 안에 있다. 나는 욕심도 없고, 울적하지도 않다. 파리의 매력을 벗어나는 모든 현실들, 즉 역사·일·돈·상품·대도시의 비정함들을 잊어버린다. 나는 거기에서 미학적으로 **억제된** 한 욕망의 대상만을 볼 뿐이다. 페르-라셰즈 언덕에서 라스티냑은 파리를 향해 이렇게 외친다. **자, 이젠 우리 둘에게**라고. 그러나 난 파리에게 **근사해!**라고 말한다.

디드로[3]

전날 밤의 어떤 인상으로 행복한 상념 속에 온몸이 나른한 채 잠에서 깨어난다. "어젯밤 X…는 근사했었어." 그것은 무엇에의 추억일까? 그리스인들이 **카리스**(charis)라고 불렀던 것? 그런데 카리스란 '눈의 광채, 육체의 빛나는 아름다움, 욕망하는 대상의 광휘'를 뜻한다. 나는 고대의 **카리스**란 말의 의미에서처럼 사랑하는 사람이 내 욕망에 몸을 내맡길지도 모른다는 상념을, 희망을 덧붙여 본다.

그리스인[4]

2 어떤 괴상한 논리에 의해 사랑하는 사람은 사랑의 대상을 하나의 **전체**로 인지한다(가을날의 파리마냥). 동시에 이 전체는 말로는 할 수 없는 어떤 **여분**의 것을 지닌 것처럼 보인

----

3) 발자크(Balzac)의 《잃어버린 환상》의 주인공 라스티냑은 파리의 공동 묘지인 페르-라셰즈 언덕에 올라가서 파리와의 대결을 이렇게 선언한다. (역주)
4) 그리스인: 데티엔느, 《아도니스의 정원》, p.168.

다. 그 사람의 전부가 미학적인 영상을 산출한다. 그는 그
사람이 완벽하다는 사실에 찬미하며, 또 그렇게 완벽한 사
람을 선택한 자신을 찬미한다. 그는 사랑의 대상이 이런저
런 장점 때문이 아니라, 자신이 그러한 것처럼 **모든 것** 때
문에 사랑받기를 원한다고 상상하며, 이 **모든 것**을 텅빈 단
어의 형태로 표현한다. 왜냐하면 모든 것이란 축소되지 않
고는 목록에 끼일 수 없는 것이기에. "근사해!"란 말 안에
는 감정의 **모든 것**을 제외하고는, 어떤 특징도 머무르지 못
한다. 그렇지만 동시에 이 **근사해**란 말은 모든 것을 얘기
하며, 모든 것에 결핍된 그것까지도 말한다. 그것은 내 욕
망이 **특별히** 집착하는 그 사람의 그곳을 가리키고 싶어하
지만, 그곳은 가리켜질 수 없는 것이기에, 나는 그것에 대
해 결코 아무것도 알지 못할 것이다. 내 언어는 그것을 말
하기 위해 항상 망설이고 더듬을 것이며, 하나의 텅빈 말
밖에는 만들어내지 못할 것이다. 그 말은 요컨대 내가 그
사람에 대해(다른 어떤 사람이 아닌) 갖고 있는 아주 특이한
욕망이 형성되는 모든 장소의 영도(dégre zéro)와도 같은 것
이다.

3 일생을 통해 나는 수백만의 육체와 만나며, 그 중에서 수백
   개의 육체를 욕망할 수 있다. 그러나 그 수백 개의 육체 중
   에서 나는 단지 하나만을 사랑한다. 내가 사랑하는 그 사람
   은 내 욕망의 특이함을 보여준다.

그 선택은 그렇게도 엄격하기에 유일한 것(unique)만을 취하며, 바로 이 점이 분석적 전이(轉移)와 사랑의 전이의 다른 점이라고 말해진다. 전자가 보편적이라면, 후자는 특이한 것이다. 수많은 사람들 중에서 내 욕망에 꼭 들어맞는 이

미지를 찾기 위해 얼마나 많은 우연과 놀라운 우연의 일치가 (그리고 어쩌면 얼마나 많은 탐색이) 필요했던가! 바로 거기에 내가 결코 그 열쇠를 알지 못하는 수수께끼가 있다. 왜 나는 그런 사람을 원하는 걸까? 왜 나는 그를 지속적으로, 초췌하게 원하는 걸까? 내가 원하는 것은 그의 전부일까(실루엣·형체·표정)? 아니면 단지 몸의 한 부분일까? 그 경우 내 물신 숭배의 대상은 이 사랑하는 몸의 어떤 것일까? 그 크기는? 어쩌면 아주 하찮은 것인지도 모른다. 어떤 연유로? 손톱을 자른 모양, 약간 비스듬하게 깨진 이, 흘러내린 머리카락, 말하거나 담배 피우면서 손가락을 벌리는 모양? 육체의 이 모든 **주름**(plis)에 대해 나는 **근사하다**라고 말하고 싶다. **근사해**란, 그것은 유일하기 때문에 내 욕망이야란 뜻이다. "그래 이거야, 정확히 이거야(내가 사랑하는 것은)!" 그렇지만 내 욕망의 특이함을 느끼면 느낄수록 이름짓기는 힘들어진다. 과녁의 정확함에 이름의 흔들림이

---

5) 라캉: "당신의 욕망에 정확히 부합되는 이미지를 만난다는 것은 매일 있는 일은 아니다."(《세미나》, I, p.163)

6) 프루스트(Proust): 욕망의 특이함에 대한 장면, 게르망트 저택 마당에서의 샤를뤼스와 쥐피앵의 만남(《잃어버린 시간을 찾아서》의 제IV편 《소돔과 고모라》의 앞부분에 나오는 것으로 동성애의 대표적인 장면이다).

대응한다. 욕망의 속성은 부정확한 언표만을 만드는 데 있다. 언어의 이런 실패로부터 남은 흔적이 바로 '근사해'란 말이다('근사해'의 올바른 라틴어 번역은 '입세(ipse)'일 것이다. 그런데 '입세'란 자기 자신, 혹은 그/그녀 자신이 몸소란 뜻이다).

4 근사해란 피로, 즉 언어의 피로의 조그만 흔적이다. 이 말에서 저 말로 같은 이미지를 달리 말하는데, 내 욕망의 속성을 그릇되게 표현하는 데 그만 지쳐 버린 나. 그리하여 이 여행의 종착역에 이르러서의 내 마지막 철학은 동어 반복(tautologie)[7]을 인정하고 실천할 수밖에 없게 된다. **근사한 것은 근사하다**, 또는 당신이 근사하기 때문에 근사하다고 생각한다. 당신을 사랑하기 때문에 사랑한다 등등. 이렇게 사랑의 언어의 막을 내리는 것은 바로 그것을 설정한 매혹이다. 왜냐하면 매혹을 묘사한다는 것은, **결국** "난 매혹되었어"란 말을 초과할 수는 없기 때문이다. 금이 간 레코드마냥 그 **결정적인 말**밖에 되풀이할 수 없는 언어의 맨마지막에 이르면, 난 그것의 긍정으로 도취한다. 동어 반복이란 모든 가치가 뒤섞인 가운데 논리적 실험의 영광스런

---

7) 동어 반복은 바르트의 중요 용어 가운데 하나로 "같은 것을 같은 것으로 규정하는 것"이다. 이 수사학적인 문형은 부르주아 사회의 숨은 이데올로기를 파악하는 데 핵심적인 열쇠가 된다.(김현, 《프랑스 비평사: 현대편》, p.187 참조)[역주]

니체   결말과 외설적인 어리석음, 그리고 니체식의 **긍정**(oui)의 폭
발이 함께 자리하는 그런 전대미문의 상태가 아닐까?

다루기 힘든 것

긍정 AFFIRMATION

모든 것을 향해 모든 것에 맞서 사랑하는 사람은 사랑을 가치로
긍정한다.

1 내 이야기의 어려움에도 불구하고, 불안·의혹·절망, 빠져
   나오고 싶은 욕구에도 불구하고 나는 사랑을 하나의 가치
   로 긍정하기를 멈추지 않는다. 여러 다양한 체계들이 사랑
   을 탈신비화하고 제한하고 지우고 간단히 말해 폄하하기
   위해 사용하는 그 모든 설명을 들으면서도, 나는 여전히 고
   집을 부린다. "나도 잘 알고 있어, 하지만, 그래도……." 사
   랑의 평가절하는 일종의 몽매한 윤리관이나 우스꽝스런 사
   실주의 탓이라고 돌려 버리면서, 거기에 대항하여 가치의
   실제를 내세운다. 사랑에서 '잘 안 돌아가는' 모든 것에 대
   해, 그것의 가치 있는 것의 긍정을 대립시킨다. 이 완강함,
   바로 이것이 사랑의 항변이다. 달리 사랑해라, 좀더 잘 사
   랑해 봐라, 사랑에 빠지지 말고 사랑해라 등등, 그 '지각 있
   는 말씀들'의 합창곡 아래서 **조금 더 오래** 지속되는 고집

스런 목소리가 울려 나온다. 즉 다루기 힘든(intraitable) 연인의 목소리가.

세상만사는 모두 교체에 의해 이루어진다. 성공과 실패, 승리와 패배 등. 그러나 나는 다른 논리로 맞선다. 나는 동시에 모순되게도 행복하며 불행하다. 내게 있어 '성공' 또는 '실패'란 다만 일시적인, 우발적인 의미만을 가질 뿐이다(그렇다고 해서 물론 내 고통과 욕망이 격렬하지 않는 것은 아니지만). 나를 완강하게, 그리고 묵묵히 부추기는 것은 결코 전략적인 것은 아니다. 진실과 거짓, 성공과 실패를 떠나 나는 그냥 받아들이며 긍정한다. 모든 궁극성으로부터 물러나 우연에 따라 산다(그 증거로 내 담론의 문형들은 모두 주사위처럼 그냥 내게 떨어진 것이다). 모험에 부딪혀서도 (내게 우연히 다가온) 나는 승리자도 패배자도 아닌 채로 빠져나온다. 나는 비극적이다.

펠레아스[1]

셸링[2]

---

1) 《펠레아스》: "무슨 일이에요? 당신은 행복해 보이지 않는군요.
      —— 아니에요, 전 행복해요, 하지만 슬퍼요."
  《펠레아스와 멜리장드》(여기서는 《펠레아스》라 표기함)는 벨기에 작가 메테를링크(Maeterlink)의 작품으로 드뷔시(Debussy)가 오페라로 만들어 더욱 유명해졌다. 골로의 이복동생인 펠레아스와 그의 젊은 아내 멜리장드는 서로 사랑하는 사이이나, 질투에 사로잡힌 골로가 펠레아스를 죽이자 멜리장드도 따라 죽는다는, 상징주의 냄새가 짙게 풍기는 작품이다.[역주]
2) 셸링(Schelling): "비극의 본질은 (…) 주체 내부에 있는 자유와 객관적인 것으로서의 필요 사이에 벌어지는 한 실제적인 갈등이다. 어느 한쪽이 패배로 끝나는 그런 갈등이 아니라, 양쪽 다 승리자이자 패배자인,

(이런 종류의 사랑은 존속 가능성이 없다고 누군가는 말한다. 그러나 어떻게 존속 가능성을 **평가**할 수 있단 말인가? 어찌하여 존속 가능성인 것이 선이란 말인가? 왜 **지속되는** 것이 **타오르는** 것보다 더 낫단 말인가?)

2 오늘 아침 나는 급히 어떤 일의 승패가 달려 있는 아주 '중요한' 편지 한 통을 써야만 했다. 하지만 대신 나는 아무에게도 보내지 않을 사랑의 편지를 쓴다. 찬란한 사랑의 **의무**에서 온, 그러나 아무 소용도 없는 일을 위해, 나는 세상이 내게 부과하는 그 침울한 임무들을, 분별 있는 조심성, 반응의 처신 등을 즐겁게 포기한다. 나는 내 광기의 유일한 증인이다. 사랑이 내게서 노출시키는 것은 **에너지**이다. 그러므로 내가 하는 것은 모두 의미(그래서 내가 불평하지 않고 **살아갈** 수 있는)를 가진다. 그러나 이 의미는 하나의 포착할 수 없는 궁극성, 내 힘의 의미일 뿐이다. 나른한, 죄지은, 서글픈 굽힘들, 내 일상 생활의 모든 반발적인(réactif) 것이 뒤집힌 것이다. 베르테르는 알베르트의 진부함과 대면하여 자신의 긴장을 확인하며 찬미한다. 문학에서 태어나 그 낡은 코드의 도움을 받고서만 말할 수 있는 나는, 그렇

베르테르[3]

그리하여 완전한 무관심 속에 끝나게 되는 그런 갈등이다."(스존디 (Szondi), 《시와 시학》, p.12에서 재인용)
3) 《베르테르》: "그렇게 온순한 사람도 힘이 있다는 걸 보여주었는데, 어찌하여 극도의 긴장이 나약한 것이란 말입니까?"(p.53s.)

지만 **내 스스로의 철학**에 매달린 채 홀로 내 힘과 더불어 존재한다.

J.-L. B.[4] 3 기독교를 신봉하는 서구에서는 오늘날까지도 모든 힘은 그 전형으로서 통역사(Interprète)를 거친다고 한다(니체의 용어로는 유대교 신부). 그러나 사랑의 힘은 옮겨질 수도, 통역사의 손에 맡겨질 수도 없다. 그것은 저기 언어인 채로, 그냥 마술에 걸린 채, 까다로운 채 남아 있다. 여기서의 전형은 신부(Prêtre)가 아닌 연인(Amoureux)이다.

4 사랑에는 두 종류의 긍정이 있다. 우선 사랑하는 사람이 그 사람을 만났을 때 느끼는 즉각적인 긍정(심리적으로는 현혹·열광·흥분, 충일된 미래에 대한 미친 계획들. 나는 행복해지고 싶은 욕망과 충동으로 휩싸인다). 나는 모든 것에 대해 **예**라고 말한다. 그뒤를 잇는 긴 터널. 나의 첫번째 긍정은 의혹으로 찢겨지고, 사랑의 **가치**는 끊임없이 평가절하될 위험에 처한다. 그것은 서글픈 열정의 순간이요, 원한과 봉헌이 대두되는 순간이다. 그렇지만 나는 이 터널에서 빠져나올 수 있다. 제거하지 않고 '극복할' 수 있다. 처음에 긍정

니체[5]

---

4) 부트(J.-L. Bouttes)와의 대화에서.

5) 니체(Nietzsche): 이 부분은 모두 들뢰즈(Deleuze)의 《니체와 철학》, p.77과 p.218(긍정의 긍정에 대하여)에서 인용한 것.

했던 것을 반복하지 않고 다시 긍정할 수 있다. 왜냐하면 이번에 내가 긍정하는 것은 긍정 자체이지, 그 우발적인 요소들은 아니기 때문이다. 첫번째 만남을 그 다름 속에서 긍정하고, 그것의 반복이 아닌 회귀를 원하는 것이다. 나는 그 사람에게(과거의, 또는 지금의) **다시 시작하자**고 말한다.

코에 난 작은 점

변질 ALTÉRATION

사랑의 영역에서 사랑의 대상의 역(逆)이미지를 잠시나마 만들
어내는 것. 하찮은 사건이나 어떤 미세한 것 때문에 사랑하는 사
람은 그 선한 이미지가 갑자기 변질되고 전복되는 것을 본다.

1 로이스브루크가 매장된 지 5년 후 사람들이 그 시신을 다

로이스브루크 시 파내었을 때, 그것은 아무런 흠도 없이 그전 그대로였다

(물론 그렇지 않았다면 얘깃거리도 안 되었겠지만). 그러나 "거

도스토예프스키[1] 기에는 코에 아주 조그만 점이란 가벼운 흔적이 있었는데,

그렇다 하더라도 그것은 어떤 부패의 흔적이었다." 그 사

람의 완벽한 얼굴, 마치 방부제를 바른 듯한 얼굴에서(그

토록 나를 매혹시키는) 나는 갑자기 어떤 부패의 점을 인지

한다. 그 점은 아주 미세한 것이다. 한마디의 말, 몸짓, 물건,

옷 등, 내가 한번도 의심해 본 적이 없는 곳에서 솟아나와

(싹이 터) 사랑의 대상을 갑작스레 **비속한** 세계로 비끄러매

1) 도스토예프스키: 장로 조시마의 죽음: 시체의 유독한 냄새(《카라마
조프 가의 형제들》, III, vii, 1).

는 어떤 엉뚱한 것. 내가 그렇게도 경건하게 그 우아함과 독
창성을 찬미하던 그 사람도 결국 한 평범한 사람에 지나지
않는단 말인가? 그는 지금 자신이 다른 족속임을 드러내는
몸짓을 하고 있다. 나는 **얼떨떨해진다**. 하나의 역리듬을 듣
는다. 사랑하는 이의 아름다운 문장에서 이중음 소실(syn-
cope) 같은 어떤 것을, 이미지의 매끄러운 봉투 안에서 찢어
지는 소리를.

(예수회 회원인 키르허[2]가 최면에 걸린 암탉을 살짝 때려 깨어
나게 한 것처럼, 나 또한 잠시 매혹에서 깨어난다. 고통이 없지
도 않은 채로.)

2 이미지의 변질은 내가 그 사람을 **부끄럽게** 생각할 때 일어

잔치[3]

나는 것처럼 보인다(파이드로스의 말을 따르면, 이 수치심에
대한 두려움이 그리스의 연인들을 선(Bien)의 길에 붙잡아 두
었다고 한다. 각자는 서로 상대방의 시선 아래서 스스로의 이미
지를 감시해야 했으므로). 그런데 수치심은 예속에서 온다.
나의 통찰력 또는 정신착란만이 간파할 수 있는 어떤 하
찮은 일로 해서 그 사람이 갑자기 그 자체가 노예 근성인
어떤 심급에 **예속되어 있는** 것처럼 보인다. 그는 자신의 베

---

2) 키르허(Kircher) : 독일의 동양학 학자(1601~1680)로 자석과 빛에 관한
저술 활동과 언어 연구로 유명하다.(역주)
3) 파이드로스는 《잔치》에 나오는 인물로 변론가 뤼시아스를 숭배한
다.(역주)

일을 벗고, 노출되고, 사진 용어를 빌리면 현상된다. 나는 갑자기(시각의 문제) 그가 분주해지고 당황해하고, 또는 그렇게 함으로써 인정이라도 받으려는 듯 사교계의 의식에 복종하고 존중하고 영합하는 것을 본다. 왜냐하면 나쁜 이미지란 사악한 이미지가 아닌 **비열한** 이미지이기 때문이다. 그것은 내게 세속적인 진부함 속에 붙잡혀 있는 그 사람을 보여준다. (혹은 세상 사람들이 사랑을 폄하하기 위해 떠들어대는 그 시시한 소리에 그 사람이 가담할 때, 그는 변질되며 군생 집단이 된다.)

하이네[4]

3 한번은 그 사람이 우리 얘기를 하면서 이렇게 말하였다. '양질의 관계'라고. 이 말은 나를 불쾌하게 했다. 그것은 외부로부터 불쑥 나타나, 우리 관계의 특이함을 관례적인 서식에 의해 진부한 것으로 만들어 버리는 것이었다.

대체로 그 사람이 변질되는 것은 언어에 의해서이다. 그가 한마디 다른 말을 하면 하나의 **완전히 다른 세계가**, 즉 그 사람의 세계가 협박하듯 윙윙거리는 것이 들린다. 알베르틴이 어쩌다 "항아리를 깨뜨리게 하다"란 저속한 표현을 프루스트[5] 사용하자, 프루스트의 화자는 놀라 자빠진다. 그가 그토록

4) 하이네(Heine): "그들은 식탁에 앉아 차를 마신다."(《서정적 간주곡 *Intermezzo lyrique*》, 50, p.249)〔역주〕
5) 프루스트, 《갇힌 여인》, ⅲ, p.337.
《잃어버린 시간을 찾아서》의 주인공인 화자는 알베르틴을 사랑하

두려워하던 레즈비언들의 집단이, 그 천박한 꾀임의 무리가 단번에 폭로되었기 때문이다. 언어의 열쇠 구멍으로 전 장면이 드러난 것이다. 말이란 가장 격렬한 변질을 일으키는 미세한 화학물질이다. 오랫동안 내 스스로의 담론의 누에고치 안에 비끄러매어 두었던 그 사람이, 이제 자기도 모르게 새어나온 말 한마디로 그가 **빌릴 수 있는**, 따라서 타인들이 그에게 빌려주는 언어를 들려주는 것이다.

4 또 때로는 그 사람이 어떤 욕망에 예속된 것처럼 보인다. 그러면 그때 그의 오점이 되는 것은 내 눈에 하나의 형성된, 명명된, 제시된, 목적이 있는 그런 욕망이 아니라——그 경우 나는 단지 질투만 하면 되겠지만(이것은 또 다른 울림에 속한다)——그 자신도 의식하지 못하는, 나만이 간파할 수 있는 하나의 태어나는 욕망, 욕망의 싹틈이다. 나는 그가 대화중에 흥분하거나 한꺼번에 여러 가지를, **지나치게 많은 일**을 하는 것을 본다. 또는 제삼자를 유혹하는 일이 그에게 달려 있기라도 한 듯 이 제삼자에 대해 구걸하는 입장에 있는 것을 본다. 이런저런 모임을 잘 관찰하여 보면, 당신은 거기서 보다 우호적이고 보다 다정하며 보다 영합적인 관계를 유지하려고 이런 다른 사람에게 정신이

나 그녀의 레즈비언 기질 때문에 괴로워한다. "항아리를 깨뜨리게 하다(faire casser le pot)"란 표현은 레즈비언의 사랑 행위를 묘사하는 말이다. [역주]

팔려 있는(은밀하게, 사교적으로) 한 주체를 보게 될 것이다. 나는 그 사람을 기습한다. 말하자면 자아 팽창중인 그를 현장에서 목격한다. 사드[6]가 **머리의 격양**(l'effervescence de tête) ("나는 그의 눈에서 정액이 발산되는 것을 보았다")이라고 명명했을지도 모르는 것과 그리 거리가 멀지 않은 **존재의 광란**(affolement d'être)을 인지한다. 그리하여 간청을 받은 상대방이 같은 방법으로 응답이라도 하는 시에는, 그 장면은 우스꽝스러워진다. 두 마리의 공작새가 꼬리를 부채처럼 펼치며 서로를 유혹하는 모습이 연상된다. 이미지는 부패한 것이다. 왜냐하면 내가 갑자기 목격하는 사람은 **어떤 사람**(더이상 나의 그 사람이 아닌), 한 낯선 사람(미치광이?)이기 때문이다.

(이와 마찬가지로 비스크라를 출발하는 기차 안에서 알제리의 어린 학생들과 '숨가쁘게 헐떡거리며 노닥거리는' 지드의 모습은, 책을 읽고 있는 척하는 그의 부인 앞에서는 마치 '범죄자나

플로베르[7]

지드[8]

---

6) 사드(Sade): 프랑스의 작가(1740~1814)로, 전통적인 성도덕에 대한 날카로운 비판을 통하여 악의 개념을 새롭게 정의하였다.(역주)

7) 플로베르(Flaubert): "난데없는 바람이 이불을 젖혔다. 그러자 그들은 두 마리의 공작새, 암컷과 수컷을 보았다. 암컷은 무릎을 꿇고 엉덩이를 추켜올린 채 꼼짝 않고 있었고, 수컷은 꼬리를 부채처럼 둥글게 펴고 암컷 주위를 빙빙 돌다 상반신을 뒤로 젖혀 낄낄거리다 갑자기 깃털을 내려뜨려 그 위를 덮쳤다. 깃털은 마치 요람처럼 암컷을 덮쳤고, 그 두 마리의 커다란 새는 단 한번의 전율로 몸을 떨었다."(《부바르와 페퀴셰》, p.966)

8) 지드(Gide), 《이제 그는 네 안에 살아 있다》, p.1134.
아내 마들렌의 죽음을 속죄하는 뜻에서 쓴 이 회고록은 육체의 충동과 이로 인한 죄의식 등 지드의 내면적 갈등이 담긴 작품이다.(역주)

미치광이' 같아 보였다. 나의 욕망이 아닌 다른 욕망은 모두 **미친** 것이 아닐까?)

5 연인의 담론은 일반적으로 이미지에 밀착된 매끄러운 봉투이거나, 사랑의 대상을 감싸 주는 부드러운 장갑이다. 그것은 헌신적이고도 정통적인 담론이다. 그러나 이미지가 변질될 때 이런 헌신의 봉투는 찢어지고, 어떤 진동이 내 스스로의 언어를 뒤엎는다. 우연히 엿들은 말 한마디로 상처

베르테르[9]

를 입은 베르테르는 갑자기 로테가 수다쟁이임을 알게 되고, 함께 재잘거리던 친구들의 무리 속에 그녀를 포함시키며(그녀는 더이상 그 사람이 아닌 다른 많은 사람들 중의 한 사람인 것이다) 경멸에 찬 어조로 "내 어리석은 여인네들(meine Weibchen)"이란 말을 내뱉는다. 한마디의 **불경한** 언사가 갑작스레 주체의 입술에 떠올라 무례하게도 연인의 경건함을 깨뜨리고 만다. 그는 자신의 입을 빌려 말하는 마귀에 들린 것이다. 그 입에서는 동화에서처럼 더이상 꽃이 아닌 두꺼비가 나온다. 이미지의 소름끼치는 역류.
(망가뜨림에 대한 공포는 잃어버림에 대한 고뇌보다 더 강렬하다.)

---

9) 《베르테르》, p.99.

고뇌

고뇌 ANGOISSE

이런저런 우발적인 일로 해서 사랑하는 사람이 어떤 위험·상처·버려짐·돌변 등에 대한 두려움으로 격해지는 것. **고뇌**라는 이름으로 그가 표현하는 감정.

1 오늘 저녁 나는 혼자 호텔에 돌아왔다. 그 사람은 밤늦게 들어온다고 했다. 고뇌는 이미 저기 준비된 독약(질투·버려짐·불안)마냥 놓여 있다. 그것은 적절하게 공표되기 위해 약간의 시간이 지나가기를 기다릴 뿐이다. 나는 한 권의 책과 수면제를 '침착하게' 집어든다. 이 커다란 호텔의 정적은 울려퍼지고 무심하며 어리석어 보인다(멀리서 목욕탕 물이 빠지는 소리). 가구며 등잔도 우둔해 보인다. 몸을 녹여 줄 **다정한** 것이라곤 아무것도 없다("추워요, 우리 파리로 돌아가요"). 고뇌가 솟아오른다. 마치 소크라테스가 한담하면서(나는 책을 읽으면서) 독약의 차가움이 올라오는 것을 느꼈던 것처럼, 나는 고뇌의 진전을 관찰한다. 하나의 냉혹한 형상마냥 **저기 있는 사물들을 배경으로** 고뇌가 명명되며 올라

오는 것을 듣는다.

(그리하여 **무슨 일인가 일어나도록** 내가 기도라도 한다면?)

2 정신병 환자는 붕괴의 공포 속에서 산다고 한다(이 이외의

위니콧[1]   증세는 방어 수단에 불과하다). 그런데 "붕괴에 대한 임상적
인 공포는 이미 체험한 적이 있는 붕괴에 대한 공포이다(원
초적인 고뇌(primitive agony)). […] 그러므로 때에 따라서는 이
런 붕괴의 공포가 삶을 침식해 가는 환자에게, 이 붕괴가
이미 일어난 적이 있다는 것을 말해 줄 필요가 있다." 사랑
의 고뇌도 이와 마찬가지인 것처럼 보인다. 그것은 사랑의
출발점, 내가 매혹되었던 그 순간부터 이미 치러졌던 한 장
례에 대한 공포이다. 그러므로 누군가가 내게 이렇게 말해
줄 수 있어야 한다. "더이상 괴로워하지 마세요. 당신은 이
미 그를(그녀를) 잃어버렸는걸요"라고.

---

1) 위니콧: 〈붕괴의 공포〉, 《신정신분석학》지, 11호, p.75.

사랑을 사랑하는 것

취소 ANNULATION

사랑하는 사람이 사랑 자체의 무게에 짓눌려 사랑의 대상을 취소하게 되는 언어의 폭발. 사랑의 고유한 변태성에 의해, 주체가 사랑하는 것은 사랑 그 자체이지 대상이 아니다.

1

베르테르

로테는 무미건조하다. 주체인 베르테르의 저 강렬하고도 번민하는, 불타는 듯한 연출에 의해 무대에 올려진 한 초라한 인물일 뿐이다. 주체의 자비로운 결정에 의해 이렇듯 보잘것없는 한 인물이 무대 한가운데 놓여지고, 수많은 기도문과 담론으로(그리고 어쩌면 남이 보지 않는 곳에서는 욕설로) 뒤덮인 채 찬미와 봉헌 혹은 **비판**의 대상이 된다. 마치 정신나간 수비둘기가 그 주위를 빙빙 도는데도 깃털 속에 웅크린 채 꼼짝 않는 한 마리의 둔중한 암비둘기라고 할까? 이 취소된 대상으로부터 내 욕망을 욕망 그 자체로 옮기기 위해서는, 어느 섬광 같은 순간에 그 사람을 일종의 무기력한, 박제된 사물로 보기만 하면 된다. 내가 원하는 것은 바로 내 욕망이며, 사랑의 대상은 단지 그 도구에 불과하다. 나는 이런 대의명분에 열광하며, 내가 구실로 삼은 사람을 뒤로 멀어지게 한다(이것이 어쨌든 그 사람을 깎아내림으로써 만족한 내가 스스로에게 하는 말이다). 나는 상상계를 위해 이미지를 희생한다. 그러다 어느 날인가 그 사람을 정말로 단념해야 하는 날이 오면, 그때 나를 사로잡는 격렬한 장례는 바로 상상계의 장례이다. 그것은 하나의 소중한 구조였으며, 나는 그이/그녀를 잃어버려서 우는 것이 아니라 사랑을 잃어버렸기 때문에 우는 것이다. (나는 저 푸아티에의 감금된 여인이 그녀의 지하 감옥, 말랑피아로 되돌아가고 싶어했던 것처럼 다시 사랑으로 되돌아가고 싶다.)

지드[1]

2 이렇게 하여 여기 사랑에 의해 취소된 그 사람이 있다. 이 취소로부터 나는 하나의 확실한 이득을 취하기도 한다. 어떤 우발적인 상처(이를테면 질투의 상념 같은 것)가 나를 위협하면, 이내 나는 그 상처를 사랑의 감정의 현란한 추상성 안으로 흡수하여, 부재하기 때문에 더이상 나를 아프게 하지 않을 것을 욕망하면서 마음을 진정시킨다. 그렇지만

코르테지아[2]

---

1) 프랑스의 푸아티에(Poitiers)에서 1901년에 일어난 이 사건은, 멜라니 바스티앙(Melanie Bastian)이란 여자가 26년 동안의 감금 생활 끝에 드디어 빛을 보게 된 사건으로, 말랑피아(Malempia)란 그녀가 갇혔던 방의 이름이나 그 의미에 대해서는 불확실하다. 아마도 그 고장의 사투리로 '나쁜 상태를 가리키는(mal en point)' 것과 연관이 있지 않나 추정될 뿐이다. (지드, 《푸아티에의 감금된 여인》, 갈리마르, 1930)[역주]
2) 코르테지아(cortezia): 중세 기사들이 여성을 신격화하고, 이런 여성

또 그 사람이 이처럼 작아지고 축소되어, 그 자신이 야기한 감정에서조차 제외되는 것을 보면서 이내 괴로워한다. 그리하여 그를 버린 자신에 대해 죄책감을 느끼며 비난한다. 하나의 역전이 이루어진다. 나는 그 사람을 취소하는 것을 취소하려 하며, 또 자신을 괴로워하게끔 강요한다.

의 사랑을 얻기 위해 바치는 모든 시련과 고통·찬미·의식들을 총칭하는 말이다.〔역주〕

고행자

고행 ASCÈSE

사랑의 대상에 대해 죄책감을 느끼거나 자신의 불행을 재현함으로써 그를 감동시키려 할 때, 사랑하는 사람은 스스로를 징계하는 어떤 고행의 행위를 시도한다(생활 방식이나 옷차림 등에서).

1 이런저런 일로 죄를 지었기에(나는 그럴 만한 이유를 많이 가지고 있고, 또 그렇게 자신을 만든다) 나는 스스로를 벌하려 하며, 내 육체를 망가뜨리려 한다. 머리를 아주 짧게 자르거나, 검은 안경 뒤로 시선을 가리거나(수도원에서 베일을 쓰는 것처럼), 심오하고도 추상적인 학문 연구에 몰두하려 한다. 수도승마냥 컴컴한 새벽에 일어나 일을 하려 한다. 나는 아주 인내심 있고 조금은 서글픈, 한마디로 말해 **의연한**(digne) 사람이 되려 한다. 그것이 마치 한(恨)의 인간에게 걸맞기라도 한 것처럼. 나는 나의 장례를(스스로에게 가정하는) 옷차림, 머리 모양, 규칙적인 습관 속에 신경질적으로 표시하고자 한다. 그것은 부드러운 은둔이다. 은밀한 비장감을 작동시키기에 필요한 만큼의 작은 은둔.

2 고행(고행에의 충동)은 그 사람을 대상으로 한다. 돌아서서 당신이 내게 한 짓을 좀 보세요 등등. 그것은 협박이다. 나는 그 사람 앞에, 만약 그가 양보하지 않는다면(무엇에?) 정말 그런 일이 일어나기라도 할 것처럼 내 스스로의 사라짐의 형상을 연출한다.

아토포스

아토포스 ATOPOS

사랑하는 사람은 사랑의 대상을 '아토포스'[1](소크라테스의 대화자들이 소크라테스에게 부여한 명칭)로 인지한다. 이 말은 예측할 수 없는, 끊임없는 독창성으로 인해 분류될 수 없다는 뜻이다.

니체[2] 1 소크라테스의 **아토피아**(atopia)는 에로스(알키비아데스는 소크라테스의 환심을 사려고 알랑거린다)와 시끈가오리(소크라테스는 메논을 충전시키고 마비시킨다)에 관계된다. 내가 사랑하고, 또 나를 매혹시키는 그 사람은 아토포스이다. 나는 그를 분류할 수 없다. 왜냐하면 그는 내 욕망의 특이함에

---

1) 아토포스는 장소를 뜻하는 그리스어 토포스(topos)에서 유래한 말로 접두사 a는 결여·부정을 나타낸다. 따라서 이 말은 어떤 장소에 고정될 수 없다는, 더 나아가 정체를 헤아릴 수 없다는 데에서 소크라테스에게 부여된 명칭이다. 아토피아는 아토포스의 명사형이다.〔역주〕
2) 니체: 소크라테스의 아토피아에 대하여, 미셸 게랭(Guérin)의 《니체, 영웅적인 소크라테스》 참조.
  시끈가오리란 양편에 전기를 낼 수 있는 기관을 가진 가오리과에 속하는 생선이며, 메논은 플라톤의 초기 대화편 《메논》에 나오는 인물로 소크라테스와 더불어 덕에 관한 대화를 나눈다.〔역주〕

기적적으로 부응하러 온 유일한, 독특한 이미지이기 때문이다. 그는 어떤 상투적인 것(타인들의 진실)에도 포함될 수 없는 내 진실의 형상이다.

그렇지만 나는 내 삶을 통해 여러 번 사랑했고, 또 사랑할 것이다. 그렇다면 내 욕망이 아무리 특이하다 할지라도 그것은 어떤 유형에 속해 있단 말인가? 그것은 분류될 수 있단 말인가? 내가 사랑하는 사람에게는 모두 어떤 공통점이 있어 —— 비록 그것이 아주 미세한 것이라 할지라도(코·피부·표정 등) —— 그것이 나로 하여금 "내 타입이야, 바로 내 타입이야" 또는 "전혀 내 타입이 아닌걸"이라고 말하게 하는 걸까? 바람둥이의 구호: 사랑하는 사람은 '자신의 타입'을 찾아 일생을 헤매는, 조금은 힘든 바람둥이가 아닐까? 나는 상대방 육체의 어느 구석에서 내 진실을 읽어야 할까?

2 나는 그 사람의 아토피아를 그 얼굴에서 포착한다. 그의 순진함을, 그의 위대한 순진함을 읽을 때마다. 그러나 그는 자신이 내게 저지른 아픔에 대해, 또는 좀 덜 과장해서 말한다면 내게 준 아픔에 대해 전혀 알지 못한다. 순진한 사람은 분류될 수 없는 게 아닐까(잘못을 분류할 수 있는 곳에서만 제 기능을 발휘하는 사회에서는 따라서 수상쩍은 존재인)? X…는 '성격상 여러 특징'을 갖고 있어 그를 분류하기란 그

다지 어렵지 않았다(그는 '신중하지 않았고' '교활했고' '게을 렀고' 등등). 그러나 나는 그의 눈에서 두서너 번 이런 **순진함**의 표현을 읽을 수 있었고(달리는 말할 수 없는), 그러자 무슨 일이 일어나든간에 그를 그 자신과는 별도로, 그의 성격과는 무관한 사람으로 간주하기를 고집하는 것이었다. 그때 나는 그를 모든 종류의 평가에서 제외시키는 것이었다. 순진함과 마찬가지로 아토피아 역시 묘사나 정의, 언어, 이름(잘못)의 분류인 '마야(Maya)'[3]에 저항한다. 분류될 수 없는 그 사람은 언어를 흔들리게 한다. 어느 누구도 그 사람에 **대해**, 그 사람에 관해 말할 수 없다. 모든 수식어는 거짓이며, 고통스럽고, 잘못된 것이며, 거추장스러운 것이다. 그 사람은 무어라 **특징지을 수 없다**(아마도 이것이 아토포스의 진짜 의미인지도 모른다).

3 그 사람의 빛나는 독창성 앞에서 나는 자신을 아토포스라고 느끼기는커녕 오히려 분류되었다고 생각한다(친숙한 서류마냥). 그렇지만 때로 이 고르지 못한 이미지들의 유희를 정지시키는 데 성공하기도 한다("왜 나는 그 사람만큼 독창적이지도 강하지도 못할까!"). 그리하여 독창성의 진짜 처소

R. H.[4]

3) 마야란 고대 인도 철학의 중요 개념 중의 하나로, 실재를 감출 뿐만 아니라 우리의 무지를 유발시키는 환영이나 허위로 충만된 물질계 또는 외관을 지칭하는 말이다.(역주)
4) 하바스(R. Havas)와의 대화에서.

는 그 사람도 나 자신도 아닌, 바로 우리 관계라는 것을 알게 된다. 그러므로 쟁취해야 하는 것은 독창적인 관계이다. 대부분의 상처는 상투적인 것에서 온다. 모든 사람들처럼 사랑해야 하고, 질투해야 하고, 버림받아야 하고, 또 욕구불만을 느껴야 하고 등등. 그러나 독창적인 관계일 때에는 상투적인 것은 모두 흔들리며, 초월되고, 철수한다. 그리하여 이를테면 질투 같은 것은 더이상 설 자리가 없게 된다. 장소도, 토포스(topos)도, 어떤 '결론'이나 담론도 부재하는 이 관계에서는.

기다림

기다림 ATTENTE

사랑하는 이를 기다리는 동안 대수롭지 않은 늦어짐(약속 시간·
전화·편지·귀가 등)으로 인해 야기되는 고뇌의 소용돌이.

1 나는 도착을, 귀가를, 약속된 신호를 기다린다. 그것은 하찮
   은 것일 수도 있지만 아주 비장한 것일 수도 있다. 쇤베르
   크의 《기다림 *Erwartung*》[1]에서는 밤마다 한 여인이 숲속에
   서 그의 연인을 기다린다. 그러나 나는 다만 한 통의 전화
   만을 기다릴 뿐이다. 하지만 그것은 동일한 고뇌이다. 모
   든 것은 엄숙하다. 내게는 **크기**에 대한 감각이 없다.

2 여기 기다림에 대한 한 무대 장식술이 있다. 나는 그것을 조
   직하고 조작한다. 시간을 쪼개어 사랑하는 이와의 이별을
   흉내내며, 조그만 장례의 모든 효과를 유발하려 한다. 그

----

1) 쇤베르크(Schönberg)가 1909년에 작곡한 모노드라마.〔역주〕

것은 연극 각본처럼 무대에 올려질 수 있다.

무대는 어느 찻집 안. 우리는 만날 약속을 했고, 그래서 난 기다린다. 서막에서 유일한 배우인 나는(그 이유는 말할 필요도 없는) 그 사람의 늦어짐을 확인하고 기록한다. 이 늦어짐은 아직은 수학적인, 계산할 수 있는 실체에 불과하다(나는 시계를 여러 번 들여다본다). 이 서막은 하나의 충동적인 생각으로 막을 내린다. 즉 나는 '걱정하기로' 결심하고 기다림의 고뇌를 터뜨린다. 그러면 제1막이 시작된다. 그것은 일련의 가정으로 채워진다. 만날 시간이나 장소에 어떤 오해가 있었던 게 아닐까? 나는 우리가 약속했던 순간의 모든 구체적인 사항들을 기억해 내려고 애쓴다. 어떻게 해야 할까(처신의 고민)? 다른 찻집으로 가볼까? 전화를 해볼까? 하지만 만약 내가 자리를 비운 사이에 그가 나타난다면? 내가 안 보이면 가버릴지도 몰라 등등. 제2막은 분노의 막이다. 나는 부재하는 그 사람을 향해 격렬한 비난을 퍼붓는다. "그래도 그이/그녀는 ~할 수도 있었을 텐데." "그이/그녀에게 안 왔다고 나무랄 수 있게 그이/그녀가 지금 내 곁에 있을 수 있다면!" 3막에서의 나는 버려짐의 고뇌라는 아주 순수한 고뇌에 이른다(또는 획득한다?). 나는 아주 짧은 순간에 부재에서 죽음으로 기울어진다. 그 사람은 죽은 거나 다름없다. 장례의 폭발. 나는 마음속에서 **창백해진다**(livide). 이것이 바로 기다림의 연극이다. 이 연극은

위니콧[2]

---

2) 위니콧, 《유희와 현실》, p.34.

그 사람의 도착으로 좀더 짧아질 수도 있다. 만약 1막에서
도착한다면 나는 그를 조용히 받아들일 것이고, 2막에서
도착한다면 "한바탕 언쟁이 벌어질 것이며," 3막에서 도착
한다면 오히려 감사해할 것이다. 마치 펠레아스가 지하 동
굴에서 나와 삶을 되찾았던 것처럼, 나는 깊숙이 장미 내음
을 들이마실 것이다.

펠레아스[3]

(기다림의 고뇌가 계속 격렬한 것만은 아니다. 침울한 순간도 있
다. 나는 기다리고 있고, 내 기다림을 둘러싼 모든 것은 비현실
적인 것에 휩싸인 듯하다. 이 찻집에서 나는 들어오고, 수다를 떨
고, 농담하고, 혹은 조용히 앉아 책을 읽는 사람들을 바라본다.
그들, 그들은 기다리고 있지 않다.)

3 기다림은 하나의 주문(呪文)이다. 나는 **움직이지 말라**는 명
   령을 받았다. 전화를 기다린다는 것은 이렇듯 하찮은, **무한
   히** 고백하기조차도 어려운 금지 조항들로 짜여 있다. 나는
   방에서 나갈 수도, 화장실에 가거나 전화를 걸 수도(통화중
   이 되어서는 안 되므로) 없다. 그래서 누군가가 전화를 해오
   면 괴로워하고(동일한 이유로), 외출해야 할 시간이 다가오
   면 그 자비로운 부름을, 어머니의 귀가를 놓칠까 봐 거의

---

3) 이 에피소드는 《펠레아스》 제2막에 나오는 것으로 질투에 사로잡
힌 골로는 펠레아스를 동굴에 데려가 잠시 죽음의 냄새를 맛보게 한
다.(앞의 〈다루기 힘든 것〉의 역주 1) 참조)(역주)

미칠 지경이 된다. 기다림 편에서 볼 때 이런 모든 여흥에의 초대는 시간의 낭비요, 고뇌의 불순물이다. 왜냐하면 순수한 상태에서의 기다림의 고뇌란 내가 아무것도 하지 않은 채 전화가 손에 닿는 의자에 앉아 있기만을 바라기 때문이다.

4 내가 기다리는 사람은 현실적인 것이 아니다. 젖먹이 아이에게서의 어머니의 젖가슴처럼, "나는 내 사랑하는 능력과 그를 필요로 하는 것에 따라 그를 끊임없이 만들어내고 또 만들어낸다." 그 사람은 내가 기다리는 거기에서, 내가 이미 그를 만들어낸 바로 거기에서 온다. 그리하여 만약 그가 오지 않으면, 나는 그를 환각한다. 기다림은 정신착란이다.

위니콧[4]

전화가 또 울린다. 나는 전화가 울릴 때마다, 전화를 거는 사람이 그일 것이라고 생각하면서(그는 내게 전화를 해야 할 의무가 있으므로) 서둘러 전화기를 든다. 조금만 노력을 해도 나는 그 사람의 목소리를 '알아보는' 듯하고, 그래서 대화를 시작하나 이내 나를 정신착란에서 깨어나게 한 그 훼방꾼에게 화를 내며 전화를 끊는다. 이렇듯 찻집을 들어서는 사람들도 그 윤곽이 조금이라도 비슷하기만 하면, 처음 순간에는 모두 그 사람으로 **보인다**.

---

4) 위니콧, 《유희와 현실》, p.21.

그리하여 사랑의 관계가 진정된 오랜 후에도, 나는 내가 사랑했던 사람을 환각하는 습관을 버리지 못한다. 때로 전화가 늦어지면 여전히 괴로워하고, 또 누가 전화를 하든간에 그 훼방꾼에게서 나는 내가 예전에 사랑했던 사람의 목소리를 듣는 듯하다. 나는 절단된 다리에서 계속 아픔을 느끼는 불구자이다.

5 "나는 사랑하고 있는 걸까?──그래, 기다리고 있으니까." 그 사람, 그 사람은 결코 기다리지 않는다. 때로 나는 기다리지 않는 그 사람의 역할을 해보고 싶어한다. 다른 일 때문에 바빠 늦게 도착하려고 애써 본다. 그러나 이 내기에서 나는 항상 패자이다. 무슨 일을 하든간에 나는 항상 시간이 있으며, 정확하며, 일찍 도착하기조차 한다. 사랑하는 사람의 숙명적인 정체는 **기다리는 사람**, 바로 그것이다.

(정신분석학적 전이(tranfert)[5]에서 사람들은 항상 기다린다 ── 의사·교수 또는 분석자의 연구실에서. 게다가 만약 내가 은행 창구나 비행기 탑승대에서 기다리고 있다 한다면, 나는 이내 은행원이나 스튜어디스와 호전적인 관계를 맺게 된다. 그들의 무관심이 나의 예속 상태를 노출시키며 자극하기 때문이다. 따

───────────────

5) 전이란 환자가 전에 부모나 형제에게 느꼈던 감정을 분석자에게 돌리는, 즉 분석중에 대상이 옮아가는 것을 가리키는 정신분석학 용어이다.〔역주〕

라서 기다림이 있는 곳이라면 어디든지 전이가 있다고 말할 수 있을 것이다. 타인과 공유해야 하며, 또 내 욕망을 떨어뜨리거나 내 욕구를 진력나게 하려는 것처럼 자신을 내맡기는 데 시간이 걸리는 한 현존에 나는 예속되어 있는 것이다. **기다리게 하는 것**, 그것은 모든 권력의 변함없는 특권이요, "인류의 오래된 소일거리이다.")

E. B.[6]

6   중국의 선비가 기녀를 사랑하였다. 기녀는 선비에게 "선비님께서 만약 제 집 정원 창문 아래 의자에 앉아 백일 밤을 기다리며 지새운다면, 그때 저는 선비님 사람이 되겠어요"라고 말했다. 그러나 아흔아홉번째 되던 날 밤 선비는 자리에서 일어나 의자를 팔에 끼고 그곳을 떠났다.

---

6) 바슐리에(E. Bachelier)의 편지에서.

검은 안경

감추기 CACHER

심의적(délibératif)인 문형. 사랑하는 사람은 사랑의 대상에게 그의 사랑을 고백해야 할지 어떨지를 자문하는 게 아니라(이것은 고백의 문형이 아니다), 정념의 혼란을(그 소용돌이를) 어느 정도로 감추어야 할지를 자문한다. 그의 욕망, 절망, 간단히 말해 그의 지나침(라신의 용어로 **광란**(fureur)[1]이라는 것)을.

1   X…가 나를 두고 혼자 바캉스를 떠나더니 아무 소식이 없다. 무슨 사고가 일어난 걸까? 우체국이 파업중일까? 아니면 무관심? 거리감을 두려는 전략? 순간적인, 충동적인 삶을 살겠다는 의지의 표현("그는 젊음에 취해 아무 소리도 듣지 못했다")? 또는 단순히 아무 일도 아닌 걸까? 나는 점

세비녜 부인[2]

---

1) 광란이란 단어는 17세기 프랑스 비극 작가 라신(Racine)의 《페드르》에서 자주 사용되는 말로서, 페드르는 의붓자식인 이폴리트에 대한 자신의 사랑을 이렇게 표현한다. [역주]
2) Mme de Sévigné: 17세기 프랑스의 여류 작가로 《서간집》이 유명하다. [역주]

점 더 괴로워하며 기다림이란 시나리오의 모든 막을 거친다. 하지만 X…가 이런저런 방식으로 해서 다시 나타난다면(그는 그렇게 할 수밖에 없다——물론 이 생각은 모든 고뇌를 즉시 소용없는 것으로 만들겠지만), 나는 그에게 뭐라고 말해야 할까? 내 혼란을(그때는 이미 지나간) 감춰야 할까("좀 어떠세요")? 아니면 공격적으로("나빠요, 당신은 ~할 수도 있었을 텐데"), 또는 열정적으로("당신 때문에 내가 얼마나 걱정했는지 알아요") 터뜨려야 할까? 아니면 그 사람을 진력나게 하지 않으면서 내 혼란을 넌지시 슬쩍 비쳐야만 할까("좀 걱정했어요")? 내 첫번째 고뇌에다 어떤 선전 문구를 택해야 할까 하는 두번째 고뇌가 나를 사로잡는다.

2 나는 이중의 담론에 사로잡혀 빠져나갈 수 없다. 한편으로는 그 사람이 그 고유의 구조적 성향으로 인해 나의 간청을 필요로 한다면, 내 '정념(passion)'의 서정적 진술에, 문자 그대로의 표현에 자신을 내맡기는 게 나를 정당화하는 일이 아닐까? 지나침, 광기, 그것이 내 진실이며 힘이 아닐까? 그리고 이 진실, 이 힘이 결국에 가서는 그를 감동시키는 게 아닐까?

그러나 또 다른 한편으로는, 이 정념의 기호들이 그를 질식시킬지도 몰라라고 나는 중얼거린다. 바로 **내가 그를 사랑하기 때문에** 그를 얼마나 사랑하는지를 감춰야만 하는 게 아닐까? 나는 그를 이중의 시선으로 쳐다본다. 때로는 대상으로, 때로는 주체로. 나는 독재와 봉헌 사이에서 망설이며, 그렇게 하여 자신을 공갈협박 속으로 몰아넣는다. 내가 그를 진정으로 사랑한다면 그가 잘되기를 바랄 의무가 있고, 그러나 그렇게 되면 나 자신은 상처받을 수밖에 없고. 함정이다. 나는 성인이 되거나 괴물이 되도록 선고를 받았다. 하지만 성인은 될 수 없고, 괴물이 되기는 원치 않는다. 그리하여 나는 얼버무린다. 나는 내 정념을 **조금만** 보여준다.

3 내 정념에 신중함(태연함)의 가면을 씌우는 것, 바로 거기에 진짜 영웅적인 가치가 있다. "고매한 영혼들은 자신이 느끼는 혼란을 주변에 퍼뜨려서는 안 된다."(클로틸드 드 보[3])

발자크[4]
발자크 소설의 주인공인 파즈 대위는 가장 친한 친구의 부인을 죽도록 사랑하나, 그 사실을 완벽하게 은폐하기 위해 마치 자신에게 정부가 있는 것처럼 꾸며댄다.

그렇지만 정념을(다만 그 지나침을) 완전히 감춘다는 것은 있을 수 없는 일이다. 그것은 인간이란 주체가 너무 나약해서가 아니라, 정념은 본질적으로 보여지기 위해 만들어졌기 때문이다. 감추는 것이 보여져야만 한다. **내가 당신에게**

---

3) 클로틸드 드 보(Clotilde de Vaux): 프랑크족의 여왕(475~511)이자 클로비스 1세의 왕비로 남편을 가톨릭으로 개종시킨 성녀이다.[역주]
4) 발자크, 《가짜 정부》.
　1842년에 발표된 작품으로 낭만주의적 취향의 주제에 사실주의 기법으로 표현한 소설이다.[역주]

뭔가 감추는 중이라는 걸 좀 아세요. 이것이 지금 내가 해결해야 하는 능동적인 패러독스이다. 그것은 동시에 알려져야 하고, 또 알려지지 말아야 한다. 다시 말하면, 내가 그것을 보이고 싶어하지 않는다는 것을 당신은 알아야만 한다. 내가 보내는 메시지는 바로 그것이다. "라르바투스 프로데오(Larvatus prodeo)——나는 손가락으로 내 가면을 가리키면서 앞으로 나아간다." 나는 내 정념에 가면을 씌우고 있으나, 또 은밀한(엉큼한) 손길로는 이 가면을 가리키고 있다. 모든 정념은 결국에 가서는 그 관객을 가지게 마련이다. 죽기 바로 직전 파즈 대위는 그가 침묵 속에서 사랑했던 여인에게 편지를 쓰지 않고는 못 배겼다. 마지막 극적 사건이 없는 사랑의 봉헌이란 존재하지 않는다. 기호는 항상 승리자이다.

데카르트[5]

4 그 사람은 알아차리지도 못하는 일 때문에 내가 울었다고 가정해 보자(눈물을 흘리는 것은 사랑하는 육체의 정상적인 활동이다). 그리하여 **그것을 안 보이려고** 내 뿌예진(이것은 부인(否認)의 좋은 사례이다. 보이지 않으려고 시선을 흐리게 하는 짓) 눈에 검은 안경을 썼다 하자. 이 몸짓의 의도는 계산된 것이다. 나는 동시에 모순되게도 금욕주의적인 '의연함'의 그 도덕적 이득을 취하려 하며(나는 자신을 클로틸드 드

---

5) 데카르트의 유명한 말.(역주)

보로 간주한다), 또 그의 다정한 질문("무슨 일이오?")을 유
발하고자 한다. 나는 동시에 가련하고도 감탄할 만한, 같은
순간에 아이이자 어른이고 싶어한다. 그러나 그렇게 함으
로써 나는 일종의 도박을 하는 셈이며, 자신을 위태롭게 한
다. 왜냐하면 그 사람은 이 별난 안경에 대해 전혀 물어보
지 않을 수 있으며, 또 그 사실에서 어떤 기호도 알아차리
지 못할 수 있기 때문이다.

5 내가 괴로워한다는 것을 슬쩍 알리기 위해, 거짓말하지 않
고 감추기 위해, 나는 이제 저 엉큼한 역언법(逆言法)을 사
용하려 한다. 즉 내 기호 체계를 분리하려 한다.

언술적인 기호는 침묵하고 위장하며 속이는 임무를 맡게
될 것이다. 다시 말해 내 감정의 지나침을 결코 **말로는** 하
지 않을 것이다. 고뇌의 황폐에 대해 아무것도 말하지 않
는 나는, 그러므로 그 고뇌가 지나가면 어느 누구도 그 사
실을 알지 못할 것이기에 안심할 수가 있다. 언어의 힘, 나
는 내 언어로 모든 것을 다 할 수 있다. 특히 **말하지 않는
것조차도.**

내 언어로는 모든 것을 다 할 수 있으나, **내 몸으로는** 그렇
게 할 수 없다. 내가 내 언어로 감추는 것을 몸은 말해 버
린다. 메시지는 마음대로 조종할 수 있지만, 목소리는 그럴
수 없다. 내 목소리가 무엇을 말하든간에, 그 사람은 내 목
소리에서 '무슨 일이 있다는 것'을 알아차릴 것이다. 나는

거짓말쟁이이지(역언법에 의해), 배우는 아니다. 내 몸은 고집 센 아이이며, 내 언어는 예의바른 어른이다.

6 이렇게 하여 일련의 긴 언술적인 긴장('나의 예의바름이')이 갑자기 전반적인 발작 증세로 폭발할 수 있다. 그 사람의 어리둥절해하는 시선 앞에서 별안간 울음이 터져나와(예를 들면) 오랫동안 감시해 왔던 언어의 노력을(그리고 그 효과를) 무산시켜 버린다. 나는 무너진다. **그렇다면 너는 페드르가 누구인지, 그녀의 광란이 어떠한지 모두 알아두어라.**

라신[6]

---

6) 라신의 《페드르》 2막 5장에 나오는 대사로, 자신의 사랑을 거부하는 이폴리트에게 격분한 페드르가 갑자기 당신에서 너로 호칭을 바꾸며 하는 말이다.(앞의 역주 1) 참조)(역주)

"모든 안착한 사람들"

안착한 사람들 CASÉS

사랑하는 사람은 그를 둘러싼 모든 사람들을 '안착되었다'고 생각한다. 그들은 모두 계약상의 관계라는 실질적이고도 감정적인 시스템을 갖추고 있어 자신만이 거기서 제외되었다고 여겨져, 부러움과 비웃음의 모호한 감정을 느끼게 된다.

1 베르테르는 **안착하고** 싶어한다. "내가 그녀의 남편이라면! 오 나를 창조하신 하느님이시여, 제게 만약 그런 지복을 내려주신다면, 당신의 은혜에 감사하는 기도로 일생을 바치겠나이다 등등." 베르테르는 이미 알베르트가 차지한 그 자리를 원한다. 그는 시스템 안에 들어가고 싶어한다('안착한 사람'을 이탈리아어로는 '시스테마토(sistemato)'라고 한다).[2] 왜냐하면 시스템이란 모든 사람이 그 안에서 자기 자리(비록 그 자리가 좋은 것이 아니라 할지라도)를 차지하는 한 전체이

베르테르

D. F.[1]

---

1) 페라리(D. Ferraris)와의 대화에서.
2) 이 단상의 제목 또한 원문에는 이탈리아어 Tutti sistemati로 씌어 있다. 직역하면 시스템에 처박힌 모든 사람들이란 뜻이다. 〔역주〕

기 때문이다. 남편·정부·삼인조·아웃사이더들(바람둥이·
마약중독자)조차도 그들의 여백 속에서 잘 자리잡고 있다.
나를 제외한 사람들은 모두. (여기 한 놀이가 있다. 아이들 숫
자보다 하나가 모자란 만큼의 의자들이 놓여 있다. 부인이 피아
노를 치는 동안 아이들은 빙빙 돌다 부인이 피아노를 멈추면 각
자 의자에 달려가 앉는다. 가장 서투르고 덜 난폭한, 혹은 재수
없는 아이만이 홀로 멍청하게 **여분인 채로**(de trop) 서 있다. 그
것이 사랑하는 사람이다.)

2 나를 둘러싸고 있는 그 **안착한 사람들**을 왜 나는 부러워하
는 걸까? 그들을 보면서 나는 무엇에서 제외되었다고 생각
하는 걸까? 그것은 '꿈'이나 '목가적인 사랑' '결합'은 아
닐 것이다. 안착한 사람들은 그들의 시스템에 대해 많은 불
평을 하고 있고, 또 결합에의 꿈은 다른 문형을 이루기에.
아니 내가 시스템에서 환각하는 것은 아주 조촐한 것이다
(그것은 화려하지 않아 더욱 역설적이다). 나는 다만 하나의 **구
조**(structure)를 바라고 원할 뿐이다(이 단어는 추상적인 것의
극치처럼 보였기에 예전에 많은 사람들의 이를 갈게 했다). 물
론 구조의 행복이란 존재하지 않는다. 그러나 모든 구조는
살 만한 것이며, 바로 거기에 구조의 가장 적절한 정의가
있는지도 모른다. 나는 나를 행복하게 하지 않는 것 속에서
도 잘 살아갈 수 있다. 불평할 수도 있고, 지속할 수도 있
다. 내가 감내하는 구조의 의미를 거부할 수도 있으며, 그

일상적인 몇몇 파편들(습관, 조그만 즐거움, 안정감, 견딜 수 있는 것들, 일시적인 긴장감)을 과히 불쾌하지 않게 통과할 수도 있다. 그리고 때로는 이런 시스템의 지속에 대해(바로 이 점이 시스템을 살 만한 것으로 만든다) 어떤 변태적인 취향도 가질 수 있다. 다니엘 르 스틸리트[3]는 기둥 꼭대기에서도 잘 살았다. 그는 기둥으로부터 하나의 구조를 만들어 낸 것이다(물론 어려운 일이긴 하였지만).

안착하고자 하는 것은 평생 동안 온순하게 내 말을 들어 줄 사람을 얻고자 함이다. 받침대로서의 구조는 욕망과는 분리된다. 내가 바라는 것은 단지 고급 창녀나 창부처럼 '부양받고자' 하는 것이다.

3 그 사람의 구조에는(그는 항상 내가 끼어들지 못하는 그만의 삶의 구조를 갖고 있다) 어떤 가소로운 점이 있다. 판에 박힌 삶을 살기를 고집하는 그를 본다. 다른 곳에 붙잡힌 그는 마치 응고되어 **영원한** 것처럼 보인다(영원을 우스꽝스런 것으로 이해할 수도 있다).
자신의 **구조** 안에 처박힌(시스테마토) 그 사람을 느닷없이 목격할 때마다 나는 매혹되었다. 마치 하나의 **본질**을, 부부의 본질을 보는 것 같았기 때문이다. 기차가 높은 곳에서

---

3) 다니엘 르 스틸리트(Daniel le stylite): 기둥 위에서 살던 고행자 다니엘을 가리킨다. [역주]

네덜란드의 대도시를 통과할 때면, 여행자의 시선은 커튼을 치지 않은 불이 환히 켜져 있는 집 내부 쪽으로 향하게 된다. 그들은 그 수많은 여행자들에 의해 한번도 보여진 적이 없다는 것처럼, 각자 내밀한 일에 몰두하는 것 같았다. 그때 그것은 가정의 본질을 보여주는 것이었다. 그리고 함부르크에서 담배를 피우며 기다리는 여자들을 유리창 칸막이 너머로 쳐다보며 걸어가노라면, 그때 우리는 매춘의 본질을 보게 된다.

(구조들의 힘, 바로 그것이 우리가 구조에서 원하는 것인지도 모른다.)

파 국

파국 CATASTROPHE

사랑하는 사람이 사랑의 상황을 결코 빠져나올 수 없는 결정적
인 막다른 골목이나 함정으로 느껴 자신이 완전한 파멸 상태에
이르렀다고 여기는 격렬한 위기.

   1 절망의 두 체제: 부드러운 절망, 능동적인 체념("나는 사람
레스피나스 양[1] 들이 그렇게 사랑해야만 하듯이 절망 속에서 당신을 사랑한다")
과 격렬한 절망. 어느 날 나는 어떤 하찮은 일로 인해 방문
을 걸어잠그고 울음을 터뜨린다. 세찬 파도에 휩쓸린 양 고
통으로 질식할 것만 같다. 내 모든 육신은 뻣뻣해지며 뒤틀
린다. 날카롭고도 차가운 섬광 같은 순간에 나는 내게 선고
된 파멸을 본다. 그것은 요컨대 힘든 사랑(amour difficile)의
예의바르고도 은근한 우울증과는 무관한, 버림받은 주체의
전율과도 전혀 관계가 없는 그런 것이다. 나는 울적하지 않

---

1) 레스피나스 양(Mlle de Lespinasse): 18세기 프랑스 여류 작가로 백과
사전파들이 자주 드나들던 살롱의 여주인이자 낭만적 취향의 서간문
을 남긴 것으로 유명하다.[역주]

다. 전혀 울적하지 않다. 그것은 파국처럼이나 분명하다. "난 끝장난 것이다!"

(그 이유는 무엇일까? 그것은 결코 엄숙한 것이 아닌, 더욱이 결별의 선언 같은 데서 오는 것은 전혀 아니다. 그것은 아무런 예고도 없이 찾아오는, 이를테면 참을 수 없는 이미지의 여파나, 갑작스런 섹스의 거부 같은 데서 오는 것이다. 어린아이는 어머니에게서 버림받았다고 생각하는 순간, 유아기적인 것에서 생식기적인 것으로 넘어간다.)

베텔하임[2]

2 사랑의 파국은 아마도 정신분석학에서 **극한 상황**(situation extrême)이라고 부르는 것과 흡사한지 모른다. 그런데 극한 상황이란 "주체가 자신을 반드시 파괴해야만 한다고 여기는 상황이다." 이 이미지는 다카우[3]의 집단수용소에서 일어났던 일에서 추출해 낸 것이다. 사랑의 병을 앓고 있는 한 주체의 상황을 다카우의 수용자에다 비교하는 것은 파렴치한 일이 아닐까? 역사상 상상조차 할 수 없는 치욕 중의 하

---

2) 베텔하임(Bettelheim), 《텅빈 요새》, 서문과 p.95.
　　베텔하임은 오스트리아 출신의 정신분석학자로 프로이트의 영향을 받아 일찍부터 유아 심리와 자폐증 환자에 관심을 가졌다. 다카우 (Dachau)의 집단수용소에 강제 수용된 적이 있으며, '극한 상황에 처한 몇몇 개인의 반응'을 연구하기도 하였다.[역주]
3) 다카우(Dachau)는 뮌헨에서 북서쪽으로 22킬로미터 떨어진 곳에 있는 도시로 1933년 나치가 집단수용소를 설치하였던 곳이다.[역주]

나를, 다만 자신의 상상계의 희생물인 한 편안한 주체에게
일어난 하찮은, 유치한, 꾸며낸, 막연한 사건과 비교할 수
있단 말인가? 그럼에도 불구하고 이 두 상황에는 이런 공
통점이 있다. 그것은 문자 그대로 공황(panique)이란 점이다.
어떤 여분도 회귀도 불가능한 상황. 나는 온 힘을 기울여 그
사람에게 내 자신을 투사했으므로, 그가 없으면 자신을 만
회할 수도 되찾을 수도 없다. 나는 영원히 끝장난 것이다.

어원[4]

F.W.[5]

---

4) 공황(panique)은 pan이란 신에서 유래한 말이다. 그러나 사람들이 말
장난을 하는 것처럼(언제나 그래 왔듯이) 어원을 가지고 장난할 수도 있
다. 우리는 'panique'란 단어가 '모든 것'이란 의미의 그리스어 형용사
'pan'에서 유래한다고 생각할 것이다.
　(panique는 pan 신에 그 기원을 두고 있다. 그러나 저자는 전(全)·범(汎)을
의미하는 형용사 'pan'에서 유래한다고 생각함으로써 일종의 '어원 유희'를 하
고 있다.)[역주]
5) 발(F.Wahl)과의 대화에서.

래티시아

한정 CIRCONSCRIRE

사랑하는 사람은 자신의 불행을 축소하기 위해 사랑의 관계가
부여하는 즐거움을 한정하는 어떤 통제 방법에 희망을 건다. 한
편으로는 그 즐거움을 충분히 만끽하고 보존하며, 또 다른 한편
으로는 사랑의 즐거움을 갈라 놓는 저 넓은 저기압 지대를 생각
할 수 없는 것의 범주 속에 집어넣음으로써 사랑의 대상을 그가
주는 즐거움을 제외하고는 '잊어버리는 것.'

1
라이프니츠[1]

키케로와 라이프니츠는 '가우디움(gaudium)'과 '래티시아(lae-
titia)'를 구별한다. '가우디움'은 "현재 어떤 것을 소유하고
있거나 장차 소유할 것이 확실시될 때 영혼이 느끼는 즐
거움이다. 우리는 어떤 것을 소유하고 있어, 그리하여 우리
세력하에 있어 우리가 원할 때면 언제나 그것을 즐길 수 있

---

1) 라이프니츠(Leibniz), 《인간오성신론》, p.141.
  래티시아는 라이프니츠와 스피노자의 주된 명제로, 단순한 쾌락이
아닌 "인간의 힘이 성숙된 실현이나 인격의 성장을 표현하는 행복의
쾌감"을 말한다. (램프레히트, 《서양 철학사》, p.363 참조) (역주)

다.” 이에 반해 '**래티시아**'는 보다 경쾌한 즐거움, 즉 “우리 마음속에 즐거움이 지배적인 상태”(때로 모순되는 여러 다른 감각들 중에서)를 가리킨다.

내가 꿈꾸는 것은 '**가우디움**'이다. 종신의 소유를 향유하는 것. 그러나 수많은 장애물에 가로막혀 '**가우디움**'에 도달할 수 없는 나는 별수없이 '**래티시아**'에 만족하려 한다. 만약 내가 그 사람이 주는 경쾌한 즐거움에, 그것을 연결하는 고뇌에 의해 오염시키거나 훼손하지 않은 채 내 자신을 만족시킬 수만 있다면? 사랑의 관계에 대해 선별적인 관점을 가질 수만 있다면? 아무리 커다란 걱정거리라 할지라도 순수한 즐거움의 순간을 배제하지 않는다는 것을 처음에 이해할 수만 있다면(“전쟁은 평화를 배제하지 않는다”고 말하는 《용감한 어머니》의 저 군목처럼). 다음으로 이 즐거움의 순간들을 갈라 놓는 저 경보(警報) 지대를 체계적으로 망각할 수 있다면? 어리둥절한 채 무분별해질 수만 있다면?

브레히트[2]

2 그것은 정신나간 계획이다. 왜냐하면 상상계는 바로 그 융합성(접착제), 또는 연상력에 의해 정의되기 때문이다. 이미지의 그 어떤 것도 잊혀질 수 없다. 기진맥진케 하는 기억이 사랑에서 **임의로** 빠져나오는 것을, 다시 말해 슬기롭고도 분별 있게 사는 것을 방해한다. 물론 즐거움을 한정하

---

2) 브레히트, 《용감한 어머니》, 장면 Ⅳ.

는 여러 방법들을 상상할 수도 있지만(에피큐리언처럼 우리의 드문 만남을 관계의 사치로 돌리든가, 혹은 그 사람을 이미 잃어버린 사람으로 간주하여 그가 다시 나타날 때마다 부활의 안도감을 느낀다든가 하는 따위의), 그것은 소용없는 짓일 뿐 사랑의 **아교**는 결코 녹지 않는다. 그것은 그냥 감수하든가, 아니면 빠져나오든가 해야 하는 **조정**이 불가능한 것이다 (사랑은 변증법적인 것도, 개혁 가능한 것도 아니다).

(즐거움을 한정하는 것의 서글픈 각색: 내 삶은 폐허이다. 어떤 것은 제자리에 있고, 또 어떤 것은 와해되거나 붕괴되었다. 그것은 황폐(délabrement) 그 자체이다.)

마 음

마음 CŒUR

이 단어는 모든 종류의 움직임이나 욕망에 관계된다. 그러나 한
결같은 것은 마음이 선물의 대상으로 —— 무시되든 또는 거부되
든 간에 —— 성립된다는 점이다.

1   마음은 욕망의 기관이다(마음은 섹스처럼 부풀어오르거나 오
그라든다). 마치 상상계의 영역 안에 사로잡혀 마술에 걸린
것처럼. 사람들은, 혹은 그 사람은 내 욕망을 가지고 무엇
을 하려는 걸까? 바로 거기에 마음의 모든 움직임이, 마음
의 모든 '문제점'이 집결되는 불안이 있다.

2   베르테르는 X 영주에 대해 불평한다. "영주는 내 정신과 재
능을 내 마음보다 더 높이 평가한다네. 그러나 이 마음만이
내 유일한 자랑거리인데 […] 아! 내가 알고 있는 것은 누

베르테르[1]

————————————

1) 《베르테르》, p.67.

군들 모르겠는가? 하지만 내 마음, 그것은 나만이 가지고 있겠지.”

당신은 내가 가고 싶어하지 않는 곳에서 나를 기다리며, 내가 없는 곳에서 나를 사랑한다. 또는 세상 사람들과 나는 같은 것에 관심이 없다. 불행하게도 이 분리된 것, 그것은 바로 나 자신이다. 나는 내 정신에 관심이 없으며(베르테르의 말처럼), 당신은 내 마음에 관심이 없다.

3 내가 준다고 생각하는 것은 바로 마음이다. 그리하여 이 선물이 다시 내게로 되돌려질 때마다, 베르테르처럼 내가 원치도 않았는데 사람들이 내게 빌려준 정신을 제거하고 나면 나로부터 남는 것은 마음뿐이야라고 말하는 것만으로는 충분치 않다. 마음은 계속해서 **내게** 남아 있는 것이며, 이 마음속에 깊이 간직되어 있는 마음, 그것이 바로 '잊혀지지 않는' 마음이다. 스스로에 의해 채워진 썰물의 잊혀지지 않는 마음(사랑하는 사람과 어린아이만이 **잊혀지지 않는 마음**을 갖고 있다).

(X…는 몇 주일 혹은 그 이상을 떠나 있어야 했다. 출발에 즈음해 그는 여행용 시계를 사고 싶어했다. 점원이 그에게 얼굴을 찡그렸다. “제 시계를 가지시겠어요? 시계값이 그 가격이었을 때 선생님은 아마 어린아이였을걸요.” 그녀는 내가 **잊혀지지 않는 마음**을 갖고 있다는 것을 알지 못했다.)

"지상의 모든 쾌락"

충족 COMBLEMENT

사랑하는 사람은 사랑의 관계에 연루된 욕망의 완전한 만족과,
그 관계의 영원하고도 결함 없는 성공에의 가능성이나 기원을
집요하게 내세운다. 주고받는 데에 있어서의 최고선의 천국 같
은 이미지.

1 "자, 이제 지상의 모든 쾌락을 붙잡아 단 하나의 쾌락으로
    녹이시오. 그리고 그 전부를 단 한 사람에게 던지시오. 그
로이스브루크[1]   러나 그 모든 것은 내가 말하는 쾌락에 비하면 아무것도
    아닐 것이오." 그러므로 충족은 침전/투하(précipitation)이
    다. 어떤 것이 농축되어 넘쳐흐르며 벼락같이 후려친다. 이
    처럼 나를 채우는 것은 무엇일까? 한 전체일까? 아니면 전
    체에서 출발하여 전체를 넘어서는 그 어떤 것일까? 나머지
    가 없는 전체, 예외가 없는 총계, 자족적인 장소("내 영혼은
로이스브루크   다만 채워진 것만이 아니라 넘쳐흐른다"). 나는 총족시키고(충

---

1) 로이스브루크, 《선집》, p.9, p.10, p.20.

족되고), 축적한다. 그러나 결핍을 채우는 것으로 만족하지 않고, 하나의 **여분**(trop)을 만들어내며, 바로 이 **여분** 속에서 충족이 내도한다(**여분**은 상상계의 체제이다. 내가 더이상 **여분** 속에 있지 않을 때 욕구불만을 느낀다. 내게 있어 '적당한'이란 말은 '충분치 않다'는 것을 뜻한다). 그리하여 마침내 "욕망이 엿보게 했던 가능성을 쾌락이 초월하는 그런 상태를 알게 된다." 그것은 기적이다. 모든 '만족감(satisfaction)'을 뒤로 한 채, 과음(saoul)이나 포식도 하지 않은 채 나는 포만의 한계를 넘어서서, 역겨움·구역질·취기 대신에 **일치**(Coïncidence)를 발견하게 된다. '지나침'이 나를 알맞은 것으로 인도한다. 나는 이미지에 밀착하며, 우리의 치수는 동일하다. 정확함·적절함·음악. 나는 '충분치 않은 것'과 손을 끊었고, 그러자 상상계의 결정적인 승화, 그 승리 속에서 살게 되었다.

어원[2]

사람들은 충족에 대해 말하지 않는다. 그래서 사랑의 관계는 그릇되게도 일련의 긴 불평에 국한된 것처럼 보인다. 불행에 대해 나쁘게 말하는 것이 무분별한 짓이라면, 행복의 표현을 망가뜨리는 것 또한 죄스러운 일이다. 자아는 상처를 받을 때라야만 말을 한다. 내가 충족되었을 때, 또는 그랬다고 기억될 때 언어는 소심해 보인다. 나는 언어 밖으로, 다시 말해 일반적인 것, 시시한 것 밖으로 **이송된다**

---

2) 어원: 충분하다는 뜻의 라틴어 'satis'는 프랑스어의 '만족(satisfaction)'과 '과음(saoul)'(라틴어로는 'satullus') 두 단어에 다 들어 있다.

(transporté). "견디기 힘든 만남이 기쁨 때문에 이루어지며,

로이스브루크 그리하여 때로 인간이 무(無)의 상태로 환원될 때, 이것이 바로 내가 탈혼(transport)이라고 부르는 것이다. 탈혼은 사람들이 말로는 할 수 없는 기쁨이다."

2 사실인즉 내가 **실제로** 충족될까 하는 것은 별로 중요치 않다(그럴 가망이 전혀 없다 해도 괜찮다). 오직 파괴될 수 없는 충족에의 의지만이 찬연히 빛난다. 이 의지에 따라 나는 표류하며, 억압(refoulement)에서 벗어난 한 주체의 유토피아를 내 안에 설정한다. 아니 나는 **이미** 이 주체이다. 이 주체는 절
노발리스[3] 대 자유주의자이다. 최고선을 믿는 것은 최고악을 믿는 것만큼이나 어리석은 짓이다. 하인리히 폰 오프터딩겐은 철학적으로는 사드의 쥘리에트[4]와 동일한 천으로 만들어졌다.

(**충족**은 상속(相續)의 폐지를 의미한다. "기쁨은 상속자도 어린이도 필요로 하지 않는다. 기쁨은 그 자체만을 원하며, 영원을,
니체 같은 것의 반복을 원한다. 그것은 모든 것이 영원히 그대로이기를 바란다." 충족된 연인은 글을 쓸 필요도, 전달하거나 재생할 필요도 없다.)

---

3) 노발리스(Novalis): 독일 낭만파 시인으로 그의 교양 소설 《하인리히 폰 오프터딩겐》의 낭만주의적 성격은 괴테의 《빌헬름 마이스터》와 종종 비교된다.(역주)
4) 사드의 《쥘리에트, 혹은 악덕의 번영》에 나오는 주인공 이름.(역주)

"나는 그 사람이 아프다"

연민 COMPASSION

사랑의 대상이 사랑의 관계와는 무관한 이런저런 이유 때문에 불행하거나 위험에 처해 있다고 느끼거나 보거나 알 때, 사랑하는 사람은 그에 대해 격렬한 연민의 감정을 느낀다.[1]

니체[2]

1 "그 사람이 느끼는 것처럼 우리가 그를 느낀다고 가정한다면── 쇼펜하우어가 '**연민**(compassion)'이라 부르는 것, 혹은 더 정확히 말한다면 고통 속에서의 결합, 고통의 일치라 할 수 있는 것── 그가 자신을 미워하면(파스칼처럼) 우리 또한 그를 미워해야 할 것이다." 그 사람이 환각에 시달리거나 미칠까 봐 두려워한다면, 나 또한 환각해야 하고 미

미슐레[3]

1) 이 단상의 제목 "그 사람이 아프다"는 프랑스어로 "J'ai mal à l'autre"이다. 이 말은 원래 신체적인 통증을 가리킬 때(이를테면 배가 아프다 (J'ai mal au ventre) 등) 사용되는 말이나, 여기에서는 사랑하는 사람으로 야기되는 아픔을 마치 자신의 육체의 그것처럼 느끼는 사랑의 현실을 묘사하기 위해 사용된 것이다. 이 표현은 저자가 다음의 주 3)에서 밝히고 있듯이 미슐레의 선례를 따른 것이다.〔역주〕
2) 니체, 《여명》, 격언 63, p.73.

치광이가 되어야 한다. 그러나 사랑의 힘이 어떠하든간에 이런 일은 결코 일어나지 않는다. 사랑하는 사람들이 괴로 워하는 모습을 보는 일은 끔찍한 일이기에 나 또한 동요 하며 괴로워하나, 동시에 냉담하며 젖어들지 않는다. 나의 동일시는 불완전한 것이다. 나는 어머니이긴 하지만(그는 내게 걱정거리를 준다), 부족한 어머니이다. 내가 실제로 그 를 보살펴 줄 수 있는 것에 비해 지나치게 동요한다. 왜냐 하면 내가 '진지하게' 그 사람의 불행에 동일시하는 순간, 내가 그 불행에서 읽는 것은 그것이 나 **없이** 일어났으며, 이 렇듯 스스로 불행해진 그가 나를 버리고 있다고 생각되 기 때문이다. 나와는 무관한 이유로 해서 그 사람이 그토록 괴로워한다면, 그건 내가 그에게 별로 중요하지 않다는 것 을 의미한다. 그의 고통이 내 밖에서 이루어지는 한, 그것은 나를 취소하는 거나 다름없다.

2 그리하여 하나의 역전이 내도한다. 그 사람이 나를 제쳐놓 고 괴로워하는데, 왜 내가 대신 괴로워해야 한단 말인가? 그의 불행이 나로부터 그를 멀어지게 하는데, 왜 나는 그 를 붙잡을 수도, 그와 일치될 수도 없으면서 그의 뒤를 숨 가쁘게 쫓아다녀야 한단 말인가? 그러니 조금 떨어져 있자.

---

3) 미슐레(Michelet): "나는 프랑스가 아프다(J'ai mal à la France)."
  미슐레는 프랑스의 소설가이자 사학자로 그의 방대한 《프랑스사》
  는 오늘날까지도 높이 평가된다.(역주)

거리감을 쌓는 훈련을 하자. 타자의 죽음 뒤에 홀로 살아
남는 그 순간부터 모든 주체의 입에서 나오는 저 억압된
말, **살자**(Vivons!)라는 말을 떠오르게 하자.

3 그러므로 나는 그를 '**압박하지도,**' 정신을 잃지도 않으면서
   그와 더불어 괴로워하리라. 아주 다정하면서도 통제된, 애
   정에 넘쳐흐르면서도 예의바른 이 처신에 우리는 '**신중함/
   부드러움**(délicatesse)'이란 이름을 부여할 수 있을 것이다. 그
   것은 어떻게 보면 연민의 '건전한'(개화된, 예술적인) 형태이

잔치[4] 다. (아테(Até)는 미망(迷妄)의 여신이다. 그러나 플라톤은 아테
   의 신중함/부드러움에 대해 말한다. 그녀의 발등에는 날개가 달
   려 있어 땅을 디딜 둥 말 둥하다고.)

---

4) 이 구절은 에로스의 신중함/부드러움을 증명하기 위해 아가톤이
호메로스의 《일리아드》의 한 대목을 빗대어 말한 것으로, 그 원문을 인
용하면 "그 다리는 매우 부드러워라. 땅을 밟지 않고, 사람의 머리 위를
걷기 때문이다"라는 것이다.[역주]

"나는 이해하고 싶다"

이해하다 COMPRENDRE

사랑하는 사람은 사랑의 에피소드가 갑자기 설명할 수 없는, 해결책이 봉쇄된 이유들의 매듭으로 생각되어 "나는 이해하고 싶다(내게 일어난 일을)!"라고 소리지른다.

1 나는 사랑을 무엇이라고 생각하는 걸까? 실상 나는 아무것도 생각하지 않는다. 사랑이 **무엇인지를** 알고 싶지만, 사랑 안에 있는 나는 그것의 실존은 보지만 본질은 보지 못한다. 내가 알고 싶은 것(사랑)은 내가 말하기 위해 사용하는 질료 그 자체이다(연인의 담론). 물론 성찰하는 것은 허용되지만, 그러나 그것은 이내 이미지를 되삭이는 일에만 사로잡혀 반사 작용(réflexivité)에까진 이르지 못한다. 논리적인 것에서 (서로에게 외적인 언어를 가정하는) 배제된 나는 **사고를 잘한다**고 주장할 수 없다. 그러므로 내가 아무리 오랜 시간에 걸쳐 사랑에 대한 담론을 할지라도, 나는 그 개념을 '꼬리로'밖에 포착할 수 없다. 즉 상상계의 저 커다란 흐름을 통해 분산된, 순간적인 장면이나 관례적인 말, 돌발적인 표현

레이크[1]

으로밖에는. 나는 사랑의 **유해한 장소**인 눈부시게 하는 곳에 있다. 중국의 한 속담은 "등잔 밑이 어둡다"라고 말한다.

2 영화를 보면서도 잊을 수 없었던 내 사랑의 문제점을 되씹으면서 영화관을 나서는 나는 "이젠 좀 그만 끝났으면!"이 아닌 "난 이해하고 싶어(내게 일어난 일을)!"란 괴상한 소리를 지른다.

3 억지(répression)[2] : 나는 분석하고 싶고, 알고 싶고, 내 언어가 아닌 다른 언어로 언술하고 싶다. 내 정신착란을 스스로에게 재현하며, 나를 분리하고 가르는 것을 '정면에서 바라보고' 싶다. **네 광기를 이해하라.** 이 말은 제우스가 아폴론에게 "사람들이 자신이 갈린 자리를 보고 좀더 온순해지도록" 분리된 남녀양성겸유자의 얼굴(오온나무 열매나 달걀처럼)을 갈린 자리 쪽으로 돌려 놓으라고 명령하면서 한 말이다. 이해한다는 것은 이미지를 나누고, 몰인식의 최고기관인 나를 해체하는 일이 아닐까?

잔치[3]

---

1) 레이크(Reik), 《대참회의 단장》, p.184에서 인용.
2) 抑止 : 프로이트의 용어로 의식적·의지적으로 불쾌한 일을 배제하는 경우를 가리킨다. 무의식적으로 의식하지 않게 되는 경우는 억압(refoulement)이라 하여 전자와 구별된다.(《심리학소사전》, 민중서관, 1968, p.146 참조)〔역주〕
3) 《잔치》, p.111.

A. C.[4]

4 해석: 당신의 외침이 말하고자 하는 것은 그런 뜻이 아니다. 실상 그 외침은 여전히 사랑의 외침이다. "나는 나를 이해하고 싶고, 나를 이해시키고 싶고, 알리고 싶고, 포옹받게 하고 싶고, 누군가가 와서 나를 데려가기를 바란다." 바로 이것이 당신의 외침이 의미하는 것이다.

어원[5]

5 나는 체계를 바꾸고 싶다. 더이상 가면을 벗기지도 않고, 더이상 해석하지도 않고, 다만 의식 자체를 아편으로 만들어 현실의 자취가 없는 비전(vision)에, 위대한 꿈의 선명함에, 예언적인 사랑에 이르고 싶다.

(그리하여 의식이, 이런 의식이 인간의 미래라면? 어느 날, 찬연히 빛나는 어느 날, 나선의 어떤 부가 회전에 의해 모든 반발적인 이데올로기가 사라지고 의식이 마침내 다음과 같은 것이 된다면? 즉 현시된 것과 잠재적인 것, 외관과 감춰진 것이 파기되고, 그리하여 분석자에게 더이상 힘을 파괴하는 것이 아닌(그것을 수정하거나 인도하는 것도 아닌) 다만 예술가로서 그것을 '장식하는' 것이 요구된다면? 실언(lapsus)의 학문이 어느 날 그 자신의 실언을 발견하고, 이 실언이 드디어는 의식의 새로운, 전대미문의 형태가 된다면?)

---

4) 콩파뇽(A. Compagnon)의 편지에서.
5) 어원: 그리스인은 '속된 꿈(onar)'과 '예언적인 비전(hypar)'(결코 믿지는 않았지만)을 구별하고 있다.(부트(J. L. Bouttes)의 지적)

"어떻게 할까?"

처신 CONDUITE

심의적인 문형. 사랑하는 사람은 대개는 아주 하찮은 처신의 문제를 고통스럽게 제기한다. 양자택일의 기로에 서서 무엇을 할까? 어떻게 할까?

1 계속해야 할까? 베르테르의 친구인 빌헬름은 처신의 가장
_{베르테르[1]} 확실한 학문인 윤리의 인간이다. 그런데 이 윤리란 실상 하나의 논리이다. 이것이냐 저것이냐 하는. 만약 내가 이것을 택한다면(점찍는다면), 그때 다시 이것이냐 저것이냐 하는 문제가 제기된다. 그리하여 이런 양자택일의 연속으로부터 어떤 회한도 흔들림도 제거된 순수한 행위가 나타날 때까지 그것은 계속된다. 너는 로테를 사랑한다. "넌 희망이 있어, 그러니 잘해 봐. 또는 희망이 전혀 없어, 그러니 단념해." 바로 이것이 '건전한' 주체의 담론이다. **또는, 또는**이란. 그러나 사랑하는 사람은 이렇게 대답한다(베르테르가 한 것처

---

1) 《베르테르》, p.47.

림). 나는 양자택일의 두 가지 사이로 끼어들려 한다네. 다시 말해 "난 아무 희망도 없다네, 그렇지만……" 또는 "나는 선택하지 않는 것을 완강하게 선택한다네. 난 표류를 선택한다네, 그래서 **계속한다네**."

2 내 처신의 고뇌는 하찮은 것이다. 그것은 더욱더 하찮아 끝이 없다. 만약 그 사람이 무심코 이런저런 시간에 그와 연락을 취할 수 있는 곳의 전화번호를 주었다면 나는 거의 미칠 지경이 된다. 전화를 해야 할까? 하지 말아야 할까? (그에게 전화**할 수** 있다고 —— 이것이 그 메시지의 객관적인, 합리적인 의미이다 —— 말해 봐야 아무 소용없다. 내가 어찌할 바를 모르는 것은 바로 이 **허용**이니까.)

표면적으로 어떤 결과도 가지지 않을/않는 것이 하찮은 것이다. 그러나 사랑하는 나에게는 새로운 것, 방해하는 것은 모두 사실의 범주가 아닌, 해석해야만 하는 기호로 받아들여진다. 사랑하는 사람의 관점에서 볼 때, 사실은 이내 기호로 변형되며, 그리하여 결과론적인 것이 된다. 그러므로 결과론적인 것은 사실이 아니라 기호이다(그 울림에 의해). 그 사람이 내게 새 전화번호를 주었다면, 그건 무엇의 기호였을까? 시험삼아 **지금 곧** 사용해 보라는 것이었을까? 아니면 필요에 의해 **부득이한 경우에만** 사용하라는 것이었을까? 내 대답 또한 그 사람이 필연적으로 해석해야 하는 기호일 것이다. 이렇게 해서 그 사람과 나 사이에는 이미지들

의 소란스런 교차가 폭발한다. **모든 것은 의미한다**라는 명
제가 나를 사로잡아 계산하는 일에만 몰두하게 할 뿐 즐기
지 못하게 한다.

때때로 이런 '아무것도 아닌 것(rien)'(세상 사람들은 그렇게
말할 것이다) 때문에 심사숙고하다 보면 기진맥진해진다. 그
러면 깜짝 놀라 물에 빠진 사람이 발꿈치로 물밑을 치듯이,
나는 어떤 '충동적인(spontanée)'(충동적인 것은 위대한 꿈이
며, 천국·권력·쾌락이다) 결정을 내리고자 한다. "네가 그토
록 열망하니 그에게 전화해 봐." 그러나 그것은 헛된 수단
일 뿐 사랑의 시간은 충동과 행동을 나란히 늘어놓지도, 일
치시키지도 않는다. 나는 '속마음을 행동으로 표현하는(ac-
ting out)' 사람이 아니다. 내 광기는 절제된 것이며, 눈에 보
이지 않는다. 내가 그 결과를, 모든 결과를 두려워하는 것은
바로 '지금 곧'이다. '충동적인 것'이 내 두려움이요, 내 심의
의 대상이다.

3 불교에서 말하는 '**카르마**(業)'는 행동(그 인과관계)의 처참
한 연쇄반응이다. 불도는 카르마에서 벗어나기를, 인과관계
의 유희를 정지시키기를 원한다. 기호를 부재케 하고, "어
떻게 할까?"라는 실질적인 물음을 무시하고자 한다. 그러
나 나는 질문하기를 멈추지 아니하며, 카르마의 정지인 '**니
르바나**(涅槃)'[2]를 갈망한다. 그리하여 그 상황이 운좋게도
어떤 처신의 책임감도 부과하지 않는다면, 그것이 아무리

고통스럽다 할지라도 일종의 평온함 속에 받아들이는 것이다. 괴롭기는 하지만 적어도 결정해야 할 것은 아무것도 없으니까. 사랑의(상상적인) 기계는 여기 나 없이 혼자 돌아간다. 전자 시대의 노동자나 혹은 교실 한구석의 장난꾸러기처럼, 나는 **저기 있기만**(être là) 하면 된다. 카르마(기계·교실)는 내 앞에서, 하지만 나 없이 윙윙거린다. 나는 불행 그 안에서도 짧은 순간이나마 어떤 **조그만 게으름의 구석**을 마련할 수 있다.

---

2) 니르바나는 모든 번뇌를 해탈하여 영생불멸의 법을 체득한 경지를 가리킨다.〔역주〕

공 모

공모 CONNIVENCE
사랑하는 사람은 자신이 연적과 더불어 사랑하는 이에 대한 이
야기를 나누는 모습을 상상한다. 이 이미지는 이상하게도 그에
게 공범의 즐거움을 야기한다.

1 사랑하는 이에 대해 함께 이야기를 나눌 수 있는 그/그녀
는 나만큼이나 그녀/그를 사랑하는 사람이다. 그는 나의 대
칭이며, 연적이며, 경쟁자이다(경쟁이란 자리 문제다). 나는 마
침내 그 사람에 대해 '**정통한**' 이와 더불어 논평을 할 수 있
게 된 것이다. 이렇게 하여 동등한 앎, 연루의 기쁨이 자리
한다. 이 논평에서 대상은 멀어지지도 찢어지지도 않는다.
그는 우리 쌍수의 담론 안에 내재하며, 또 그 보호를 받는
다. 나는 동시에 이미지와 내가 누구인지를 반사하는 이 두
번째 거울에 일치한다(내가 연적의 얼굴에서 읽는 것은 바로
내 두려움이요, 질투심이다). 두 개의 시선이 집중하여 그 객
관적 성격이 한층 강화된 부재자를 놓고 우리의 수다는 활
기를 띠며, 모든 질투는 정지된다. 우리는 아주 엄격하고도

성공적인 한 실험에 몰두하는 셈이다. 왜냐하면 거기에는 두 명의 관찰자가 있으며, 또 그 두 관찰이 동일한 조건하에 행해지기 때문이다. 이렇게 하여 대상은 **'입증되며,'** 나는 **'내가 옳다는'**(내 행복·아픔·불안이) **것**을 알게 된다.

어원 (공모의 라틴어 어원은 'connivere'이다. 그것은 동시에 눈을 깜박이다, 윙크하다, 눈을 감다란 뜻을 갖고 있다.)

2 그리하여 우리는 사랑의 삼각관계에서 **여분**의 존재란 바로 사랑의 대상이라는 역설에 이르게 된다. 이 사실은 어떤 **난처한 상황**에서 읽을 수 있다. 이를테면 사랑하는 이가 내 연적에 대해 불평하거나 깎아내리면, 나는 어떤 대꾸를 해야 할지를 모른다. 한편으로는 내 위치를 '확고하게' 해주는 그 속내 이야기를 이용하지 않는 편이 고결해 보이고, 그러나 또 한편으로는 내 경쟁자와 나는 동일한 입장에 처해 있기에 모든 심리 상태, 가치가 파기되는 날이면 나 역시 평가절하될 수밖에 없다는 생각이 들어 신중해지기 때문이다. 그래서 때로는 내 스스로가 연적에 대해 칭찬을 늘어놓으며('관대해지기 위해?'), 그러면 그 사람은 이상하게도 그것을 반박한다(내 비위를 맞추려고?).

3 질투란 교환 가능한(결정할 수 없는) 세 가지 사항의 방정식

이다. 우리는 항상 동시에 두 사람에 대해 질투한다. 내가

사랑하는 사람과, 또 그 사람을 사랑하는 사람에 대해, '오

D. F.[1]   디오사마토'(Odiosamato; 연적을 이탈리아어로는 이렇게 말한

다)는 내게서도 사랑을 받는다. 그는 내 관심의 대상이며,

궁금하게 하며, 내 마음을 끈다(도스토예프스키의 《영원한 남

편》을 보라).

---

1) 페라리(D. Ferraris)와의 대화에서.

"어쩌다 내 손가락이 ~할 때"

접촉 CONTACTS

이 문형은 욕망하는 대상의 육체(더 정확히는 살갗)와의 가벼운 접촉으로 인해 야기되는 모든 내적 담론을 가리킨다.

베르테르[1]

1   어쩌다 베르테르의 손가락이 로테의 손에 닿거나, 그들의 발이 탁자 밑에서 부딪치면, 베르테르는 이 우연의 의미에는 초연한 채, 다만 접촉된 미세한 지점에만 몸으로 집중하여, 성도착자(fétichiste)처럼 그것이 **'대답할지 어떨지는 개의치 않고'** 그 무기력한 발가락이나 손가락 조각을 즐길 수도 있었을 것이다(성도착자 페티시스트는 페티시(物神)에서 유래한다. **페티시는 신처럼** —— 그 어원이 말하듯이 —— 대답하지 않는다). 그러나 베르테르는 성도착자가 아닌 사랑하는 사람이다. 그는 도처에서, 아무것도 아닌 것에서 항상 의미를 만들어내며, 이 의미가 그를 전율케 한다. 그는 의미의 도가니 안에 있다. 사랑하는 사람에게서의 접촉은 이렇

---

1) 《베르테르》, p.41.

듯 모두 대답의 문제를 야기하며, 이때 대답해야 하는 것
이 바로 살갗이다.

(손을 잡는다는 것 —— 수많은 소설의 얘깃거리가 되어 온 ——
—— 손바닥 안에서의 그 미세한 움직임, 비끼지 않는 무릎, 아무
일도 아니란 듯 소파의 등받이를 따라 늘어뜨려진 팔, 그 위로
차츰 다가와 기대는 그의 머리. 그것은 미묘하고도 은밀한 기호
들의 천국이다. 감각의 축제가 아닌, 의미의 축제와도 같은 그
어떤 것.)

2 샤를뤼스는 프루스트의 화자의 턱을 붙잡고 전기가 통하는
프루스트[2] 손가락을 '마치 이발사의 손가락처럼' 미끄러지듯 그의 귓
불에 갖다댄다. 내가 시작한 이 의미 없는 몸짓은 자아의 다
른 부분에 의해 계속된다. 물리적인 그 무엇도 그것을 중단
하지 않았는데도, 그것은 분기되어 단순한 기능에서 찬란
한 의미, 즉 사랑의 요구란 의미로 넘어간다. 의미(운명)가
내 손을 충전시킨다. 나는 그 사람의 불투명한 육체를 찢어
의미의 유희 속으로 들어가게끔 강요한다(응답하든가, 거부
하든가, 혹은 내가 하는 대로 그냥 내버려두든가). 나는 '**그를
말하게**' 하려 한다. 사랑의 영역에서 속마음을 행동으로 표
현하는 '액팅 아웃(acting out)'이란 존재하지 않는다. 어떤 충

2) 프루스트, 《게르망트 가에서》, II, p.562.

동도, 어쩌면 즐거움조차도 존재하지 않으며 다만 기호들만이, 미친 듯이 날뛰는 말의 행위만이 있을 뿐이다. 그것은 기회가 있을 때마다 (은밀하게) 요구와 응답의 시스템(패러다임)을 설치하려 한다.

사건, 장애물, 난관

우발적인 것 CONTINGENCES

하찮은 사건이나 일, 장애물, 치사하고도 쓸데없는 것들로 사랑
의 삶에 주름을 만드는 것들. 마치 우연이 그에 맞서 음모라도
꾸민다는 듯, 사랑하는 사람의 행복으로의 지향을 가로막는 모
든 울림의 사실적 핵심.

1　"오늘 아침 X…의 기분이 좋았기에, 그로부터 선물을 받았
기에, 다음 만날 약속이 정해졌기에……, 그런데 뜻밖에도
그날 저녁 Y…와 함께 있는 X…를 보았기에, 그들이 나를
보면서 귓속말을 하는 것처럼 생각되었기에, 이 만남이 우
리 상황의 모호함을, 어쩌면 X…의 위선마저도 드러내는 것
처럼 보였기에, 그만 내 유쾌한 기분은 사라지고 말았다."

2　그 일은 하찮은 것이나(그것은 언제나 하찮은 것이다), 내 모
든 언어를 끌어당긴다. 나는 그 일이 운명과도 흡사한 그 무
엇으로 **생각되어** 이내 중요한 사건으로 변형시킨다. 그러면

모든 것을 뒤덮는 법의가 내 머리 위로 떨어진다. 이렇듯 헤아릴 수 없는 수많은 미세한 상황들이 마야(Maya)의 검은 베일을, 환영·의미·단어의 벽걸이를 짠다. 나는 내게 일어난 일들을 **분류하기** 시작한다. 이제 그것은 공주님의 스무 개나 되는 매트리스 밑에 깔린 저 완두콩처럼 주름을 만들 것이다. 마치 대낮의 생각이 꿈속에서 분봉하는 것처럼, 그것은 연인의 담론의 청부인이 될 것이며, 또 그 담론은 상상계라는 자본 덕분으로 결실을 맺게 될 것이다.

안데르센[1]

프로이트[2]

3 이렇듯 나를 사로잡으며, 내 마음을 울리는 것은 사건의 동기가 아니라 그 구조이다. 관계의 모든 구조가, 사람들이 냅킨을 잡아당기듯 내게로 온다. 그것의 불리한 점, 함정, 막다른 길이(이와 마찬가지로 나는 자개 펜대에 붙은 수정알을 통해 파리와 에펠탑을 볼 수 있다). 나는 의심도 비난도 하지 않으며, 이유를 묻지도 않는다. 내가 처한 그 '엄청난' 상황을 겁에 질린 채 바라볼 뿐이다. 나는 한(恨; ressentiment)의 인간이 아니라 운명(fatalité)의 인간이다.

(내게 있어 사건은 기호이지 징조(indice)[3]가 아니다. 즉 어떤 인

---

1) 안데르센(Andersen), 《완두콩 위의 공주님》.
2) 프로이트, 《꿈의 해석》, p.64.
3) 징조·지표란 사람에 따라 다소 그 정의가 다르나, 바르트에 의하면 즉각적인 정보가 아닌 함축적인 의미를 가진 것을 가리킨다.〔역주〕

과관계의 개화가 아닌 한 시스템의 요소일 뿐이다.)

4 때로는 내 자신의 몸이 신경질적으로 사건을 만들어내기도
   한다. 뭔가 즐거운 일이 기대되는 저녁, 내게 이로운 한 공
   식적인 말의 선언을 기다리는 저녁, 나는 배가 아프다든가,
   혹은 감기에 걸렸다든가 하면서 망쳐 버린다. 신경질적인 실
   성(失聲)의 가능한 모든 대체물들로.

그 사람의 몸

몸 CORPS

사랑하는 이의 몸 때문에 사랑하는 사람에게 야기되는 온갖 상
념, 두근거림, 호기심.

1 그의 몸은 분리되었다. 그의 살갗, 눈과 같은, 부드럽고, 열
    띤, 그 자신의 몸과 간략한, 억제된, 발작적으로 멀어지는 그
    의 목소리, 자기 몸이 부여하는 것을 부여하지 못하는 그의
    목소리. 또는 그의 부드러운, 따뜻한, 적당히 물렁물렁한, 솜
    털 덮인, 어색해하는 몸과 그의 낭랑한, 세련된, 사교적인 목
    소리──목소리, 언제나 목소리.

2 때로 한 상념이 떠오른다. 오랫동안 사랑하는 사람의 몸을
    캐기 시작한다(마치 프루스트의 화자가 잠든 알베르틴의 모습
프루스트[1]   을 쳐다보며 그랬던 것처럼). '캐내다(scruter)'는 '뒤진다(fou-

───────────────

1) 프루스트의 《잃어버린 시간을 찾아서》의 제V편 《갇힌 여인》에 나

iller)'는 뜻이다. 나는 그 사람의 몸 안에 무엇이 있나 보려는 듯이, 내 욕망의 무의식적인 원인이 상대방의 몸에 있다는 듯이, 그 사람의 몸을 뒤진다(나는 시간이 무엇인지를 알기 위해 자명종을 분해하는 아이와도 같다). 이 작업은 놀랍고도 냉정한 방식으로 행해진다. 갑작스레 **더 이상 겁내지 않게 된** 이상한 곤충 앞에 서 있는 것처럼, 나는 침착하고 주의 깊다. 몸의 몇몇 부분은 특히 이런 **관찰**에 적합하다. 속눈썹, 손톱, 모근, 부분적인 것들. 그때 내가 사자(死者)를 물신화하고 있는 중이라는 것은 분명하다. 내가 캐내는 몸이 무기력한 상태에서 벗어나 **'무엇인가를 하기** 시작하면,' 내 욕망이 변한다는 것이 그 증거이다. 이를테면 그 사람이 '**생각하는**' 것을 볼 때, 내 욕망은 변태적이기를 그치고, 다시 상상적인 것이 된다. 나는 하나의 이·미·지, 하나의 전·체로 되돌아간다. 나는 다시 사랑한다.

(나는 그의 얼굴, 그의 몸의 모든 것을 냉정하게 다 보았다. 속눈썹, 엄지발톱, 성긴 눈썹, 얇은 입술, 눈의 광채, 얼굴에 난 점, 담배 피우며 손가락을 펼치는 모양 등. 나는 이 유리 같은 일종의 채색 도기상에 매혹되었다. 그런데 매혹이란 결국 극단적인 일탈에 지나지 않는다. 나는 그 상에서, 아무것도 이해하지 못하면서 '**내 욕망의 원인**'을 읽을 수가 있었다.)

오는 부분으로 사랑하는 알베르틴의 잠든 모습을 인상주의 화법으로 묘사한 아름다운 단상이다. (역주)

대 담

선언 DÉCLARATION

사랑하는 사람이 감정을 억제하고, 사랑하는 이와 더불어 그의 사랑, 자신, 그들 자신에 대해 끝없이 이야기를 나누고 싶어하는 성향. 선언은 사랑의 고백에 관계되는 것이 아니라, 사랑의 관계의 형태(수없이 논평되어 온)에 관계된다.

1 언어는 살갗이다. 나는 그 사람을 내 언어로 문지른다. 마치 손가락 대신에 말이란 걸 갖고 있다는 듯이, 또는 내 말 끝에 손가락이 달려 있기라도 하듯이. 내 언어는 욕망으로 전율한다. 이 동요는 이중의 접촉에 기인한다. 한편으로는 모든 담론 행위가 "나는 너를 욕망한다"란 유일한 시니피에를 은밀히 간접적으로 가리키면서 그것을 풀어 주고, 양분을 주고, 가지를 치며 폭발하게 하는 것이라면(언어는 스스로 만지는 것을 즐긴다), 또 다른 한편으로는 나는 그 사람을 내 말 속에 둘둘 말아 어루만지며, 애무하며, 이 만짐을 얘기하며, 우리 관계에 대한 논평을 지속하고자 온 힘을 소모한다.

(사랑스럽게 말한다는 것은, 끝이 없는 미적지근한 소모를 의미한다. 오르가슴을 느끼지 못한 채 관계를 맺는 것이라고나 할까. 이런 **억제된 교미**(coïtus reservatus)의 문학적 형태가 바로 달콤한 말로 남의 환심을 사는 마리보다주(marivaudage)[1]일 것이다.)

2 논평하고 싶은 충동이 방향을 바꿔 대체의 길을 따른다. 처음 나는 그 사람을 위해 우리 관계에 대한 담론을 한다. 그러나 그것은 속내 이야기를 할 수 있는 사람 앞에서도 가능하다. 나는 **너**에게서 **그**로 넘어가며, 다시 **그**에게서 **누군가**(on)로 넘어간다. 나는 결국 일반적인 허튼소리에 지나지 않을, 사랑에 대한 추상적인 담론을, 사물의 철학을 늘어놓는 셈이다. 그리하여 다시 온 길을 거꾸로 가보면, 사랑을 대상으로 하는 모든 이야기는(그 초연한 어조가 어떠하든간에) 필연적으로 어떤 은밀한 담화 행위(allocution)를 내포한다고 말할 수 있을 것이다(나는 당신이 알지 못하는, 그러나 저기 내 격언의 끝에 있는 누군가에게 말하고 있다). 플라톤의 《잔치》에서도 이런 유형의 담화는 존재한다. 소크라테스라는 분석자의 청취하에 알키비아데스가 말을 걸고, 욕망하는 사람은 아마도 아가톤[2]일 것이다.

라캉

---

1) 마리보다주란 18세기 프랑스의 작가 마리보(Marivaux)에서 유래한 말로, 여자의 환심을 사려는 언동을 가리킨다.(역주)
2) 아가톤(Agaton)은 아테네의 비극 시인으로 뛰어난 미남이며, 《잔치》는 바로 이 아가톤의 집에서 벌어진다.(역주)

(사랑의 아토피아, 즉 사랑을 모든 논술적인 것으로부터 벗어나게 하는 속성은 아마도 그것이 **최종적으로는 담화의 엄격한 한정에 의해서만** 말할 수 있다는 점일 것이다. 그것이 철학·격언·서정시 또는 소설이든 간에, 사랑에 대한 담론에는 항상 그 말의 대상인 누군가가 있게 마련이다. 비록 이 사람이 유령이나 미래의 창조물 형태로 바뀐다 할지라도. 누군가를 **위해서가** 아니라면 아무도 사랑에 대해 말하고 싶지 않으리라.)

헌 사

헌사 DÉDICACE

모든 사랑의 선물(현실적인 혹은 계획중인)을 동반하는 언어의 에 피소드. 보다 일반적으로는 사랑하는 사람이 사랑의 대상에게 무 엇인가를 헌정하는 모든 실제적인, 내적인 몸짓.

1 사랑의 선물은 스스로 찾아지고, 선택되며, 커다란 흥분 속 에 구입된다. 오르가슴과도 같은 그런 흥분 속에. 나는 그 물건이 그를 기쁘게 할지, 실망시키지나 않을지, 또는 그 반 대로 너무 값지게 보여 내가 걸린 이 덫을, 정신착란을 드 러내 보이지나 않을지 하고 열심히 따져 본다. 사랑의 선물 은 경건하다. 상상적인 삶을 조정하는 저 탐욕스런 환유(換 喩)에 휩쓸린 나는 내 모두를 그 선물에 이전한다. 그 물건 으로 나는 내 **전부**를 당신에게 주며, 내 섹스로 당신을 만 진다. 바로 그렇기 때문에 나는 흥분하며, 당신의 욕망에 **완 벽하게** 부합되는 적합한 물신, 찬란하고도 성공적인 물신 을 찾아 이 상점 저 상점으로 헤매는 것이다.

선물은 접촉이며 관능적인 것이다. 당신은 내가 만졌던 것을 만질 것이며, 이렇게 하여 제삼의 피부가 우리를 결합시킨다. 내가 X…에게 스카프를 주자, X…는 스카프를 매었고, 그리하여 그 맨다는 사실을 내게 '주었다.' 게다가 X… 자신도 그렇게 생각한다고 순진하게 말하는 것이었다. 이와는 반대로 순결에 관한 모든 윤리는 선물을, 그 주고받는 손으로부터 분리할 것을 요구한다. 불교의 서품식에서 개인 용품과 세 벌의 옷은 들것에 놓인 채 스님에게 전달된다. 그러면 스님은 손이 아닌 막대기로 만지며 받아들인다. 이후에도 스님에게 주어지는 모든 것(그것으로 그가 살아나갈)은 이렇듯 탁자 위에, 땅바닥에, 혹은 부채 위에 놓여질 것이다.

선(禪)[1]

2 나는 때로 이런 두려움에 사로잡힌다. 만약 내가 준 물건이 어떤 심술궂은 결함 때문에 작동이 잘 안 되면 어쩌나 하는. 이를테면 내가 선물한 상자(얼마나 힘들게 구한 것인데)의 자물쇠가 고장난다면(그 상점은 사교계의 여인들이 운영하고 있었다. 게다가 상점의 이름은 '사랑하기 때문에(Because I love)' 라는 것이었다. 그렇다면 **내가 사랑하기 때문에** 자물쇠가 고장난 걸까?). 그러자 선물의 기쁨은 사라져 버리고, 사랑하는 사람은 자기가 주는 것을 갖지 못한다는 것을 알게 된다.

---

1) 선: 페르슈롱(Percheron)의 《부처와 불교》, p.99에서 인용.

Ph. S.[2] (단지 물건만을 선물하는 것은 아니다. X…는 정신분석을 받고 있었고, 그러자 Y…도 분석받기를 원했다. 사랑의 선물로서의 정신분석?)

선물이란 반드시 쓰레기인 것만은 아니다. 그러나 그것은 폐품으로 처리될 소명을 가지고 있다. 나는 내가 받은 선물을 어찌해야 할지 모른다. 그것은 내 공간에 어울리지 않아 방해가 되며 남아돈다. "당신의 선물을 내가 어쩌란 말이에요?" 당신의 선물을 뜻하는 프랑스어의 '통동(tondon)'은 그것의 희극적인 표현이다.

3 '언쟁(scène)'의 전형적인 요지는 내가 그에게 준 것(시간, 정력, 돈, 재치, 다른 관계 등)을 다시 그에게 재현하는 데 있다. 바로 이것이 모든 언쟁을 유발하는 대사, "그럼 난, 나는요, 당신에게 안 드린 게 뭐 있나요"를 불러일으키기 때문이다. 그때 선물은 자신이 그 도구인, 힘의 시험을 폭로하는 셈이다. "당신이 내게 준 것보다 훨씬 더 많이 드리겠어요, 그래서 당신을 지배하겠어요." (아메리카 인디언들의 축제일에 행해지는 선물 분배 행사(potlatch) 때에는 온 마을이 불살라졌고, 노예들이 학살되었다.)

---

2) 솔레르스(Ph. Sollers)와의 대화에서.

내가 주는 것을 공표한다는 것, 그것은 가족의 모델을 따르는 것이다. "우리가 너를 위해 얼마나 많은 희생을 치렀는지 좀 알기나 하니" 혹은 "우린 너에게 생명을 주었는데"(――"하지만 그 생명으로 도대체 제가 어쩌란 말입니까!" 등등). 선물을 말하는 것은 곧 선물을 침묵 속의 소비와는 대립되는, 교환 경제(희생의, 경매의) 속에 집어넣는 것이다.

선(禪)[3]

R. H.[4]

4 "오 파이드로스여, 이것이 내가 이 신[에로스]에게 바치는 연설일세⋯⋯." 언어를 준다는 것은 불가능한 일이지만(어떻게 한 손에서 다른 한 손으로 언어를 건넬 수 있단 말인가?), 그 사람은 작은 신(神)이기에 언어를 헌정할 수는 있다. 이렇듯 주어진 물건은 변화지례의 그 장엄하고도 경건한 말씀 속에, 헌사의 시적인 몸짓 속에 흡수된다. 선물은 선물을 말하는 목소리 안에서만 열광한다. 만약 그 목소리가 **박자에 맞고**(운율이 고르고), **노래 부르는 듯**(서정적인)하기만 하면. 이것이 찬가(Hymne)의 원칙이기도 하다. 아무것도 줄 수 없는 나는 헌사를, 그 안에 내가 말하고자 하는 것이 모두 흡수되어 있는 헌사 자체를 헌정한다.

보들레르

    "사랑하는 이에게, 아름다운 이에게,
     내 마음을 밝음으로 채워 주는 이에게,

---

3) 《잔치》, 아가톤의 연설, p.101.
4) 하바스(R. Havas)와의 대화에서.

천사에게, 불멸의 우상에게."

노래는 내용이 온통 그 주소(adresse) 안에 담겨 있는 텅빈 메시지의 소중한 대체물이다. 왜냐하면 내가 노래를 부르면서 당신에게 주는 것은 내 몸이자(내 목소리에 의해), 동시에 당신이 거기에 가하는 침묵이기 때문이다. (사랑은 침묵이다. 단지 시(詩)만이 그것을 말하게 한다라고 노발리스는 말한다.) **"노래는 아무것도 의미하지 않는다."** 당신은 내가 준 것을 결국 그렇게 이해할 것이고, 그리하여 그것은 어린아이가 어머니에게 내미는 실오라기만큼이나 아무 쓸모없는 것이다.

5 말로 언술하기에도 언술되기에도 무력한 사랑은, 그럼에도 불구하고 자신을 부르짖으며, 소리지르며, 도처에 자신에 대해 쓰고 싶어한다. "all'acqua, all'ombre, ai monti, ai fiori, all'erbe, ai fonti, all'eco, all'aria, ai venti……." 사랑하는 사람이 하나의 작품을 창조하거나 조립하려고 하기만 하면, 그는 헌정하고 싶은 충동에 사로잡힌다. 그가 무엇을 만들든간에, 그는 그것을 사랑하는 사람에게(그를 위해 작업했고, 또는 작업할) 곧 혹은 미리 주고 싶어한다. 서명이 그것이 선물임을 말해 줄 것이다.

피가로의
결혼[3]

---

5) 모차르트, 《피가로의 결혼》, I막, 세뤼뱅의 노래.

그렇지만 헌사와 텍스트 자체를 혼동하는 찬가인 경우를
제외하고는, 일반적으로 헌사의 뒤를 잇는 것은 헌사와 별
상관이 없다. 내가 주는 물건은 더이상 동어 반복적인(내가
당신에게 주는 것을 당신에게 준다) 것이 아닌, **'해석할 수 있
는 것'**이다. 그것은 그것의 주소를 훨씬 초과하는 어떤 의
미를(의미들을) 가지고 있다. 내 작품 위에 아무리 당신의
이름을 쓴다 한들, 그것은 '그들'(타인들·독자들)을 위해 씌
어진 것이다. 그러므로 우리가 어떤 텍스트에 대해 그것이
사랑스럽다고는 말할 수 없으며, 단지 '사랑을 기울여'만
들어졌다고 말할 수밖에 없는 것은 바로 글쓰기 자체의
운명에 의해서이다. 아니 그것은 슬리퍼보다도 못하다. 그
래도 슬리퍼는 당신의 발을 위해(당신의 발 치수와 당신의
즐거움을 위해) 만들어졌으며, 과자 역시 당신의 입맛에 맞
게 구워졌거나 선택되었으므로, 당신과 그것들 사이에는 어
떤 합일점이 있는 셈이다. 그러나 글쓰기는 이런 배려를 하
지 않는다. 글쓰기는 냉정하고 둔탁하며, 일종의 도로 포장
롤러같이 무관심하고도 무례하게 나아갈 뿐이다. 글쓰기는
자신의 운명을 이탈하기보다는(게다가 수수께끼 같은), 차
라리 '어머니·아버지·연인'을 죽일 것이다. 내가 글을 쓸
때, 나는 다음과 같은 명백한 사실(내 상상계에 의해 가슴을
찢어 놓는)을 인정해야만 한다. 글쓰기에는 어떤 온정도 없
으며, 오히려 공포가 어려 있다는 사실을. 글쓰기는 그 사람
을 숨막히게 한다. 그는 글쓰기에서 선물을 인지하기는커
녕 자제력, 힘, 쾌락, 고독의 긍정을 읽는다. 바로 거기에 헌

사의 잔인한 패러독스가 연유한다. 나는 어떤 대가를 치르고서라도 당신을 숨막히게 하는 것을 당신에게 주고 싶어한다라는.

(우리는 흔히 글을 쓰는 한 주체가 자신의 개인적인 이미지에 전혀 부합되지 않는 글쓰기를 하는 것을 보게 된다. '나라는 사람 때문에' 나를 사랑하는 사람은 '내 글쓰기 때문에' 나를 사랑하는 것은 아니다(그래서 내가 괴로워하는). 이것은 어쩌면 동일한 육체 안에서 두 개의 시니피앙을 사랑한다는 게 너무 지나친 일이기 때문일까? 여하튼 그런 일은 흔치 않으며, 만약 예외적으로 그런 일이 일어난다면 그것은 우연의 일치(Coincidence)요, 최고선(Souverain Bien)이다.)

6　그러므로 내가 당신을 위해 쓴다고 믿었던 것을 나는 당신에게 줄 수 없다. 사랑의 헌사가 불가능하다는 것을 인정해야만 한다(우리 두 사람 모두에게서 벗어나는 작품을 당신에게 헌정하는 척하면서 사교적인 서명을 하는 따위에는 만족하지 않을 것이다). 그 사람은 단순한 서명(suscription)이 아닌, 보다 깊숙한 새김(inscription)에 관계된다. 그 사람은 새겨지며, 텍스트 안에 자신을 새기며, 자신의 수많은 흔적을 남긴다. 만약 당신이 이 책에서 단순히 헌정받은 사람에 지나지 않는다면, 당신은 신 또는 대상으로서의 (사랑의) 그 가혹한 조건을 결코 벗어나지 못할 것이다. 그러나 텍스트 안에서

의 당신의 현존은(그리하여 알아보기조차 힘든) 유추적인 문형이나 물신의 현존이 아니다. 그것은 바로 힘의 현존이며, 그래서 안전치 못한 것이다. 그러므로 당신이 계속해서 침묵할 수밖에 없다고 느끼거나, 혹은 당신 자신의 담론이 사랑하는 사람의 저 괴물 같은 담론에 짓눌려 질식한다고 느

파솔리니[6]

낄지라도 그건 별로 중요한 일이 아니다. 파솔리니의 《테오레마》란 영화에서 '그 사람은' 말하지 않는다. 대신 그는 자기를 욕망하는 사람들 각자에게 뭔가를 새겨 놓는다. 그는 수학자들이 파국(catastrophe)이라고 부르는 것(한 시스템에 의한 다른 한 시스템의 교란)을 수행한다. 사실 이 무언의 형상은 천사이다.

---

6) 파솔리니(Pasolini): 이탈리아의 영화감독으로 《데카메론》《캔터베리 이야기》 등을 만들었으며, 《테오레마 *Teorema*》는 1969년 작품으로 '연구 대상'이란 뜻이다. [역주]

"우리는 우리 자신의 마귀이다"

마귀 DÉMONS

사랑하는 사람은 때로 자신이 언어의 마귀에 들렸다고 생각되어 사랑의 관계가 다른 순간 그를 위해 마련해 놓은 천국으로부터 스스로를 추방하거나(괴테의 말을 빌리자면), 자해하려 한다.

1   어떤 정확한 힘이 내 언어를 재앙으로 몰고 가 내 스스로를 해치려 한다. 내 담론의 발동 시스템은 추진 장치 없는 바퀴이다. 언어는 현실에 대한 어떤 전략적인 생각도 없이 자꾸만 커져 나간다. 나는 내게 상처를 줄 수 있는 이미지들(질투·버려짐·수치심)을 연신 떠올리면서 스스로를 자해하려 하며, 천국으로부터 추방하려 한다. 이렇게 하여 열려진 상처를, 다른 상처가 내도하여 그것을 잊어버리게 할 때까지 다른 이미지들로 양분을 주고 부양한다.

2   마귀는 다수이다("내 이름은 군대니……." 〈마가복음〉, 제5장 9절)[1]. 내가 한 마귀를 물리쳐 침묵 속으로 몰아넣으면(우

연이나 투쟁에 의해), 옆에서 또 다른 마귀가 고개를 쳐들고 말하기 시작한다. 사랑하는 사람의 마귀 들린 삶은 유기공의 표면과도 흡사하다. 커다란 거품(타오르는 듯한, 진흙투성이의)이 차례차례로 부서지는. 하나의 거품이 낮아지고 가라앉아 무리로 돌아가면, 또 다른 거품이 멀리서 생기고 부풀어오른다. **절망, 질투, 제명, 욕망, 불확실한 처신, 체면을 잃지나 않을까 하는 두려움**(가장 심술궂은 마귀인)의 거품들이 일정한 순서 없이 하나씩 터져나간다. 그것은 자연의 '무질서' 그 자체이다.

3 어떻게 마귀를 물리칠 것인가(오래된 문제이다)? 마귀는, 특히 그것이 언어의 마귀라면(언어가 아니라면 다른 무엇일 수 있단 말인가?) 서로 언어로 싸운다. 그러므로 내 귀에 속삭여진(내 자신에 의해) 그 악마 같은 말을 좀더 온화한 말로(나는 완곡법을 향해 나간다) 바꿀 수만 있다면(그런 언어 능력이 있다면), 나는 마귀를 물리칠 수도 있을 텐데. 그렇게 하여 나는 마침내 위기에서 벗어났다고 믿고 있었다. 그런데 어느 날, 오랜 장거리 여행 탓에 다시 수다스러워진 나는 그 사람에 대한 상념·욕망·회한·공격으로 계속 동요한다. 그리하여 그 상처들에다 내 **병이 재발하고 있다**는(re-

---

1) 겉보기엔 하나이지만 실상은 다수라는 뜻.(역주)
2) 괴테: "우리는 우리 자신의 마귀이다. 우리는 스스로를 천국에서 추방하려 한다."((베르테르), 주 93))

chuter) 절망감을 덧붙이게 된다. 그러나 프랑스어의 어휘는 진정한 약전(藥典)이다(한쪽에는 독약이, 다른 한쪽에는 해독제가 있다). 아니 그것은 병의 재발이 아니라 앞의 마귀의 마지막 **몸부림**, '추락(rechute)'[3]일 뿐이다.

---

3) 프랑스어의 'rechute'는 병의 재발과 추락이란 뜻을 다 가지고 있다.[역주]

예 속

예속 DÉPENDANCE
사랑의 대상에 예속된 연인을 사랑하는 사람의 조건 자체라고
일반 여론이 여기는 문형.

1 사랑의 예속 관계란 역학은 아무 근거도 없는 하찮은 것을
코르테지아[1] 요구한다. 왜냐하면 순수 상태에서의 예속이란 지극히 가
잔치[2] 소로운 상황에서 터뜨려져야 하며, 또 소심증으로 고백하
기조차 어려운 것이 되어야 하기 때문이다. 전화를 기다린
다는 것은 어떻게 보면 지나치게 투박한 예속이다. 나는 그
것을 끝없이 갈고 닦아야만 한다. 그러므로 내가 예속되어
있는 전화기 옆으로 돌아가는 것을 지연시키는 약국의 수
다쟁이 여자들에 대해 나는 안절부절못하게 될 것이다. 내

---

1) 코르테지아(cortezia): 중세 기사도 사랑은 사랑의 예속 상태(domnei
또는 donnoi)에 근거하고 있다.
　'돔네이(domnei), 도누아(donnoi)'는 프로방스어로 기사와 사랑하는
여인(Dame) 사이의 예속 상태를 가리키는 말로, 이 단상의 제목 역시
원문에는 그렇게 씌어 있다.(앞의 〈사랑을 사랑하는 것〉 주 2) 참조)〔역주)
2) 《잔치》, p.59.

가 놓치고 싶어하지 않는 그 전화가 또 다른 예속의 계기를 가져올 것이기에, 나는 예속의 공간 자체를 보존하기 위해, 또 이 예속이 실행되기 위해 정력적으로 행동하는 것처럼 보인다. 나는 예속되는 데 얼이 빠져 있으며, 하지만 더 묘한 점은 이런 얼빠진 자신에 대해 부끄럽게 생각한다는 것이다.

(내가 만약 나의 예속을 감수한다면, 그 이유는 그것이 내게는 내 요구를 '의미하는' 한 수단이기 때문이다. 사랑의 영역에서의 하찮은 것은 '나약함'도 '우스꽝스런 것'도 아닌, 하나의 강력한 기호이다. 하찮은 것일수록 더 많이 의미하며, 더욱더 자신을 힘으로 긍정한다.)

2 그 사람은 저기 높은 곳, 모든 것이 결정되어 내게로 하달되는, 올림푸스 산과도 같은 곳에 살도록 정해져 있다. 때로 이 결정의 하달은 여러 단계를 거친다──그 사람 자신도 그의 권한을 초과하는 어떤 심급에 예속되어 있어, 나는 나의 사랑하는 사람과 또 그가 예속되어 있는 사람에게 이중으로 예속된다. 그러면 나는 짜증이 나기 시작한다. 왜냐하면 내가 그 마지막 대상이자, 나를 저자세로 만드는 저 높은 곳의 결정이 이번에는 전적으로 부당해 보이기 때문이다. 나는 한 비극적인 훌륭한 주체로서 스스로에게 선택했던 운명 안에 더이상 머무를 수 없게 된다. 그리하여 귀족

계급의 권력이 민주화 요구의 첫 여파를 느끼기 시작하는 저 역사적인 단계에 이르게 된다. "그것이 나이어야 할 까닭이 어디 있단 말인가? 등등."

(내가 속해 있는 이런저런 조직에서의 바캉스 선택은, 그 복잡한 일정과 더불어 이런 초기의 요구들을 놀랍도록 장려하고 있다.)

충 일

소비 DÉPENSE
사랑하는 사람은 사랑을 순수 소비, 즉 "아무것도 아닌 것을 위한(pour rien)" 낭비의 경제 체제 안으로 위치시키려 하거나 동시에 망설인다.

베르테르[1]　　1　평범하고도 도덕적이며 보수적인 알베르트는 자살이 비겁한 짓이라고 선언한다(수많은 사람들의 뒤를 이어). 그러나 반대로 베르테르에게 자살이란 긴장감에서 비롯된 것이기에 나약함이 아니다. "그렇게 온순한 사람도 힘이 있다는 걸 보여주었는데, 어찌하여 극도의 긴장감이 나약한 것이란 말입니까?" 그러므로 사랑/정념은 힘이다("이 격렬한, 이 끈질긴, 제어할 수 없는 정념"). 그리스어의 '이슈스(ischus)'(에너지, 긴장감, 강인한 성격이란 뜻)란 옛 개념을, 그리고 최근에 와서는 **소비**의 개념을 연상시키는 그 어떤 것.

그리스인[2]

---

1) 《베르테르》, p.53, p.124.
2) 그리스인: 스토아학파의 개념(《스토아 철학자들》에서).

(만약 우리가 사랑/정념의 위반적인 힘을 엿보고 싶다면, 감상
적인 것을 하나의 낯선 힘으로 승화시켜야 한다는 사실을 기억
해야 할 것이다.)

2 《베르테르》의 어느 순간에 이르면, 우리는 두 종류의 경제
베르테르[3]　체제가 대립되는 것을 보게 된다. 시간이나 재능·재산을 계
산하지 않고 낭비하는 젊은 연인과, "당신의 시간을 잘 분
배하시오, 당신의 재산을 잘 계산하시오"라고 그에게 훈계
하는 속물(관리)이 있다. 또는 저축이나 보상에 대한 생각은
전혀 없이 매일 자신의 사랑을 소비하는 연인 베르테르와,
자기가 가진 재산과 행복을 잘 관리해 나가는 남편 알베르
트가 있다. 한쪽에는 부르주아의 포식 경제가, 다른 한쪽에
는 분산·낭비·광란(베르테르식의 광란(furor wertherinus))의
변태적인 경제가 있다.

(한 영국 귀족이 《베르테르》에 의해 야기된 자살 전염병에 대해
베르테르[4]　괴테를 비난하자, 괴테는 순전히 '경제' 용어로 이렇게 답변하는
것이었다. "당신네들의 상업 체제가 수천 명의 희생자를 낳게
했는데, 왜 그 중 몇 명을 《베르테르》에게 허용하지 못한단 말입
니까?")

────────────
3) 《베르테르》, p.12; 베르테르와 알베르트에 대해서는 p.113.
4) 《베르테르》: '베르테르식의 광란'(서문, XIX) — 괴테의 답변(서문,
XXXII).

3 사랑의 담론에서 계산이 완전히 배제된 것은 아니다. 이런 저런 만족감을 얻기 위해, 또는 상처받는 것을 피하기 위해, 또는 내가 그를 위해 **'아무것도 아닌 것 때문에'** 탕진한 재치의 보물들을 화가 나면 마음속에서 재현해 보기 위해(양보하고, 감추고, 상처를 주지 않고, 즐겁게 하고, 설득하고 등등), 나는 때로 따져 보고 계산해 본다. 그러나 이런 종류의 계산은 어떤 궁극적인 이득을 취하려는 것이 아닌, 다만 초조함의 표현일 뿐이다. 소비는 무한대로 열려 있으며, 힘은 목표물 없이 표류한다(사랑의 대상은 목표가 아니다. 그것은 객체로서의 대상(objet-chose)이지, 종점으로서의 대상(objet-terme)이 아니다).[5]

4 사랑의 소비가 한계도 반복도 없이 계속해서 확인될 때, 충일(exuberance)이라 불리는 저 찬란하고도 진귀한 것, 아름다움과도 버금가는 것이 나타난다. "충일은 아름다움이다. 웅덩이의 물은 담겨 있지만, 샘물은 넘쳐흐른다." 사랑의 충일은 아무것도(아직은) 그 나르시스적인 전개와 다양한 즐김(jouissance)[7]을 억제하러 오지 않는 어린아이의 충일이다.

블레이크[6]

---

5) 여기서 바르트는 '대상'을 의미하는 프랑스어 objet가 객체, 사물, 목표를 뜻하는 다의적인 언어임을 환기하고 있다.〔역주〕

6) 블레이크(Blake), 〈천국과 지옥의 결혼〉(브라운(N. Brown)의 《에로스와 타나토스》, p.68에서 재인용).

7) 여기서 즐김이라고 옮긴 프랑스어의 'jouissance'는 바르트가 즐거움(plaisir)과 대립하여 사용한 말로, 육체적 · 도덕적으로 쾌적한 상태

물론 이 충일은 슬픔, 우울증, 자살에의 충동 등으로 중단
될 수도 있다. 왜냐하면 연인의 담론은 어떤 상태들의 '**평
균치**'가 아니기 때문이다. 그러나 이런 불균형은 그 탈선
의, 다시 말해 그 참을 수 없는 사치의 낙인을 내게 찍어 놓
는 암경제(économie noire)에 속한다.

를 가리키는 즐거움에 비해 보다 내밀하고 우리 마음을 관통하는 지
속적인 감정을 가리킨다. 그러나 이 둘 사이의 경계가 항상 그렇게 분
명한 것만은 아니며, 따라서 운에 따라 '쾌락'이란 말도 아울러 사용하
고자 한다. (《텍스트의 즐거움》, 동문선, p.51 참조)〔역주〕

얼어붙은 세상

현실 유리 DÉRÉALITE
사랑하는 사람이 현실과 마주하여 느끼는 부재의 감정이나 현실감의 상실.

1 I. "나는 전화를 기다린다. 이 기다림은 여느 때보다도 더 나를 불안하게 한다. 뭔가를 해보려 하지만 잘 되지 않는다. 방 안을 왔다갔다해 본다. 그 친숙함이 보통 때는 나를 위로해 주는 갖가지 물건들, 회색 지붕, 도시의 소음, 이 모든 것이 무기력해 보이고, 분리되고, 황량한 별자리처럼, 마치 인간이 한번도 산 적이 없는 자연처럼 얼어붙어 보인다."

II. "좋아하는 화가의 화첩을 뒤적거린다. 그러나 나는 거기에 몰두할 수 없다. 그림의 가치는 인정하지만, 그 이미지들은 차디차 나를 권태롭게 한다."

III. "혼잡한 식당에 친구들과 함께 있으면서도 나는 괴로워한다(사랑하지 않는 사람에게는 이해하기 힘든 말이지만). 괴로움은 군중·소음·장식품(조잡한 예술품(kitsch))에서 온다. 비현실의 덮개가 샹들리에로부터, 유리 천장으로부터 떨어진다."

IV. "일요일 점심 시간 무렵 혼자 찻집에 앉아 있다. 유리창 너머 벽에 붙은 포스터에는 콜뤼슈[1]가 얼굴을 찌푸리며 바보 같은 표정을 짓고 있다. 나는 추위를 느낀다."

사르트르 (사르트르의 《구토》에서처럼 세상은 나 없이도 가득 차 있다. 그것은 거울 뒤에서 사는 유희를 한다. 아니 세상은 수족관 안에 있다. 나는 그것을 아주 가까이서 들여다보지만, 그것은 다른 물질로 만들어져 있어 나와는 분리된다. 나는 계속해서 내 밖으로, 마치 마약을 먹은 사람마냥 현기증도 흐릿함도 없이 **'정확함'**이란 것 안으로 추락한다. 베르테르[2] "오 내 앞에 펼쳐진 이 장엄한 자연이 마치 내게는 니스칠한 세공품처럼 얼어붙어 보인다네…….")

2 내가 참석해야 하는(또는 직접 관여해야 하는) 모든 일반적인 대화가 내 살갗을 벗기고 오싹하게 한다. 그건 타인들이, 내가 제외된 그들의 언어에 터무니없이 지나치게 투자를 하는 것처럼 보이기 때문이다. 그들은 긍정하고 반박하

1) 콜뤼슈(Coluche): 프랑스의 대표적인 코미디언으로 1981년에는 대통령 선거에 출마하여 세인을 놀라게 한 적이 있다.〔역주〕
2) 《베르테르》, p.102.

며, 궤변을 부리고, 과시한다. 도대체 포르투갈이, 개를 사랑하는 일이, 〈프티 라포르퇴르〉[3]의 최근 방영이 나와 무슨 상관이 있단 말인가? 나는 세상을, 저 다른 세상을 일반화된 히스테리로 본다.

3 현실 유리의 감정에서 벗어나기 위해, 또는 그 내도를 지연시키기 위해, 나는 불쾌한 기분에 의해 나를 세상에 연결시키려고 뭔가 비난하는 **연설을 해본다.** "로마에 내리자 이탈리아가 온통 시시하게 보이더군. 진열장에 있는 물건도 하나도 탐나는 게 없었어. 10년 전에 실크 와이셔츠와 결이 고운 양말을 샀던 콩도티 가에도 싸구려 물건밖에 없더군. 게다가 공항에서는 택시가 1만 4천 리라나(7천 리라 대신) 달라고 하지 않겠어. 뭐 그날이 '그리스도 성체절'[4]이라나. 그 나라는 두 가지 점에서 손해를 보고 있더군. 취향의 다름은 폐지하면서도 계급의 분리는 여전히 존재하니 말야, 등등." 게다가 나를 세상에 연결시켜 활기차게 만드는 이 공격적인 태도가 '완전한 버려짐(déréliction)'의 상태로 바뀌기 위해서는 조금만 더 밀고 나가면 된다. 나는 현실 유리의 그 음울한 물속으로 들어간다. "모든 사람들이 말하고 있는 피

---

3) 프티 라포르퇴르(Petit Rapporteur): 한때 프랑스의 인기 TV 프로그램으로 풍자적인 시사 평론 코미디였다.[역주]
4) 삼위일체 대축일 다음의 목요일로 이탈리아에서는 공휴일이다.[역주]

아차 델 포폴로 광장[5]은 (축제일의) 자신을 과시하고 있었어 (언어 또한 그런 게 아닐까, 과시하는 것?). 가족들, 가족들, '뽐내며 걷는 남자들(maschi),' 처량하고도 소란스런 백성들 등등." 나는 여분의 존재다. 그러나 내가 제외된 그 어떤 것도 부럽지 않다. 이중의 장례. 그렇지만 언어라는 마지막 실타래(적합한 **문장**의 실타래)에 의해 이렇게 말한다는 것 자체가 현실의 가두리에 나를 붙잡아 두는 게 아닐까? 젊은 베르테르의 저 니스칠한 세공품처럼 차츰 멀어져 가고 얼어붙어 가는 그 현실에(오늘날의 자연은 바로 도시이다).

4 나는 현실을 권력 체계로 받아들인다. 콜뤼슈, 식당, 화가, 축제일의 로마, 이 모든 것이 그들의 존재 체계를 내게 강요한다. 그들은 '**무례하다.**' 그런데 무례함이란 단지 '**충만**'이란 게 아닐까? 세상은 가득 차 있고, 충만이 그 시스템이다. 그리고 더 모욕적인 사실은 이 시스템이 내가 더불어 좋은 관계를 유지해야만 하는 '자연'처럼 제시된다는 점이다. '정상적인' 사람(사랑에서 배제된)이 되기 위해서는 콜뤼슈를 우습다고, J식당이 괜찮다고, T의 그림이 아름답다고, 그리스도 성체절의 축제일이 활기에 넘친다고 해야만 하는 것이다. 권력을 감수할 뿐만 아니라, 그 권력과 우호적인 관계를 유지해야 한다. 다시 말해 현실을 '사랑해야만' 한다?

---

5) 로마의 핀치오 언덕 아래 위치한 광장. [역주]

사랑하는 사람에게는(사랑하는 사람의 **미덕**을 위해서는) 얼마나 구역질나는 일인가? 그것은 마치 생트-마리-데-브와 수도원에서의 쥐스틴과도 같다.

내가 세상을 적의에 찬 시선으로 보는 한 나는 세상과 연결되어 있다. **나는 미친 것이 아니다.** 그러나 때로 이런 불쾌한 기분이 고갈되어 더이상 어떤 언어도 갖지 못하게 되면, 그때 세상은 '비현실적(irréel)'인 것이 아닌(나는 비현실에 대해 말할 수 있으며, 비현실에 대한 예술 작품 중에는 아주 훌륭한 것들이 많다), 현실 유리적인(déréel) 것이 된다. 세상은 현실에서 도주하여 어느곳에도 없다. 그렇게 하여 내게 유효한 의미란(그 패러다임은) 더이상 아무것도 존재하지 않는다. 나는 콜뤼슈, 식당, 화가, 피아차 델 포폴로 광장과의 관계를 정의하는 데 '이르지 못한다.' 권력의 노예·공범·증인이 아니라면 권력과 도대체 무슨 관계를 가질 수 있단 말인가?

5 찻집의 유리창 너머로 공들여 우스꽝스런 표정을 짓고 있는 저기 콜뤼슈의 응고된 얼굴을 바라다본다. 나는 그를 2급 바보라 생각한다. 바보를 흉내내는 바보. 내 시선은 사자(死者)의 그것처럼 준엄하다. 아무리 우스운 연극이라 할지라도 웃지 않으며, 어떤 윙크도 받아들이지 않는다. 모든 '연

6) 사드의 《쥐스틴, 혹은 미덕의 불행》을 가리킨다. 종교에 심한 환멸을 느낀 쥐스틴은 욕망의 충족을 찾아 세상으로 나간다.(역주)

프로이트[7] 상 작용(trafic associatif)'으로부터 차단된 것이다. 콜뤼슈는
나를 그의 유희에 연결시키는 데 실패한다. 내 의식은 찻집
의 유리창에 의해 두 개로 분리된다.

6 때로 세상은 '**비현실적**이며'(나는 그것을 달리 말한다), 때로
는 '**현실 유리적이다**'(나는 그것을 아주 힘들게 말한다). 그러
나 그것은 동일한 현실감의 물러감이 아니다(누군가가 말하
기를). 비현실의 경우, 현실에 대한 나의 거부는 어떤 **환상**
(fantaisie)을 통해 표출된다. 즉 내 주위의 모든 것이 상상계
라는 한 기능에 비례하여 그 가치를 바꾼다. 그렇게 해서 사
랑하는 사람은 세상과 분리되며, 그의 사랑에 대한 유토피
아나 우여곡절을 다른 측면에서 환상함으로써 세상을 비현
라캉[8] 실화하는 것이다. '현실'이 그를 방해하면 할수록 그는 이
미지에 몰두한다. 그러나 현실 유리의 경우 현실감을 상실
하기는 마찬가지이지만, 어떤 상상적인 대체물도 이 상실을
보상하러 오지 않는다. 콜뤼슈의 포스터 앞에서 나는 '꿈꾸
지' 않는다(그 사람에 대해서조차도). 나는 더이상 상상계 안
에 존재하지 않는다. 모든 것은 굳어지고 응고되어 불변의
것, 다시 말해 **비대체적인 것**(insubstituable)이 된다. 상상계
(일시적으로)가 배제된 것이다. 전자의 경우 나는 신경증 환

7) 프로이트: '연상 작용.' 프로이트의 히스테리와 최면에 관한 연구에
서, 또는 체르토크(Chertok)의 최면에 관한 연구?
8) 라캉, 《세미나》, I, p.134.

자이며 비현실적이나, 후자의 경우 나는 미치광이이며 현실
유리적이다.

(그렇지만 내가 만약 글쓰기를 지배하여 이 죽음을 '말할' 수만
있다면, 그때 나는 다시 살기 시작한다. 대조법을 사용하거나 감
탄사를 연발하며 노래를 부를 수도 있다. "그때 하늘은 얼마나
푸르렀으며, 희망 또한 얼마나 컸던가! 이제 희망은 패배하여 컴
컴한 하늘로 날아가 버렸네……" 등등.)

베를렌[9]

7 비현실적인 것은 수없이 말해진다(수많은 소설과 시들). 그
러나 현실 유리적인 것은 말해질 수 없다. 만약 내가 그것
을 말한다면(서투른 문장이나 지나치게 문학적인 표현으로 그
것을 찌를 수만 있다면), 그건 곧 내가 거기서 빠져나왔다는
것을 의미한다. 지금 나는 로잔 역 간이식당에 앉아 있다.
옆 탁자에는 두 명의 보[10] 사람이 잡담을 하고 있다. 그때
갑자기 현실 유리의 구멍으로의 자유로운 추락이 일어난다.
하지만 이 추락에 대해 재빨리 나는 하나의 표지를 부여
할 수 있다. 현실 유리란 바로 이런 거야, "로잔 역 간이식
당에서 스위스 사람의 목소리로 말해지는 저 둔탁한 상투
적인 말." 그러자 현실 유리의 구멍 대신에 활기찬 현실, 즉
문장의 현실이 솟아올랐다(글을 쓰는 광인은 결코 완전히 미

---

9) 베를렌(Verlaine), 〈감상적 토론회〉, 《풍유의 향연》, p.121.
10) 보(Vaud): 스위스의 주(州) 이름.(역주)

친 것이 아니다. 그는 다만 '사기꾼(truqueur)'일 뿐이다. 광기에
대한 어떤 예찬도 불가능하다).

8　때로 섬광 같은 순간에 나는 잠에서 깨어나 내 추락을 뒤엎
는다. 내 조그만 일상 생활과 거리가 먼 외국의 한 낯선 호
텔방에서 불안에 떨며 기다리노라면, 갑작스레 하나의 힘
찬 문장이 내 마음속에 떠오른다. "도대체 내가 여기서 무
얼 하는 걸까?" 그때 **현실 유리적**으로 보이는 것은 바로 사
랑이다.

('사물의 실체'는 어디에 있는 걸까? 사랑의 공간에, 아니면 세
속적인 공간에? '실체의 유치한 이면'은 어디에 있는 걸까? 유
치하다는 것은 무엇일까? 사랑하는 사람이 하는 일이라고 말하
로트레아몽[11]　여지는 "권태·고통·슬픔·우수·죽음·그림자·어둠을 노래하
는 일일까?" 아니면 반대로 타인들이 하는 말하고, 지껄이고, 수
다 떨고, 세상의 폭력과 갈등, 이해 관계, 그 **일반적인 것**을 이 잡
듯이 하는 일일까?)

---

11) 로트레아몽(Lautréamont): 프랑스 시인(1847~1870)으로 《말도로르
의 노래》의 저자이다.[역주]

소설/드라마

드라마 DRAMA
사랑하는 사람은 자신의 연애 소설을 스스로는 쓸 수 없다. 다
만 아주 오래된 문학 형식만이 그가 얘기하지 않고 낭송조로 읊
조리는 이 사건을 수용할 수 있다.

1 베르테르는 친구에게 보낸 편지에서 일상 생활의 사건들과
그의 정념의 여파를 동시에 얘기한다. 그러나 이런 혼합을
가능케 하는 것은 바로 문학이다. 그것은 내가 일기를 쓸 때,
그 일기가 엄밀한 의미에서 **사건들**을 다루는지 어떤지는 확
실치 않기 때문이다. 사랑의 삶의 사건이란 너무도 하찮은
것이어서 노력을 하지 않고는 글쓰기로 옮겨질 수 없다. '**씌
어지면서**' 자신의 진부함을 드러내는 것을 쓰다 보면 우리
는 절망하게 된다. "나는 Y…와 함께 있는 X…를 만났다.
오늘 X…는 전화하지 않았다. X…는 기분이 좋지 않았다 등
등." 누가 이것을 이야기로 볼 수 있을 것인가? 하찮은 사
건은 거대한 울림을 통해서만 존재한다. '**내 울림의 일기**'
(내 상처, 기쁨, 해석, 이유, 충동의): 누가 그걸 이해할 수 있

을까? 그 사람만이 내 소설을 쓸 수 있으리.

2 서사(récit)(소설·수난극[1])로서의 사랑은 성스러운 의미에서 하나의 이야기가 구현됨을 뜻한다. 즉 하나의 **프로그램**이 여러 단계를 거쳐 완성되어야만 한다는 것을. 하지만 반대로 내게 있어 이 이야기는 '**이미 일어난**' 적이 있는 것이다. 왜냐하면 사랑의 사건이란 내가 그 대상이었고, 후에 내가 그 여파를 반복하는(혹은 실패하는) 저 유일한 황홀이란 것이기 때문이다. 그러므로 매혹(énamoration)은 '**드라마**'이다. 니체가 부여한, 그 고전적 의미를 되살려 본다면. "고대의 드라마는 행동이 배제된, 낭송조의 거대한 장면들로 구성되었다(행동은 막이 오르기 '전'이나 무대 '뒤에서' 이루어졌다)." 사랑의 유괴는(최면의 순수한 순간은) 담론 '이전에' 그리고 의식의 무대 '뒤에서' 벌어진다. 사랑의 '사건'은 종교적 전통의 그것이다. 나는 스스로에게 내 개인적인 전설을, 내 작은 거룩한 이야기를 낭송하며, 이런 기정 사실(fait accompli)(응고된, 방부제를 바른, 모든 행위가 배제된)의 낭독이 곧 연인의 담론이다.

니체[2]

---

1) 수난극(Passion)은 그리스도의 수난을 주제로 한, 중세의 한 연극 형태이다.(역주)
2) 니체, 《바그너의 경우》, p.38.

살갗이 벗겨진

살갗이 벗겨진 ÉCORCHÉ
지극히 가벼운 상처에도 아픔을 느끼는 사랑하는 사람의 특이한 감수성.

프로이트[1]

1 나는 "민감한 물질로 만들어진 덩어리이다." 내게는 살갗이 없다(애무받을 때를 제외하고는). 《파이드로스》[2]에서의 소크라테스의 말을 빗대어 말하자면 사랑에 관한 한, 우리는 깃털이 달린 사람(l'Emplumé)이 아닌 살갗이 벗겨진 사람(l'Ecorché)이라고 말해야 한다.

R. H.[3]

나무의 저항은 못을 받는 장소에 따라 다르다. 나무는 등방성(isotrope)의 물질이 아니다. 나 또한 마찬가지이다. 나는 내 '진기한 점들'을 갖고 있으며, 또 그 지도는 나만이 알고 있어, 나는 그것에 따라 이런저런 것을 찾거나 피하면서(외

1) 프로이트, 《정신분석학 개론》, p.32.
2) 플라톤의 대화편으로 파이드로스와 소크라테스 사이의 미에 대한 대화를 수록한 작품이다. [역주]

면적으로는 수수께끼처럼 보이는 처신) 스스로를 안내한다. 나는 이 윤리의 침이 명시된 지도를 누군가가 미리 예방책으로 내 새로운 친구들에게 나누어 주기를 바란다(하지만 그들은 '또한' 이 지도를 나를 더 괴롭히기 위해 사용할 수도 있다).

2 나뭇결을 찾기 위해서는 못을 박아 보고 그것이 잘 박히는지 아닌지를 살펴보기만 하면 된다(목수가 아니라면). 내 진기한 점들을 찾기 위해서도 이런 못과 흡사한 도구가 있으니, 그것이 곧 농담이다. 나는 농담을 잘 견디지 못한다. 요컨대 상상계는 진지한(sérieux) 것이다('성실한(esprit de sérieux)' 것과는 전혀 상관이 없다. 사랑하는 사람은 양심적인 사람이 아니다). 정신을 딴 데 팔고 있는 아이(몽상가)는 장난꾸러기가 아니다. 나 역시 놀이에는 닫혀 있다. 놀이는 끊임없이 내 진기한 점들을 건드릴 위험이 있으며, 뿐만 아니라 세상 사람들이 즐거워하는 그 모든 곳이 내게는 불길해 보인다. 사람들은 나를 화나게 하거나 민감하게 만들지 않고는 놀려댈 수 없다. 아니 차라리 몇몇 나뭇결처럼 연하고 무너지기 쉽게 만든다는 표현이 더 맞을 것이다.

위니콧[4]

(상상계의 지배하에 있는 주체는 시니피앙의 유희에 잘 '빠져들지 않는다.' 거의 꿈도 꾸지 않으며, 동음이의어의 말장난도 하

3) 하바스(R. Havas)와의 대화에서.
4) 위니콧, 《분석 단상》(부트(Bouttes)의 지적에 따른 것).

지 않는다. 그가 만약 글을 쓴다면, 그의 글쓰기는 이미지처럼
매끄럽다. 그것은 언제나 말의 읽혀질 수 있는(lisible) 표면을 복
원시키고자 한다. 상상계의 폐기로 정의되는 현대적인 텍스트,
더이상의 소설도 가상의 이미지도 존재하지 않는 현대적인 텍
스트에 비하면, 그것은 요컨대 시대 착오적인 것이다. 왜냐하면
모방·재현·유추는 유착의 형태들로서 유행에 뒤진 것이기 때
문이다.)

말로 표현할 수 없는 사랑

글쓰기 ÉCRIRE

한 편의 '창작물'(특히 글쓰기)로 사랑의 감정을 '표현하려는' 욕
망이 야기하는 속임수, 갈등, 막다른 길.

1 두 개의 강력한 신화가 우리로 하여금 사랑이 미학적인 창
조로 승화될 수 있다고, 또 '승화되어야만' 한다고 믿게 하

잔치[1] 였다. 소크라테스의 신화(사랑은 "수많은 아름다운 담론들을
탄생케 한다")와 낭만주의의 신화(나는 내 정념을 글로 옮김
으로써 불멸의 작품을 만든다)가 그것이다.

그렇지만 예전에는 그렇게도 그림을 많이, 잘 그렸던 베르
테르는 로테의 초상화를 그릴 수가 없다(기껏해야 그녀의 실
루엣——그를 맨 처음 사로잡았던——정도나 그릴 수 있을까).

베르테르[2] "내 주위에 세계를 창조하던 그 성스럽고도 활기찬 힘을 잃
어버렸다네."

---

1) 《잔치》, p.144(또한 p.133).
2) 《베르테르》, p.102.

하이쿠[3] 밤새 내내
연못 주위를 서성이네."

슬픔을 말하는 데에는 '밤새 내내'란 표현보다 더 간접적이
고도 효과적인 표현은 없을 것이다. 나도 한번 해볼까요?

"이 여름 아침, 만(灣)은 화창한 날씨
등나무 꽃을 꺾기 위해
밖으로 나가네."

또는

"이 여름 아침, 만은 화창한 날씨
아무것도 하지 않으면서
오랫동안 책상 앞에 앉아 있네."

또는

"이 여름 아침, 만은 화창한 날씨
부재하는 이를 생각하면서

---

3) 하이쿠: 바쇼의 작품.
　하이쿠는 단시의 일종으로 일본 문학의 전통을 이루며, 바쇼는 이 하
이쿠의 대표적 시인으로 도처를 방황하며 표현력 짙은 시를 썼다.(역주)

꼼짝하지 않네."

이것은 동시에 아무것도 말하지 않으며, 또 너무 많은 것을 말한다. **꼭 맞게 말한다**(ajuster)는 것은 불가능하다. 내 표현의 욕구는 엄청난 상황을 단 한마디로 요약하는 저 불투명한 하이쿠와, 진부한 것의 쇄도 사이에서 흔들거린다. 글쓰기에 비해 나는 너무 크며, 또 너무 연약하다. 나는 '글쓰기 **밖에**' 있다. 글쓰기를 간청하는 어린애 같은 나에게 글쓰기는 항상 촘촘하고 격렬하며 무관심하다. 사랑은 물론 내 언어와 연결되어 있지만(글쓰기를 부양하는), 글쓰기 안에 '**머무를**' 수는 없다.

3 나는 '내 자신에 대해 글로 쓸 수 없다.' 그렇다면 자신에 대해 글을 쓸지도 모르는 이 나는 누구일까? 글쓰기 안에 들어가면 들어갈수록 글쓰기는 그를 움츠리게 하며, 쓸모없게 만들 것이다. 그리하여 점진적인 하락이 일어나고, 그 사람의 이미지마저도 조금씩 거기 연루되어(무엇인가에 '**대해**' 쓴다는 것은 곧 그것을 시대에 뒤지게 하는 것이다) '**무슨 소용이 있단 말인가**'라는 혐오감어린 결론만을 낳게 한다. 이렇듯 사랑의 글쓰기를 봉쇄하는 것은 표현성에 대한 환상이다. 작가인 나, 또는 그렇다고 생각하는 나는 언어의 '효과'에 대해 계속 잘못 생각한다. 나는 '고통'이란 말이 그어떤 고통도 표현하지 못하며, 따라서 그 말을 사용한다고

해도 아무것도 전달하지 않으며, 더 나아가 짜증나게 하리라는 것을 알지 못한다(우스꽝스럽다고까지는 말하지 않더라도). 그러므로 누군가가 내게 자신의 '진지함(sincérité)'을 매장하지 않고는 글을 쓸 수 없다는 것을 가르쳐 주어야 한다(언제나 뒤를 돌아다보지 말라는 오르페우스의 신화를 상기할 것). 글쓰기가 요구하는 것, 그리고 모든 연인이 아픔 없이는 동의할 수 없는 것은 자신의 상상계를 '조금' 희생해야 한다는, 그렇게 함으로써만 그 자신의 언어를 통해 약간의 현실적인 것의 승화를 꾀할 수 있다는 것이다. 그러나 내가 할 수 있는 일이란 기껏해야 상상계에 대한 글쓰기(écriture de l'Imaginaire)이며, 또 그렇게 하기 위해서는 글쓰기의 상상계(l'Imaginaire de l'écriture)를 포기해야 한다. 즉 언어가 작업하는 대로 자신을 내버려두며, 사랑하는 사람과 그의 그 사람이라는 이중의 이미지에 언어가 틀림없이 부과하게 될 부당함(모욕)을 감수해야 한다.

프랑수아 발[4]

상상계의 언어는 언어의 유토피아에 다름 아니다. 최초의, 천국 같은 언어, 아담의 언어, "환상이나 변형이 배제된 자연스러운 언어, 우리 감각의 투명한 거울, 관능적인 언어(die sensualische Sprache)." "관능적인 언어에서는 모든 마음

뵈메[5]

---

4) 프랑수아 발: "그 누구도 자신의 언어에서 상상계를 조금 희생하지 않고는 자신의 언어에 도달하지 못한다. 언어에서 무엇인가가 현실로부터 작용한다면 바로 그런 이유 때문이다."(〈전략〉, 《텔 켈》지, 63, p.7)
5) 야코프 뵈메(Jacob Böhme): 브라운(Brown)의 《에로스와 타나토스》,

이 함께 대화한다. 그것은 자연의 언어이기에 다른 어떤 언어도 필요로 하지 않는다."

4 사랑에 대해 쓰고자 하는 것은 언어의 '**진창**(gâchis)'과 대결하고자 함이다. 언어가 '지나치게 많거나 너무 적은' 또는 과장되거나(자아의 무한한 확대와 감정의 범람에 의해) 빈약한 (그 코드에 의해 사랑이 언어를 축소시키고 낮추는) 그런 광란의 지역과. 어린 아들의 죽음 앞에서 말라르메는 글쓰기를 위해(비록 그것이 글쓰기의 한 파편에 지나지 않을지언정) 분열된 어버이의 모습을 감수한다.

부크레슐리
에프[6)]

> "어머니는 울고
>
> 나는 생각한다."

그러나 사랑의 관계는 나를 분류될 수도, 분리될 수도 없는 주체로 만들었다. 나는 내 스스로의 아이이며, 동시에 아버지요 어머니이다(나의, 그리고 그 사람의). 어떻게 그 일을 갈라 놓을 수 있단 말인가?

---

p.95에서 재인용.
6) 부크레슐리에프(Boucourechliev), 《만가》, 장 피에르 리샤르(J.-P. Richard)가 편집·발간한 말라르메(Mallarmé)의 《아나톨을 위한 무덤》에다 붙인 곡.
말라르메가 37세 되던 해, 아들 아나톨이 10세의 어린 나이로 죽었다. 그 비통한 마음을 글로 옮긴 것이 바로 여기서 인용된 시이다. [역주]

5 그 사람을 위해 글을 쓰지 않으며, 내가 쓰려고 하는 것이
   결코 사랑하는 사람의 사랑을 받게 하지 않으며, 글쓰기는
   그 어떤 것도 보상하거나 승화하지 않으며, 글쓰기는 **당신
   이 없는 바로 그곳에**(là où tu n'es pas) 있다는 것을 아는 것,
   이것이 곧 글쓰기의 시작이다.

유령의 배

방황 ERRANCE

비록 모든 사랑이 유일한 것으로 체험되며, 또 사랑하는 사람이 먼 훗날 다른 곳에서 사랑을 반복하리라는 생각을 거부한다 할지라도, 그는 때로 마음속에서 사랑의 욕망이 확산되어 가는 것을 보며 놀란다. 그러면 그는 자신이 이 사랑에서 저 사랑으로 죽을 때까지 방황하도록 선고받았음을 알게 된다.

1 사랑은 어떻게 끝나는 걸까? 뭐라고요? 그렇다면 사랑은 끝이 나는 것이란 말인가? 결국 어느 누구도, 타자들을 제외하고는 어느 누구도 이 사실에 대해 알지 못한다. 일종의 순진함이 영원처럼 이해되고 확인되고 체험된 이 일의 종말을 은폐한다. 사랑의 대상이 그 무엇이 되든간에 —— 사라지든가 혹은 우정의 차원으로 넘어가든가 —— 어쨌든 나는 그가 사라지는 모습조차 보지 못한다. 끝이 난 사랑은 마치 깜빡이기를 멈춘 우주선마냥 저 멀리 다른 세계로 멀어져 간다. 어떤 소요처럼 시끄럽게 울리다 갑자기 '**잠잠해지는**' 그 사람(그는 우리가 그렇게 하리라고 생각할 때에는 결

코 사라지지 않는다). 이런 현상은 연인의 담론의 한 제약 때문이다. 즉 나는 내 사랑 이야기를 스스로는 끝까지 마칠 수 없으며(사랑의 주체로서), 다만 출발의 시인(낭송자)일 뿐, 이 이야기의 끝은 나의 죽음이나 마찬가지로 타인에게 속해 있다는. 그러므로 사랑에 대한 소설이나 외적인, 신화적인 이야기를 쓰는 일은 그들에게.

2 나는 항상 행동한다. 사람들이 뭐라고 말하든, 내 절망이 어떠하든, 나는 사랑이 언젠가는 나를 충족시켜 주리라는 듯, 최고선이 가능하다는 듯 행동하기를 고집한다. 바로 거기에 절대적인 사랑에서 절대적인 사랑으로 아무 어려움 없이 이어지게 하는 저 기묘한 변증법이 있다. 마치 내가 사랑에 의해 다른 논리에(절대적인 것이 반드시 유일한 것이 아니어도 되는), 다른 시간에(이 사랑에서 저 사랑으로 나는 수직적인 시간을 산다), 다른 음악에(기억력이 없는 이 음은 모든 구성법에서 차단된 채, 앞의 음도 뒤의 음도 잊어버려 그 자체가 음악적이다) 이를 수 있다는 것처럼. 나는 찾으며, 시작하며, 시도하며, 더 멀리 나아가며, 달려간다. 그러나 내가 끝나가고 있다는 것을 결코 알지 못한다. 사람들은 불사조가 다시 태어난다고 말하지 죽는다고는 말하지 않는다(그렇다면 나 또한 죽지 않고 다시 태어날 수 있단 말인가?).

그러므로 충족되지도 못하며, 그렇다고 **자살하지도 않는** 내게 있어 사랑의 방황은 숙명적이다. 베르테르 자신도 '저

베르테르[1]

가엾은 레오노레'에게서 로테로 옮아가며 그 사실을 체험
했었다. 비록 그 움직임은 중단되었지만, 베르테르가 살아
남았더라면, 그는 똑같은 편지를 다른 여인에게 다시 썼을
것이다.

3 사랑의 방황에는 희극적인 면도 있다. 그것은 부정(不貞)한
R. S. B.[2] 주체의 움직임에 따라 다소간 빨라지는 발레와도 흡사하
다. 혹은 웅장한 오페라이기도 하다. 저주받은 화란인은 영
원토록 정숙한 여인을 발견하지 못하는 한, 바다 위에서 평
생을 헤매어야 한다는 선고를 받는다. 내가 바로 이 방황하
바그너[3] 는 화란인(Hollandais Volant)이다. 내 깊숙한 유년 시절의 저 먼
시간에, 나를 상상계라는 신에게 바치게 했던 옛 낙인 덕분
에 나는 방황하는(사랑하는) 것을 멈출 수 없다. 그리하여 그
것은 나로 하여금 강박적인 말의 충동에 사로잡히게 하여,
이 항구에서 저 항구로 '사랑해요'란 말을 지껄이게 하는 것
이다. 누군가가 나타나 그 말을 거두어 다시 내게로 돌려줄
때까지. 그러나 어느 누구도 이 불가능한 대답(감당할 수 없
는 완결성)을 수행할 수는 없으며, 그래서 방황은 계속된다.

---

1) 《베르테르》, p.13. [역주]
2) 뷰엘(R. S. Büel)과의 대화에서.
3) 바그너는 하이네의 소설에서 네덜란드의 유령선 전설 이야기를 읽
고 《방황하는 화란인》이란 가극을 작곡하였다. 따라서 이 단상은 제목
부터 바그너의 냄새가 짙게 풍기는 글이다. [역주]

4   내 삶을 통해 일어나는 모든 사랑의 실패는 흡사하다(그것
은 모두 같은 결함에서 비롯된 것이기에 당연하다). X… 그리
고 Y…는 내 '요구'에 응답할 줄 몰랐고(응답할 수도, 응답
하기를 원하지도 않았다), 내 '진실'에 동의하지도 않았다. 그
들은 그들의 시스템을 조금도 바꾸려 하지 않았다. 그런데
내게 있어 한 사람은 다른 한 사람을 반복할 뿐이었다. 그
렇지만 X…와 Y…는 서로 비교할 수 없는 사람들이었고, 이
런 그들의 다름 속에서, 무한히 재인도된 다름의 모델 속
에서 나는 다시 시작하는 에너지를 퍼올리는 것이다. 나를

콩스탕[4] 부추기는 저 '항구적인 무상성(in inconstantia constans)'은, 내
가 만나는 사람들을 모두 동일한 기능(내 요구에 응답하지
않는다는 기능)의 유형으로 쑤셔넣기는커녕 그들의 거짓 공
동체를 난폭하게 해체해 버린다. 방황은 배열하는 게 아니
라 아롱지게 하는 것이다. 다시 말해 되돌아오는 것은 뉘앙
스이다. 나는 이 뉘앙스에서 저 뉘앙스로 벽걸이 끝까지 찾
아 헤맨다(뉘앙스란 이름지을 수 없는, 빛깔의 마지막 상태이다.
뉘앙스는 다루기 힘든 것이다).

---

4) 콩스탕(B. Constant): 프랑스 작가(1767~1830)로 《아돌프》란 심리 소설
을 썼다. 이 작품은 콩스탕 자신과 스탈 부인의 관계를 묘사했다 하여
더욱 유명하다. [역주]

"당신 품안의 따사로운 평온 속에"

포옹 ÉTREINTE

사랑의 포옹은 한순간, 사랑하는 사람에게 사랑하는 이와의 완전한 결합에의 꿈을 실현시켜 주는 것처럼 보인다.

1 성교 외에도(그때 상상계는 꺼져 버린다), 부동의 꺼안음이란 또 다른 포옹의 형태가 있다. 우린 마술에 걸린 채 황홀해하며, 잠자지 않고 잠 속에 있으며, 잠들기의 어린애 같은 쾌감 속에 있다. 그것은 옛날 이야기의 시간이요, 나를 고정하고 마비시키는 목소리의 순간이요, 어머니에게로의 되돌아감이다. ("당신 품안의 따사로운 평온 속에"라고 뒤파르크가 작곡한 한 시는 노래한다.) 이 다시 인도된 근친상간 안에는 모든 것이 정지된다. 시간·법률·금기 등. 아무것도 고

뒤파르크[1]

---

1) 뒤파르크(Duparc), 《슬픈 노래》, 라오르(Lahor)의 시. 시시한 시라고요? 하지만 "시시한 시는 사랑하는 사람에게만 속하는 말의 기록부, 즉 '표현'이라는 것으로 그를 인도한다.
  뒤파르크는 프랑스의 작곡가(1848~1933)로 서정적인 가곡을 많이 작곡하였다.(역주)

갈되지 않으며, 아무것도 원해지지 않는다. 모든 욕망은 결정적으로 충족된 것처럼 보여 폐기된다.

2 그렇지만 이 유아적인 포옹 한가운데서도 생식기적인 것은 어쩔 수 없이 솟아올라, 근친상간적인 포옹의 그 분산된 관능을 차단한다. 그러면 욕망의 논리가 다시 작동하고, 소유의 의지가 되돌아오며, 어른이 아이 위에 이중 인쇄된다. 나는 모성적인 것과 생식기적인 것을 원하는, 동시에 두 명의 주체이다. (사랑하는 사람은 어린 에로스가 그랬던 것처럼 발기된 아이라고 정의될 수 있을 것이다.)

3 긍정의 순간, 이미 끝이 난, 어느 **뒤틀린** 순간에 무엇인가가 성공적으로 이루어졌다. 나는 충족되었다(내 모든 욕망은 충일된 만족감으로 폐기되었다). 그러므로 충족은 존재하며, 나는 다시 그것이 돌아오게 하기를 멈추지 않는다. 사랑의 이야기의 그 모든 우여곡절을 통해 나는 두 개의 포옹의 모순을, 그 압축을 되찾으려고, 되풀이하려고 계속 고집할 것이다.

상상계로부터의 유형

유형 EXIL

사랑하는 사람은 연인의 신분을 포기하기로 결심하면서, 서글프게도 자신의 상상계로부터 유배된 모습을 본다.

1 나는 베르테르가 자살을 포기했을지도 모르는 그 허구의 순
베르테르   간을 (소설 속에서) 상상해 본다. 그때 그에게 남은 일이라곤
유형뿐이다. 로테로부터 멀어지는 게 아니라(이런 일은 이미
한 적이 있었다. 별 성과는 없었지만) 그녀의 이미지로부터 유
배되는 것, 아니 그보다 더 끔찍한, 상상계라 불리는 저 정신
위고[1]   착란적인 에너지를 고갈시키는 것. 그러면 '일종의 긴 불면
프로이트[2]   증'이 시작된다. 바로 이것이 내가 치러야만 하는 대가이다.
내 스스로의 삶을 위해 이미지의 죽음이라는.

---

1) 위고(Hugo): "유형은 일종의 긴 불면증이다."(《돌》, p.62)
2) 프로이트: "장례란 자아에게 대상이 죽었다고 선언하며 그 보상으로 산다는 것을 제공함으로써, 자아로 하여금 대상을 포기하게끔 하는 그런 것이다."(《메타심리학》, p.194)

(사랑의 정념은 정신착란이다. 그러나 정신착란은 낯선 것이 아니다. 사람들은 모두 정신착란에 대해 말하며, 그리하여 이제 그것은 길들여졌다. 불가사의한 것은 오히려 '**정신착란의 상실**'이다. 우리는 과연 무엇으로 돌아갈 것인가?)

2 현실의 장례에서는 바로 '현실의 시련'이 나로 하여금 사랑하는 사람이 더이상 존재하지 않는다는 것을 가르쳐 준다. 그러나 사랑의 장례에서의 대상은 죽지도 멀어지지도 않는다. 이미지의 죽음을 결정한 것은 바로 나 자신이다(그리고 어쩌면 나는 이 죽음을 그에게 감추기조차 할 것이다). 이 이상한 장례가 지속되는 한 나는 두 개의 대립되는 불행을 감수해야 한다. 즉 그 사람이 현존한다는 사실에 괴로워해야 하고(그는 자기도 모르게 계속 나를 아프게 한다), 또 그가 죽었다는 사실에 슬퍼해야 한다(적어도 내가 그를 사랑한다는 점에서는). 이렇게 하여 전화가 오지 않으면 괴로워하고(오래된 습관), 또 동시에 이런 걱정으로부터 벗어나기로 결정한 것은 나 자신이니까, 이 침묵이 **결국에 가서는** 무의미하다는 것을 스스로에게 말해야만 한다. 전화를 해야만 하는 것은 오로지 사랑의 이미지의 일이었으며, 이제 그 이미지가 사라진 이상 전화는 울리든 안 울리든, 그것의 덧없는 삶을 계속할 것이다.

(이 장례의 가장 민감한 점은 내가 '언어, 즉 사랑의 언어를 잃어

버려야 한다'는 점이 아닐까? '사랑해요'란 말은 이제 끝이 난 것이다.)

3 이미지의 장례를 치르는 일은 실패하면 괴롭고, 성공하면 슬프다. 상상계로부터의 유형이 내 '병의 회복'을 위해 필수적인 길이라면, 여기 그 과정은 서글프다는 것을 인정해야만 한다. 하지만 이 슬픔은 우수가 아니다. 아니 그것은 적어도 불완전한 우수이다(임상적인 것은 전혀 아닌). 나는 그 어떤 것에 대해서도 자신을 비난하지 않으며, 의기소침해하지도 않는다. 내 슬픔은 사랑하는 이의 상실이 추상적인 것으로 남아 있는, 저 우수의 가장자리에 속해 있다. 그것은 두 배의 결핍이다. 사랑했기 때문에 괴로워했던 그 시절처럼 나는 내 불행에 투자할 수조차 없다. 그때 나는 욕망했고, 꿈꾸었고, 투쟁했다. 내 앞에는 하나의 재물이 놓여 있었고, 단지 불의의 사고로 그 도착이 지연되었을 뿐이다. 그러나 이제는 더이상의 울림도 존재하지 않는, 모든 것은 고요하고, 그래서 더 끔찍하다. 비록 내가 살기 위해 이미지가 죽어야 한다는, 그런 경제 원칙에 의해 정당화되기는 하지만, 사랑의 장례는 항상 무엇인가를 남겨 놓는다. 그리하여 하나의 말이 줄곧 내 머리에 떠오른다. "얼마나 유감스러운 일인가!"

프로이트[3]

---

3) 프로이트: "몇몇 상황에서는 상실이 덜 구체적인 성격을 띨 때도 있다. 이를테면 대상이 진짜 죽은 것이 아니라, 다만 사랑의 대상으로서 상실되는 경우가 그러하다."(《메타심리학》, p.194)

라는 말이.

4 사랑의 증거: 나는 당신에게 예전에 사람들이 머리카락을
헌정했던 것처럼 내 상상계를 바친다. 그렇게 함으로써 어
쩌면 나는 '진실한 사랑'에 도달할 수 있을지도 모른다(적
어도 세상 사람들이 말하는 바에 의하면). 사랑의 위기와 분석
치료 사이에 어떤 유사점이 있다면, 그것은 환자가 그의 분
석자의 장례를 치르는 것처럼 나 또한 사랑하는 이의 장례
를 치른다는 점이다. 나는 내 전이를 청산하며, 그렇게 하여
치료와 위기는 다 끝이 난 것처럼 보인다. 그러나 이 이론
에서는 누군가의 지적처럼, 분석자 역시 환자의 장례를 치
콩파뇽[4] 러야 한다는 사실을 잊고 있다(그렇지 않다면 분석은 끝이 안
날 것이다). 이와 마찬가지로 내가 만약 사랑하는 이에게 상
상계──게다가 그를 진저리나게 하는──를 바친다면,
사랑하는 이는 스스로의 실추라는 우수 안으로 들어가야 한
다. 나는 내 자신의 장례와 함께 그 사람의 이런 우수를 예
측하고 감수해야 한다. 그래서 난 또 괴로워한다. '**아직도 그
를 사랑하고 있기에.**'
장례의 진짜 행위는 사랑하는 이를 상실해서 괴로워하는 게
아니라, 어느 날인가 관계라는 살갗 위에 마치 확실한 죽
음의 징후처럼 다가온 어떤 조그만 흔적을 인지하는 데에

---

4) 콩파뇽(A. Compagnon), 〈고아 분석〉, 《텔 켈》지, 65호.

있다. 처음으로 나는 내가 사랑하는 사람을 아프게 한다. 물론 고의는 아니지만 그렇다고 **당황해하지도** 않는다.

5   나는 사랑의 상상계로부터 벗어나려고 애쓴다. 그러나 상상계는 불이 잘 안 꺼진 이탄마냥 밑에서 타오르고 다시 불붙는다. 단념한 것이 다시 솟아오른다. 잘 안 닫혀진 무덤에서 갑자기 긴 외침이 폭발한다.

프로이트[5]   (질투·고뇌·소유·담론·욕구·기호 등, 사랑의 욕망은 다시 도처에서 타올랐다. 그것은 마치 죽어가는 누군가를 —— 그를 위

위니콧[6]   해 내가 죽어가는 —— 마지막으로 미칠 듯이 포옹하려는 것 같았다. 나는 하나의 결별을 부인하는 몸짓을 하고 있었다.)

---

5) 프로이트: "이 저항은 때로 지나치게 격렬하여 주체는 욕망에 대한 환각적인 강박 덕분으로 현실을 외면하거나, 상실된 대상에 다시 집착할 수 있다."(《메타심리학》, p.193)
6) 위니콧: "우리는 유아에게서 상실이 느껴지기 직전 유아가 지나치게 전이의 물건을 사용하는 사실에서, 그 대상이 의미를 잃지나 않을까 하는 두려움을 유아가 부인하고 있음을 알 수 있다."(《유희와 현실》, p.26)

오렌지

불쾌한 것 FÂCHEUX

사랑하는 사람의 눈에 수많은 이차적인 경쟁자처럼 작용하는
사람이나 물건·일 등에 사랑하는 이의 관심이 쏠리거나 돌려졌
을 때 그를 사로잡는 미세한 질투의 감정.

1 베르테르: "내가 옆에 남겨 놓았던 오렌지는 유일하게 남은

베르테르[1]   것이어서 그 효과가 대단했다네. 그러나 로테가 옆에 앉은
그 염치없는 여인네에게 몇 조각 나누어 줄 때마다 내 가슴
은 찢어질 듯했다네."
세상은 이렇게 내가 더불어 그 사람을 공유해야만 하는 염
치없는 이웃들로 가득 차 있다. 세상이란 '공유의 구속(une
contrainte de partage)' 바로 그것이다. 그러므로 세상(세속적인
것)은 내 적수이다. 나는 끊임없이 이런 불쾌한 것들로 방해
받는다. 어쩌다 우연히 알게 된 사람이 억지로 우리 식탁에
와 앉거나, 또는 그 사람이 옆에 앉은 사람들의 저속한 대

---

1) 《베르테르》, p.24.

화에 정신이 팔려 내가 말하는지 어떤지도 알지 못할 때, 또는 하나의 물건, 이를테면 한 권의 책조차도 모두 불쾌한 것이다. 쌍수적인 관계를 순식간에 말소하고, 공범 관계를 변질시키며, 소속을 해체하는 것은 전부 그러하다. 세상은 "당신은 나에게도 또한 속해 있다"라고 말한다.

2 로테는 사교적인 예의상, 혹은 원한다면, 마음이 착해서 그녀의 오렌지를 나누어 준다. 그러나 바로 이 점이 사랑하는 사람을 안심시키지 못하는 것이다. "저렇게 다른 사람들에게 다 나누어 줘 버리는데, 그녀를 위해 오렌지를 남겨둘 필요가 있을까?"라고 아마도 베르테르는 중얼거렸을 것이다. 사교적인 의식에의 모든 복종은 이렇듯 사랑하는 이의 영합 행위처럼 보이며, 이런 영합 행위가 그의 이미지를 변질시키는 것이다. 그것은 해결할 수 없는 모순이다. 로테는 완벽한 대상이기에 마음이 착해야 하고, 또 이 착함이 나의 존재를 설정하는 그 특권을 파기하는 결과가 되어서도 안 되는 것이다. 그리하여 이 모순은 막연한 원망으로 바뀌며, 내 질투는 불분명해진다. 내 질투는 불쾌한 것들만을 대상으로 하는 게 아니라, 그 요구를 싫어하는 기색 없이 받아들이는 사랑하는 이에 대해서도 행해진다. 나는 타인들, 그 사람, 나 자신에 대해 **화가 난다**(바로 여기서 '언쟁'이 싹틀 것이다).

페이딩

페이딩 FADING[1]

사랑하는 이의 수수께끼 같은 무관심이 사랑하는 사람을 향한
것도, 또는 세상 사람이나 그의 적수, 다른 누구를 위해 말해진
것이 아님에도 불구하고 사랑하는 이가 온갖 접촉에서 물러난
것처럼 보이는 고통스런 시련.

1 텍스트 안에서의 페이딩은 좋은 것이다. 이야기의 목소리가
   오고 가며, 지워지고 혹은 겹쳐진다. 우리는 누가 말하는지
   도 모르며, 그것은 그냥 말할 뿐이다. 이미지는 더이상 존
   재하지 않으며, 오로지 언어만이 있다. 그러나 그 사람은 텍
   스트가 아닌, 하나의 유일한, 유착된 이미지이다. 그러므로
   목소리가 자취를 감추면, 이미지 전부가 사라진다(사랑은 단

---

1) 페이딩(fading)은 영화나 텔레비전·라디오 등에서 화면이나 음향이
점차 희미해져 가거나 뚜렷해져 가는 것을 가리킨다. 따라서 이 텍스트
에서는 목소리가 희미해져 가는 것을 가리키는 페이드 아웃이란 말이
더 적절한 표현인 듯하나, 원문에 씌어진 대로 그냥 페이딩이라고 적기
로 한다.(역주)

일 논리적이며 편집광적이나, 텍스트는 이형 논리적이며 변태적이다).

그 사람이 페이딩에 사로잡힐 때, 그것은 아무런 이유도, 끝도 없는 것처럼 보여 내 마음을 불안케 한다. 서글픈 신기루마냥 그 사람은 멀어지고, 무한으로 옮겨져, 나는 그를 좇으려다 기진맥진해진다.

(빛바랜 블루진이 한창 유행이었을 때, 미국의 한 회사는 "**이것은 바래고 바래고 또 바랜** 것이다(it fades, fades and fades)"라고 그들의 빛바랜 블루진을 자랑한 적이 있다. 이처럼 사랑하는 이도 사라져 가고 희미해져 가기를 멈추지 않는다. 어떤 광기의 감정이—— 격렬하지 않아 더욱 순수한—— 나를 사로잡는다.)

프루스트[2]
(마음이 찢어지는 듯한 페이딩—— 죽기 얼마 전, 프루스트의 화자의 할머니는 때로 보지도 못하고, 듣지도 못했다. 더이상 손자를 알아보지 못한 할머니는 그를 마치 '놀란, 경계하는 듯한, 분개한 눈초리로' 쳐다보는 것이었다.)

2 어머니가 아주 엄격하고도 냉정한 모습으로 나타나는 그런 악몽이 있다. 사랑하는 이의 페이딩은 악모(惡母)의 무시무시한 귀가요, 사랑의 설명할 수 없는 물러감이요, 신비주의자들에게는 친숙한 저 버려짐(délaissement)이란 것이다. 신은 존재하고, 어머니는 현존한다. 그러나 **그들은 더이상 사**

---

2) 프루스트, 《게르망트 가에서》, p.334.

랑하지 않는다. 나는 파괴되지는 않았지만, 저기 쓰레기마냥 내버려져 있다.

십자가의
성 요한[3]

3 질투에서의 그 사람은 여전히 살아 있기에 덜 괴롭다. 그러나 페이딩에서의 그 사람은 모든 욕망을 상실한 채 어둠 속에 잠긴 것처럼 보인다. 나는 그 사람에게서 버림받은 것이다. 하지만 이 버려짐은 그 사람 자신을 사로잡는 버려짐으로 인해 배가된다. 이렇게 하여 그의 이미지는 씻겨지고 청산된다. 나는 어떤 것으로도, 그 사람이 다른 곳에서 가질지도 모르는 욕망으로조차도 자신을 지탱할 수 없게 된다. 스스로 상(喪)중에 있는 한 대상 때문에 나 또한 상중에 있는 것이다(바로 이 점이 우리가 얼마나 그 사람의 욕망을 —— 비록 그 욕망이 우리를 향한 것이 아닐지라도 —— 필요로 하는지 이해하게 해준다).

4 그 사람이 페이딩에 사로잡힐 때, 혹은 아무것도 아닌 일 때문에, 혹은 "별로 기분이 안 좋아요"라는 빈약한 말로밖에

---

3) 십자가의 성 요한(Jean de Yepes(Jean de la Croix)): "우리는 모든 것에 대한 욕구나 취향의 상실을 어둠(Nuit)이라 부른다."(바루지(Baruzi), 《십자가의 성 요한》, p.408에서 인용)

십자가의 성 요한은 스페인의 신비주의자이자 카르멜파의 수도사로서 영혼의 어두운 밤 깊숙이에서 신을 발견한다는 내용의 아름다운 시를 많이 남겼다.[역주]

는 표현할 수 없는 그런 걱정거리로 그가 물러나갈 때, 그는 멀리 안개 속에서 움직이는 것 같다. 죽지는 않았지만, 망령의 세계에서 '**흐릿하게** 살아 있는.' 율리시즈는 망령을 찾아가 그들을 불러낸다(Nekuia). 그 중에는 그의 어머니의 망령이 있었다. 나 또한 이처럼 그 사람을, 어머니를 부르고 소환해 보지만, 돌아오는 것은 다만 하나의 망령일 뿐이다.

오디세이[4]

5 그 사람의 페이딩은 그의 목소리 안에 담겨 있다. 목소리는 사랑하는 이의 사라짐을 떠받치고, 읽게 하며, 말하자면 완성한다. 목소리의 속성은 죽는다는 것이기에. 목소리를 만드는 것, 그것은 목소리 안에서 죽어야만 하기 때문에 내 가슴을 찢어 놓는 바로 그것이다. 마치 목소리란 즉시, 추억 외에는 결코 다른 어떤 것도 될 수 없다는 것처럼. 목소리의 이 유령 같은 존재가 억양(inflexion)이다. 억양은, 그것으로 모든 목소리가 정의되는 억양은 침묵중인 것, 혹은 풍화되어 사라져 가는 음향의 낱알이다. 그러므로 나는 사랑하는 이의 목소리를 내 귀와는 무관한, 저기 내 머릿속에서 기억된, 회상된, 죽어 있는 상태로밖에는 알지 못한다. 가느다란, 그렇지만 기념비적인 목소리. 목소리는 사라진 후에야 존재하는 그런 대상들 중의 하나이다.

---

4) 《오디세이》, 노래 XI.

(잠든 목소리, 사람이 살지 않는 목소리, 멀리서 텅빈 운명을 확인하는 목소리.)

6 사랑하는 이의 피곤한 목소리보다 더 애절한 것은 없다. 기진맥진한, 희박한, 핏기 없는 목소리(그렇게 말할 수 있다면), 세상 끝에 다다른 듯한 목소리, 차가운 물속 깊숙이 잠겨가는 목소리. 목소리는 피곤한 사람이 죽어가는 것처럼, 이제 사라지는 **중이다.** 피로는 무한 그 자체이다. 끝내는 것을 끝내지 않는 것. 이 간략하고도 짤막한, 너무도 드물어 퉁명스럽기조차 한 목소리, 이 멀고도 다정한 목소리의 **거의 아무것도 아닌 것이** 내게는 하나의 거대한 마개가 된다. 마치 외과 의사가 내 머릿속에 커다란 솜 뭉텅이를 쑤셔 놓은 것처럼.

프로이트[5]
7 프로이트는 말을 듣는 것은 좋아했지만, 전화걸기는 싫어했다 한다. 아마도 전화는 항상 **'불협화음**(cacophonie)'이며, 그가 전하는 것은 불량한 목소리, 거짓 의사소통이라는 것을 느끼고 예측했기 때문일까? 어쩌면 나는 전화로 결별을 부인하려는 것인지도 모른다. 마치 어린아이가 어머니를 잃

위니콧[6]
을까 두려워 쉬지 않고 끈을 만지작거리는 것처럼. 하지만

5) 프로이트: 마틴 프로이트, 《나의 아버지 프로이트》, p.45에서 인용.
6) 위니콧: "나는 어머니에게 아들이 그녀와 헤어지는 게 두려워 끈 장

전화선은 전이에 적합한 도구는 아니다. 그것은 무기력한 줄이 아니다. 그것은 하나의 의미를, 연결의 의미가 아닌 거리감의 의미를 가지고 있다. 전화로 듣는 사랑하는 사람의 피곤한 목소리, 그것은 고뇌 자체 속에 있는 페이딩이다. 우선 그 목소리가 내게로 와 여기 있을 때, 그리하여 지속될 때(가까스로) 나는 그것을 결코 완전히 알아보지는 못한다. 마치 가면 밑에서 나왔다고나 할까?(이처럼 그리스 비극의 가면은 마술적인 기능을 가졌다 한다. 목소리에 지하 인간으로의 뿌리를 부여하기 위해, 목소리를 변형하거나 낯설게 하여 지하 어디에선가 온 듯한 느낌을 주는.) 다음으로 전화에서의 그 사람은 언제나 출발 상태에 놓여 있다. 그는 그의 목소리와 침묵에 의해 두 번 떠난다. 이번에는 누가 말할 차례인가? 우리는 함께 침묵을 지킨다. 두 개의 공허의 북빔. 전화의 목소리는 매초마다 이만 **끊을게요**라고 말한다.

프루스트[7]   (프루스트의 화자가 할머니에게 전화를 걸면서 체험한 고뇌의 에피소드. 전화 때문에 괴로워하는 것, 그것은 사랑의 진정한 날인이다.)

난을 통해 그 사실을 부인하려 한다고 설명해 주었다. 마치 우리가 전화기에 매달려 친구와의 결별을 부인하는 것처럼."(《유희와 현실》, p.29)
7) 프루스트, 《게르망트 가에서》, p.134.
　화자는 군대에 간 친구 생.루를 만나기 위해 동시에르로 간다. 그는 거기서 파리로의 전화가 설치된 것을 알고 생전 처음으로 전화를 통해 할머니의 목소리를 듣는다. 할머니의 그 멀고도 다정한 목소리에 화자는 이별의 아픔과 '마음의 단속성'을 체험한다.[역주]

8 나는 이미지를 변질시키러 오는 것은 모두 두려워한다. 그래서 그의 피로를 두려워한다. 피로란 경쟁 대상 중에서도 가장 잔인한 것이다. 어떻게 피로에 대항해 싸울 수 있단 말인가? 나와 그 사람을 연결하는 이 유일한 끈인 피로를, 사랑에 지친 그가 **'내게 주기 위해'** 조각조각 자르고 있음을 본다. 그러나 내 앞에 놓인 이 피로의 꾸러미를 어쩌란 말인가? 그 선물은 무엇을 뜻하는 걸까? '자신을 내버려두라는?' 아니면 '거두어 달라는?' 그러나 어느 누구도 대답하지 않는다. 주어진 것은 바로 '대답하지 않는 것,' 바로 그것이다.

블랑쇼[8]

(어떤 연애 소설에서도 나는 작중 인물이 **피로하다**는 걸 읽은 적이 없다. 피로에 대해 누군가가 말하는 것을 듣기 위해서는 나는 블랑쇼를 기다려야 했다.)

---

8) 블랑쇼(Blanchot)와의 오래된 대화에서.
  블랑쇼는 현대 프랑스 문학에 많은 영향을 끼친 작가이자 비평가로 《문학 공간》《미래의 책》《난삽한 자 토마》 등을 남겼다.(역주)

잘 못

잘못 FAUTES
사랑하는 사람은 일상 생활의 이런저런 기회에 사랑하는 이를
소홀히 한다고 생각하여 죄책감을 느낀다.

1 "역에 도착하자마자 그는 아무 말도 하지 않고 게시판에서
이등차와 식당차의 위치를 알아내었다. 그러나 그것은 아
주 멀리 휘어진 플랫폼의 맨 끝쪽에 위치하는 것처럼 보였
기에, 기차를 기다리기 위해 X…를 감히 그쪽으로 데려갈
수 없었다(지나치게 신중한 행동처럼 보일 것이기에). 그는 생
각하기를, 그렇게 하면 내가 철도청의 법규에 맹목적으로
복종하는 소심한 사람으로 보일지도 몰라. 게시판을 관찰
하고, 늦을까 봐 걱정하고, 역에서 두리번거리고, 이런 일들
은 모두 늙은이나 정년 퇴직자들의 괴벽에나 속하는 게 아
닐까? 더구나 기차의 위치를 잘못 알았다면, 저기 짐짝에
눌려 절뚝거리며 걸어가는 사람들처럼 플랫폼을 따라 달
려가는 게 얼마나 우스꽝스러운 일일까? 그러나 예상했던
일이 그대로 벌어졌다. 기차는 멀리 역의 맨 앞쪽에 멈추었

고, 그러자 X…는 그에게 재빨리 키스하고 뛰어가는 것이었다. 몇몇 젊은 바캉스족들도 수영복 차림으로 달려갔다. 그때부터 그의 눈에는, 멀리 있는 객차의 뭉툭한 후미 외에는 아무것도 보이지 않았다. 어떤 기호도(그건 불가능했다), 작별 인사도 없었다. 기차는 아직 출발하지 않았다. 역에 남아 있는 일이 아무 소용없는 일인 줄 알면서도, 그는 감히 움직일 수도, 플랫폼을 떠날 수도 없었다. 일종의 상징적인 구속(소(小)상징주의의 강력한 구속)이, 기차가 역에 있는 한 (X…가 그 안에 있는 한) 그에게 남아 있도록 명령했다. 그리하여 그는 멀리 있는 기차만을 바라보며 멍청하게 꼼짝 않고 있었다. 황폐한 플랫폼 위에서 그 누구에게도 보여지지 않은 채, 마침내는 기차가 떠나기만을 초조하게 기다리는 것이었다. 하지만 자신이 기차보다 먼저 떠난다면, 그건 그의 잘못이고, 오랫동안 그를 괴롭힐 것이다."

2 헌신(Dévotion)에의 어떤 균열도 잘못이다. 이것이 '코르테지

코르테지아

아'의 법칙이기도 하다. 이 잘못은 내가 사랑하는 이에 대해 어떤 단순한 독자적인 행동의 몸짓을 하려 할 때 일어난다. 예속 상태와 단절하기 위해, '내 자신을 생각하려 할' (세상 사람들이 이구동성으로 하는 충고) 때마다 죄책감을 느낀다. 그때 내 죄가 되는 것은, 역설적으로 내 헌신의 무게를 가볍게 하거나, 그 엄청난 중압감을 덜어, 간단히 말하면 나를 '자제하는'(세상 사람들에 의하면) 것이 그것이다. 요컨대

나는 강한 자가 되는 것이 두렵고, 자제력(또는 그 단순한 몸짓)이 나를 죄인으로 만든다.

니체

3 온갖 고통·불행은 잘못 또는 과실이란 개념에 의해 그 뜻이 변조되었다고 니체는 지적한다. "우리는 고통으로부터 그 순진성을 박탈하였다." 사랑/정념(사랑의 담론)은 줄곧 이 변조에 압도된다. 그렇지만 이런 사랑에도 순진한 고통, 순진한 불행의 가능성은 존재할 것이다(만약 내가 상상계의 순수함에 충실하여 내 마음속에 어린아이 같은 이원론(dyade)만을, 어머니와 떨어진 아이의 고통만을 재현한다면). 그렇게 되었더라면 오늘 내 가슴을 찢어 놓는 이 아픔에 대해 자신을 비난하지도 않았을 것이고, 오히려 고통을 '긍정할 수' 조차 있었을 텐데. 정념의 순진성이란 전혀 순수한 것이 아닌, 다만 잘못을 거부하는 것, 바로 그것일지도 모른다. 사랑하는 사람은 사드의 주인공들처럼 순진할 수도 있다. 그러나 불행하게도 그 괴로움은 일반적으로 그것의 분신인 과실에 의해 심화되며, 나는 그 사람을 '내 아버지보다도 더' 무서워한다.

잔치[1]

---

1) 《잔치》: 파이드로스의 말: "사랑하는 남자는 무엇인가 부끄러운 짓을 하고 있다든지 하면 [⋯] 그의 아버지에게 들킨 것보다 그의 친구에게 들킨 것을 더 괴로워한다."(p.43)

"선택받은 나날들"

축제 FÉTE
사랑하는 사람은 사랑하는 이와의 모든 만남을 축제로 체험한
다.

1 **축제**란 기다려지는 것이다. 그의 약속된 현존으로부터 내
가 기다리는 것은 어떤 엄청난 즐거움의 총체요, 향연이다.
어머니의 모습을 보기만 해도 그것이 완전한 충족을 예고
하고 의미하여 함박웃음을 터뜨리는 어린아이처럼 나는 마
냥 기뻐한다. 나는 내 앞에, 나를 위해 "온갖 선의 근원을"
가지려 한다.

라캉

"나는 하느님이 그 성도들을 위해 마련하신 것 같은 그런
행복한 나날들을 보내고 있다네. 그리고 내게 무슨 일이 일
어난다 할지라도 나는 기쁨을, 생의 가장 순수한 기쁨을 맛
보지 못했다고는 말할 수 없을 걸세."

베르테르[1]

---

1) 《베르테르》, p.28.

2 "어젯밤에! 이 말만 해도 몸이 떨린다네. 나는 그녀를 품안
에 안고, 가슴이 맞닿도록 꼭 끌어안으며, 사랑의 말을 속
삭이는 그녀의 입술에 끝없이 키스를 퍼부었다네. 내 눈길
은 그녀의 도취한 눈길 속에 잠겨 있었다네! 신이시여! 지
금도 이 타는 기쁨을 회상하며, 내 존재 가장 깊은 곳에서
되새겨 보는 행복을 느낀다고 해서 벌을 받아야 할까요?"
**축제란 사랑하는 사람, 몽상가에게는 어떤 환희이지 폭발
은 아니다.** 나는 저녁 식사와 대담, 다정함, 쾌락의 확실한
약속을 즐긴다. 즉 "수렁에 빠지지 않고 사는 기술을."

(그렇다면 누군가의 축제가 되는 일이 당신에게는 아무것도 아
니란 말인가?)

베르테르[2]

부트[3]

---

2) 《베르테르》, p.121.
3) 부트, 《격렬함의 파괴자》.

"난 미쳤어"

광인 FOU

사랑하는 사람은 자신이 미쳤거나 미쳐 가고 있다는 생각에 자
주 사로잡힌다.

1 나는 사랑한다는 것에 미쳐 있다. 아니 그렇게 말할 수 있
  으므로 미친 것이 아니다. 나는 내 이미지를 이분화한다. 스
  스로의 눈에는 미쳐 있고(나는 내 정신착란을 잘 안다), 그 앞
  에서 담담하게 내 광기를 이야기하는 타자의 눈에는 다만
  지각 없는 사람일 뿐이다. 이런 광기를 의식하며, 광기에 대
  한 담론을 하는 것.

베르테르[1]   베르테르는 산에서 한 미치광이를 만난다. 광인은 그가 예
              전에 사랑했던 로테를 위해 한겨울에 꽃을 찾고 있었다. 그
              남자는 자신에 대해 아무것도 모른 채 정신병원에 있었을
              때가 차라리 행복했었다고 말한다. 베르테르는 이 꽃의 광

---

1) 《베르테르》, pp.106-110.

인에게서 자신의 모습을 '**절반쯤**' 알아본다. 그처럼 정념에 미쳐 있기는 하지만, 무의식의 행복에의(그렇다고 가정하는) 어떤 접근에서도 배재된, 광기 자체를 놓칠까 봐 괴로워하는 자신을 본다.

2   사랑하는 사람은 모두 미친 사람이라고 사람들은 생각한다. 그러나 사랑에 빠진 광인을 상상할 수 있을까? 그것은 불가능한 일이다. 나는 다만 초라한, 불완전한, '**은유적인**' 광기만을 가질 권리가 있다. 사랑은 나를 미치광이 '**처럼**' 만들기는 하지만, 나는 초자연적인 것과 소통하지도 못하며, 내 마음속에는 어떤 성스러운 것도 존재하지 않는다. 단순한 착란에 불과한 내 광기는 진부하며, 눈에 띄지도 않는다. 게다가 문화에 의해 완전히 회수된 그것은 어느 누구도 무섭게 하지 않는다. (그렇지만 몇몇 지각 있는 주체들은 바로 이런 사랑의 상태에서 광기가 가능하다는 것을, 아주 가까이 있다는 것을 갑자기 알아차린다. 그 안에서 사랑 자체도 함몰해 갈 그런 광기가.)

3   ı백 년 전부터 광기(문학적인)는 랭보의 "**나는 타자이다**(Je est un autre)"라는 말에 근거한다고 생각되어져 왔다. 광기는 탈개성(dépersonnalisation)의 체험이다. 그러나 사랑의 주체인 나에게는 정반대이다. 주체가 되는 것, 주체가 되는 것

을 막을 수 없는 것, 바로 그 사실이 나를 미치게 한다. "**나는 타자가 아니다.**" 바로 그것이 내가 공포 속에 인지하는 것이다.

(선(禪)에 나오는 한 이야기: 어느 더운 여름날 노승이 버섯을 말리고 있었다. 누군가가 "왜 다른 사람을 시키지 않으십니까?"라고 물었다. 그러자 노승은 "다른 사람은 내가 아니며, 또 나는 다른 사람이 아닙니다. 다른 사람은 내 행동을 체험할 수 없습니다. 나는 버섯을 말리는 내 체험을 해야만 합니다"라고 대답했다.)

나는 한결같이 나 자신이다. 바로 그렇기 때문에 나는 미치는 것이다. 나는 '**변하지 않기**(consiste)' **때문에** 미치는 것이다.

4 모든 권력과 무관한 자는 광인이다. 뭐라고요? 그렇다면 사랑하는 사람은 어떤 권력에의 부추김도 알지 못한단 말인가요? 하지만 예속된다는 것은 내 일이며, 예속되어 있고, 또 예속시키기를 바라는 나는 나름대로 권력에의 욕구를, '**지배의 리비도**(libido dominandi)'를 체험하고 있지 않은가요? 나는 정치적인 체제에 버금갈 만큼 잘 만들어진, 다시 말해 강력하고도 예리한, '분절된' 담론을 갖고 있지 않은가요?

성 아우구스티누스[2]

---

2) 성 아우구스티누스(Saint Augustinus): "감정의 리비도(libido sentiendi), 지식의 리비도(libido sciendi), 우월의(지배의) 리비도(libido excellendi(dominandi))." (생트-뵈브(Sainte-Beuve), 《포르-루아얄》, II, p.160에서 재인용).

그렇지만 내 리비도는 절대적으로 폐쇄되어 있으며, 거기에 내 특이함이 있다. 나는 사랑의 쌍수적인(duel) 공간, 외부의 것이라고 따라서 군생 집단적인 것이라고는 티끌만큼도 찾아볼 수 없는, 단지 그런 공간에서만 살고 있다. **나는 미치광이다.** 내가 특이한 사람이어서가 아니라(관례적인 것의 조잡한 속임수), 모든 사회성(socialité)으로부터 차단되었기 때문에 그러하다. 타인들이 항상 그 무엇의 행동대원이라면(정도의 차이는 있을지언정), 아무것도 아닌 것의 병사인 나는 내 광기에서조차도 아무것도 아니다. **"나는 사회화하지 않는다**(je ne socialise pas)(마치 우리가 누군가에 대해 상징하지 않는다고 말하는 것처럼).

(여기서 우리는 어쩌면 사랑하는 사람의 힘을 특징짓는 힘의 의지(la volonté de puissance)와, 그 힘이 배제된 권력에의 의지(la volonté de pouvoir)를 갈라 놓는 저 기묘한 분기점을 알아볼 수 있지 않을까?[3])

---

3) 프랑스어의 'puissance'와 'pouvoir'는 힘·권력을 뜻하기는 마찬가지이나, 여기서 힘이라 번역한 'puissance'는 실제로 발휘할 수 있는 격렬하고도 육체적인 힘으로 그것의 가치나 정당성 여부는 묻지 않는 데 반해, 권력이라 번역한 'pouvoir'는 보다 도덕적이며 관념적인 것으로 항상 어떤 효용성의 개념을 수반하며, 사회적인 제도와 밀접한 관계를 맺고 있다.(니체의 '권력에의 의지' 참조)(역주)

"어색한 표정"

거북함 GÊNE

여러 사람이 모인 곳에서 사랑의 관계의 내재적인 속성이 마치 하나의 구속처럼 작용하여 말로는 하지 않는 어떤 집단적인 거북함을 야기하는 것.

1 베르테르는 로테와 언쟁(scène)을 벌인다(자살하기 바로 얼마

베르테르[1]
전에). 그러나 그 언쟁은 알베르트의 도착으로 이내 중단되고, 세 사람은 말없이 어색한 표정으로 방 안을 왔다갔다한다. 별 의미 없는 내용의 대화를 시도해 보나, 그것도 곧 중단된다. 그 상황은 무겁다. 무엇으로? 그것은 각자 자신이 맡은 역할이(남편·정부·이해 관계의) 대화에서는 언급됨이 없이, 다른 두 사람에 의해 인지되기 때문이다. 무거운 것은 침묵 속의 앎이다. 나는 내가 아는 것을 당신이 안다는 것을 안다. 이것이 그 표지로서 무의미한 것만을(말들의) 취하는 거북함, 순진하고도 냉담한 조심성의 일반적인 공식이다.

---

1) 《베르테르》, p.125.

역설: 의식의…… 증상으로서의 말해지지 않는 것(non-dit).

2 어떤 우연이 갑자기 몇몇 친구들을, 내 모든 감정적인 무리들을 이 찻집에 모이게 했다. 그 상황은 무거웠다. 내가 참여하고 있고, 또 그 때문에 내가 괴로워하면서도, 나는 그 상황을 마치 하나의 장면(scène),[2] 한 폭의 잘 그려진 구성된 그림(약간 변태적인 그뢰즈가 그렸을 것 같은)으로 체험한다. 그것은 의미로 가득 차 있으며, 나는 그 의미들을 읽으며 가장 세세한 부분까지도 쫓아간다. 관찰하며, 해독하고, **'말해지지 않기 때문에'** 더욱 읽혀지는 것으로 충만한 한 텍스트를 즐긴다. 나는 무성 영화에서처럼 말하는 것만 **'보이게'** 한다. 그리하여 일종의 **'방심하지 않는 매혹**(fascination alerte)**'**(용어상의 모순)이 내 마음속에 나타난다. 즉 장면에 매여 있으면서도 정신은 깨어 있는 그런 상태가. 내 주의력은 지금 저기 상연되는 장면의 일부를 이루고 있고, 또 그 장면에는 어떤 외부적인 것도 없지만, 나는 그 장면을 잘 읽을 수가 있다. 거기에는 각광(rampe)이 없다. 그것은 극단적인 연극(théâtre extrême)이다. 이렇게 하여 거북스러움이, 또 몇몇 변태적인 사람들에게는 즐김이 야기된다.

---

2) 여기서 각각 언쟁·장면으로 옮긴 프랑스어의 scène는 이런 두 뜻을 다 가지고 있으며, 저자는 여기서 일종의 시니피앙 유희를 하고 있다.(역주)

그라디바

그라디바 GRADIVA

프로이트가 분석한 옌센의 책에서 빌려 온 이 이름은, 사랑하는
사람을 정신착란에서 벗어나게 하기 위해 자신도 정신착란에
사로잡히기를 허락하는 연인의 이미지를 가리킨다.

1 《그라디바》의 주인공은 극단적인 연인이다. 다른 사람들은
단순히 환기하는 데 그칠 것을 그는 환각한다. 자신도 모르
게 사랑하게 된 고대의 그라디바가 마치 현실 속의 인물처럼
인지된다. 바로 거기에 그의 정신착란이 있다. 그녀는 이런
그를 서두르지 않고 서서히 구하기 위해 우선 그의 정신착
란에 보조를 맞춘다. 환상을 금방 깨뜨리지 않기 위해, 몽
상가를 갑자기 꿈에서 깨어나지 않게 하기 위해, 신화와 현
프로이트[1]   실을 조금씩 접근시키기 위해, 그녀는 자신이 그라디바 역
할을 하기로 작정한다. 이렇게 하여 사랑의 체험은 분석적

---

1) 프로이트: "우리는 정신착란에서 사랑에 의한 치료의 힘을 과소평
가해서는 안 된다."(《옌센의 그라디바에 나타난 정신착란과 꿈》, p.146)
　프로이트는 덴마크 작가인 옌센의 《그라디바》라는 소설에 정신분석

인 치료와 동일한 기능을 갖게 된다.

2 그라디바는 구원의 형상이자 행복한 결말의 형상, 관대한
에우메니데스[2] 여신이다. 그러나 에우메니데스가 예전에 복
수의 여신이었던 에리니에스에 불과한 것처럼, 사랑의 영역
에서도 심술궂은 그라디바는 존재한다. 사랑의 대상은 무
의식적으로나, 또는 자신의 신경증에 이로운 목적으로 나
를 정신착란 속으로 더 깊이 처박고, 사랑의 상처를 부양하
고 자극하는 것처럼 보인다. 마치 정신분열증에 걸린 부모
가 그들의 상반된 간섭으로 자식들의 광기를 야기하거나
악화시키기를 멈추지 않는 것처럼, 그 사람은 **나를 미치광
이로 만들려고** 애쓴다. 예를 들면 그는 나를 내 자신과 모
순되게 하거나(그 결과로써 내 모든 언어가 마비되는), 또는 유
혹과 좌절의 행동을 번갈아 한다(이것은 사랑의 관계의 일반
적인 양상이다). 또는 이 체제에서 저 체제로, 즉 은밀한 애정
과 공범의 관계에서 냉정함과 침묵 그리고 해고시키는 행

학적 방법론을 적용하여 문학비평 이론으로서의 정신분석학의 가능성
을 제시하였다.〔역주〕
2) 에우메니데스(Eumenides)는 그리스 비극 시인인 아이스킬로스의
3부작 《오레스테이아》 중 마지막 부분인 〈에우메니데스〉에 나오는
여신으로, 오레스테스는 복수의 여신인 에리니에스의 쫓김을 받으나
아테네 여신의 중재로 마침내는 에리니에스의 원한을 가라앉히는 데
성공한다. 따라서 복수의 여신인 에리니에스는 관대한 여신인 에우메
니데스가 된다.〔역주〕

위로 아무 예고 없이 옮아간다. 또는 더 교묘한 방법으로
—— 그렇다고 해서 나를 아프게 하지 않는 것은 아니지만
—— 심각한 대화(내게 중요한)를 나누는 도중에 별 의미 없
는 이야기를 꺼내든가, 혹은 내가 말하고 있는데도 다른 것
에 관심이 있다는 듯한 표정을 역력히 지으면서 대화를 '깨
뜨리려' 한다. 간단히 말해 그 사람은 나를 계속해서 막다
른 길로 몰고 간다. 그리하여 나는 거기서 빠져나올 수도,
설 수도 없다. 마치 조그만 우리에 갇혀 설 수도, 드러누울
수도 없었던 저 유명한 발뤼 추기경처럼.[3]

3 나를 사로잡아 그물 속에 집어넣은 그가 어떻게 나를 놓아
주며 사슬을 풀어 줄 수 있단 말인가? 그것은 부드러움(dé-
licatesse)에 의해 가능하다. 어린 마틴 프로이트가 스케이트
를 타다 창피를 당하자 그의 아버지는 그 말을 들어 주고
이야기를 해줌으로써 그를 풀어 주었다. 마치 밀렵자의 그
물에 걸린 짐승을 풀어 주는 것처럼. "아버지는 그 작은 짐
프로이트[4]   승을 붙잡아매고 있던 사슬을 아주 부드럽게 하나씩 하나
씩 풀어나갔다. 빠져나가려고 발버둥치는 짐승의 아우성에
도 초조해하거나 서두르는 기색 없이 그 사슬을 완전히 다

---

3) 발뤼(Balue) 추기경: 루이 XI세 때의 국무의원으로 부르고뉴공 샤를
르 테메레르와 반역을 꾀했다 하여 1469~1480년까지 감옥에 갇혀 있
었다. [역주]
4) 프로이트: 마틴 프로이트, 《나의 아버지 프로이트》, pp.50-51.

풀 때까지, 그리고 이 작은 짐승이 자신의 모험을 다 잊어
버리고 거기서 도망칠 수 있을 때까지 침착하게 풀어나가
는 것이었다."

4   사람들은 사랑하는 사람에게, 혹은 프로이트에게 이렇게 말
할 것이다. 사랑하는 이의 정신착란으로 빠져들어가기란 가
짜 그라디바에게는 쉬운 일이었을 것이라고. 왜냐하면 그
녀〔조에〕또한 그〔노르베르트〕를 사랑하고 있었으니까. 아니
그보다는 다음과 같은 모순을 설명해 보시오. 한편으로 조
에는 노르베르트를 원하며(그와 결합되기를 원하며) 사랑에
빠져 있으나, 다른 한편으로 그녀는 위장할 수 있으므로——
—— 사랑하는 사람에게는 지나치게 과도한 —— 자신의 감정
을 자제하며, 정신착란을 일으키지도 않는 셈이잖소. 그렇
다면 조에는 어떻게 동시에 '사랑하며' 또 '사랑에 빠질 수'
있단 말이오? 이 두 개의 의도는 서로 다른 것으로, 하나는
고상하고, 다른 하나는 병적인 것으로 알려져 있지 않소?

'사랑한다는 것(aimer)'과 '**사랑에 빠진다는 것**(être amoureux)'
은 서로 불편한 관계에 놓여 있다. 즉 '**사랑에 빠진다는 것**'
이 다른 어떤 것과도 흡사하지 않은 게 사실이라면(막연한
친분 관계에서 한 방울의 '**사랑에 빠진다는 것**'이 떨어지면, 그
것은 이내 그 관계를 생생하게 채색하여 비교할 수 없는 것으로
만들어 버린다. 그리하여 내가 그렇게도 조심스럽게 억제해 왔

F.W.[5]

위니콧[6]

던 X…와 Y…와의 관계에서 나는 '사랑에 **빠진 것**'이 있음을 '금방' 알아차리게 된다), '**사랑에 빠지는 것**' 안에는 '**사랑하는 것**'이 들어 있는 것 또한 사실이다. 다시 말하면 나는 무섭도록 소유하고 싶어하지만, 또 능동적으로 줄 줄도 안다. 그렇다면 어느 누가 이런 변증법을 성공적으로 수행할 수 있단 말인가? 누가? 단지 주는 것만을 지향할 뿐, 다른 어떤 목적도 갖지 않는 여인이 아니고는? 그러므로 한 연인이 '사랑하기에' 이르렀다는 것은, 곧 그가 여성화되어 저 위대한 사랑하는 여인들, 충분히 선량한 여인들(suffisamment Bonnes)의 대열에 합류했다는 것을 의미한다. 아마도 바로 그런 이유로 노르베르트가 정신착란을 일으키고, 조에가 사랑하는 것이리라.

---

5) 발(F. Wahl)과의 대화에서.
6) 위니콧: 어머니.

푸른 연미복과 노란 조끼

옷 HABIT

사랑하는 사람이 사랑의 만남 때에 입었던 옷이나, 사랑하는 이
를 유혹할 목적으로 입는 옷 때문에 야기되거나 부양되는 모든
감정적 동요.

1 나를 열광케 하는 한 만남을 위해 나는 정성스럽게 화장한
다. 화장(toilette)이란 단어에는 우아한 뜻만이 있는 것이 아
니다. 그것은 배설물을 위한 곳이란 뜻 외에도, ‘사형 선고자
를 교수대로 데려가기 전에 하는 마무리’ 혹은 ‘푸줏간에서
리트레 사전[1]   몇몇 종류의 고기토막을 덮기 위해 사용하는 기름진 투명
한 막’을 가리킨다. 마치 화장이란 모든 행위의 끝에는——
——그것이 야기하는 흥분감 속에 이미 기재된—— 언제나
하나의 제물과도 흡사한, 방부제를 바른, 유약을 칠한 아름
답게 꾸며진 시신이 있다는 것처럼. 나는 옷을 입으면서 내
욕망에 의해 망쳐질 것을 장식한다.

---

1) 《리트레 사전 *Littré*》: 프랑스에서 발간된 사전 이름.〔역주〕

2 소크라테스는 "아름다운 소년 곁에 아름다운 사람으로 가

잔치[2]

기 위해 이렇게 치장했다네"라고 말한다. 이렇듯 나는 사
랑하는 사람과 닮아야 한다. 나는 그 사람과 나 사이에 어떤
본질의 일치가 있다고 가정한다(바로 이 점이 나를 기쁘게 한
다). 이미지·모방: 나는 가능한 한 모든 것을 다 그 사람처
럼 하려 한다. 우리가 하나가 되어 똑같은 살갗의 자루에
갇혀 있다는 듯이, 나는 그 사람이며 그 사람은 나이기를 열
망한다. 그리고 옷은 내 사랑의 상상계를 만드는 그 유착
된 질료를 담는 매끄러운 봉투일 뿐이다.

3 베르테르: "내가 로테와 처음 춤을 추었을 때 입었던 그 단

베르테르[3]

순한 푸른 연미복을 벗어 버릴 결심을 하는 데는 무척이나
힘이 들었다네. 결국 그 옷은 아주 낡아 버렸다네. 그래서 전
과 똑같은 옷을 한 벌 맞추긴 하였지만……." 베르테르는
그 옷을 입은 채(푸른 연미복과 노란 조끼) 땅속에 묻히기를
원했고, 또 사람들이 자기 방에서 죽어가는 그를 발견했을
때도 그 옷차림을 하고 있었다.
베르테르는 그 옷을 입을 때마다 (그 안에서 죽어갈) 자신을
변장한 것이다. 어떤 모습으로? 황홀한 연인의 모습으로?
그렇게 해서 그는 황홀의 에피소드를, 즉 그가 처음으로 이

---

2) 《잔치》, p.27.
　여기서 아름다운 소년이란 아가톤을 가리킨다. [역주]
3) 《베르테르》, p.94, 그리고 pp.150-151.

미지에 의해 얼어붙었던 그 순간을 마술적으로 재창조해
낸다. 그 푸른 옷은 그토록 힘차게 그를 가두어, 그리하여
주변의 모든 세계는 파기된다. **단지 우리 두 사람만이 있을**
뿐. 그 옷에 의해 베르테르는 어머니와 펠러스가 결합된, 그
외에는 다른 아무것도 존재하지 않는 어린아이의 몸을 만
들어낸 것이다. 그 변태적인 옷차림은 '베르테르식의 옷(cos-
tume à la Werther)'이란 이름으로 전 유럽의 애독자들에 의
해 입혀졌다.

라캉

동일시 현상

동일시 IDENTIFICATION

사랑의 구조에서 사랑하는 사람은 자기와 동일한 입장에 있는
사람이면(또는 작중 인물) 누구든지 그에게 자신을 고통스럽게
동일시한다.

1 베르테르는 모든 실패한 연인에게 자신을 동일시한다. 그
베르테르[1]
는 로테를 사랑하다 한겨울에 꽃을 꺾으러 가는 그 광인
이요, 과부를 사랑하다 자신의 연적을 죽인 그 하인이다. 베
르테르는 하인을 위해 중재하려 하지만, 그가 체포되는 것
을 막을 수는 없었다. "이 불행한 사람아, 어떤 것도 자네를
구할 수 없다네. 우리가 구원받지 못하리라는 것을 나는 잘
알고 있다네." 동일시 현상은 심리적인 것이 아니라, 다만 하
나의 구조적인 조작일 뿐이다. 나는 나와 동일한 위치에 있
는 바로 그 사람이다라는.

---

1) 《베르테르》: 꽃의 광인에 대해서는 p.106s., 하인에 대해서는 pp.115-
117.

2 　나는 모든 사랑의 망을 뚫어지게 쳐다보면서 내가 차지할
　　지도 모르는 그 자리를 식별해 본다. 그때 내가 인지하는 것
　　은 어떤 유추(analogie)가 아닌 상동(homologie)이다. 이를테면
　　Y…가 Z…에게 그 무엇이라면, 나 또한 X…에 대해 마찬가
　　지이며, 따라서 비록 Y…가 나와는 무관한, 내가 전혀 알지
　　못하는 사람이라 할지라도, 사람들이 Y…에 대해 말하는 것
　　은 모두 내 가슴 깊숙이 와닿는다. 쌍수적인 구조가 있는
　　곳이면 어디든지 자리를 이동해 가며 나를 사로잡는 그런
　　거울에 붙잡힌 것이다. 아니 그보다 더 끔찍한 것은, 내가 사
　　랑하지 않는 사람으로부터 사랑받는 경우이다. 그런 상황은
　　그것이 내포하는 심리적인 만족감이나, 그 파생 작용에 의
　　해 내게 도움이 되기는커녕 오히려 나를 고통스럽게 한다.
　　사랑받지 못한 채 사랑하는 그 사람에게서 나는 내 자신의
　　모습을 보며, 내 불행의 몸짓조차 되찾게 된다. 그러나 이 경
　　우 이 불행의 능동적인 행위자는 바로 나 자신이며, 그리
　　하여 나는 동시에 자신이 피해자이자 가해자인 것처럼 느
　　끼게 된다.
　　(바로 이 상동 관계에 의해 연애 소설이 팔리며, 또 만들어지는
　　것이다.)

3 　X…는 나 이외의 다른 사람들에게서도 욕망과 영합의 대상
　　이 된다. 그래서 나는 그들의 입장이 되어 본다. 마치 베르
베르테르　　테르가 로테를 미치도록 사랑했던 그 꽃의 광인 하인리히

에게 그랬던 것처럼. 그런데 나는 이 구조적 관계(하나의 점수를 기점으로 배열되는)를 이내 인간성이란 개념으로 상상하기에 이른다. 꽃의 광인 하인리히와 나는 동일한 입장에 처해 있으므로, 나는 다만 그의 자리에만 동일시하는 것이 아니라 그의 이미지에도 동일시한다는 것이다. 그리하여 어떤 착란이 나를 사로잡는다. **'내가 바로 하인리히이다!'** 라는 이 일반화된 동일시 현상은 그 사람을 둘러싼, 그리고 나처럼 그의 혜택을 입는 모든 사람들에게도 확대되어, 내게는 이중으로 고통스럽다. 그것은 나를 내 스스로의 눈에 폄하시키며(나는 이런저런 인간성의 소유자로 **축소된** 자신의 모습을 본다), 또한 한 무리의 경쟁자들의 무기력한 놀림거리가 된 그 사람을 폄하하는 것이다. 그때 다른 사람들과 동일한 각자는 "내 것, 내 것!"이라고 외치는 것처럼 보인다. 그 모습은 마치 한 무리의 아이들이 공이나 수건, 또는 그 어떤 것을, 간단히 말하면 사람들이 그들에게 던진 물신을 서로 가지려고 다투는 모습이라고나 할까. **'처음에 가진 사람이**

리트레 사전 **갖게 될 것이다'**(예전에 이 놀이는 **보물찾기**(gribouillette)라고 불리었다).

구조는 인간성이라는 것과 무관하다. 그래서 끔찍하다(관료주의처럼). 사람들은 구조를 향해 애원할 수도, "내가 H⋯보다야 훨씬 낫죠"라고 말할 수도 없다. 준엄한 구조는 "당신은 H⋯와 동일한 입장에 있으므로 당신이 곧 H⋯이다"라고 대답한다. 어느 누구도 구조에 맞서 **항변**(plaider)할 수는 없다.

3　베르테르는 꽃의 광인과 하인에게 자신을 동일시한다. 그
리고 그 독자인 나는 베르테르에게 동일시할 수 있다. 역사
적으로 수많은 사람들이 마치 그들 자신이 베르테르인 것처
럼 괴로워했고, 자살을 했고, 똑같은 옷차림과 향수를 사용
했고, 또 글을 써왔다(베르테르식의 소영창곡, 애가, 사탕 상자,
벨트의 버클, 부채, 화장수). 일련의 긴 등치관계(équivalence)가
이 세상의 모든 연인들을 한데 묶어 놓은 것이다. 그런데
오늘날 문학 이론에서 '투사(projection)'(작중 인물에 대한 독
자의 투사)라는 개념은 더이상 통용되지 않는다. 그럼에도
불구하고 그것은 모든 상상적 독서에 고유한 특성이다. 따
라서 한 권의 연애 소설을 읽으면서, 거기에 자신을 투사한
다고 말하는 것만으로는 충분치 않다. 사랑하는 사람의 이
미지에 밀착하여, 책 끝까지 그 이미지 속에 갇혀 있어야 한
다(이런 종류의 소설들이 고립·칩거·부재·쾌감의 상태에서,
이를테면 화장실 같은 곳에서 읽혀진다는 것은 잘 알려진 사실
이다).

베르테르[2]

프루스트[3]

---

2) 《베르테르》, 서문.
3) 프루스트: (콩브레의 아이리스 꽃내음이 풍기는 화장실에서) "특별하고
도 속된 용도로 쓰이던 그 방은 […] 오랫동안 내 휴식처였다. 그것은 아
마도 그곳만이 독서·몽상·눈물·쾌락 같은 절대적인 고독을 요하는 나
의 모든 탐닉이 시작될 때마다 내가 열쇠로 문을 잠글 수 있도록 허락
받은 유일한 곳이었기 때문일 것이다." 《잃어버린 시간을 찾아서》의
첫 부분에 나오는 에피소드로 화자는 이곳에서 독서와 자위행위로 처
음 성에 눈을 뜨게 된다.

이미지

이미지 IMAGE
사랑의 영역에서 가장 생생한 아픔은 아는 것보다 보는 것에서
더 많이 온다.

1 ("탈의실에서 돌아오면서 갑자기 그는 서로 몸을 기대며 다정하
게 속삭이는 그들의 모습을 보았다.")

이미지는 드러난다. 그것은 한 통의 편지만큼이나 선명하
고도 순수하다. 그것은 내게 아픔을 주는 편지이다. 분명하
고도 완전한, 공들인, 결정적인 그것은 내게 어떤 자리도 남
겨 놓지 않는다. 열쇠구멍의 테두리 안에서 잘려진 채로만
존재하는 그 원초적 장면에서와 마찬가지로 나는 이미지
에서 제외된 것이다. 바로 거기에 이미지의, 모든 이미지의
정의가 있다. 이미지란 내가 제외된, 바로 그것이다. 사냥꾼
의 모습이 우거진 덤불 속에 슬그머니 그려진 퍼즐의 그
림과는 달리, 나는 장면 속에 있지 않다. 이미지에는 수수께
끼가 없다.

2 이미지는 단호하며, 항상 결정적인 말을 한다. 어떤 앎도 그것을 반박하거나 조정하며 얼버무릴 수 없다. 베르테르는 로테가 알베르트와 약혼한 사이라는 걸 알고 있었고, 또 그 사실로 인해 별로 괴로워하지도 않았다. 그러나 "알베르트가 그녀의 가냘픈 몸을 껴안는다고 생각만 하면 온몸이 떨리는 것이었다." 나는 로테가 내게 속하지 않는다는 것을 **잘 알고 있어**라고 베르테르의 이성은 말하고, **하지만 그래도 알베르트는 내게서 그녀를 훔쳐간 거야**라고 눈앞의 이미지는 말한다.

베르테르[1]

베르테르

3 내가 제외된 이미지들은 모두 잔인하다. 그러나 때로 그 이미지에 사로잡히기도 한다(역전). 그 사람을 다른 사람과 함께 남겨 놓고 떠나야 하는 카페의 테라스로부터 멀어지면서, 나는 등이 구부정한 채 홀로 황폐한 거리를 걸어가는 **'자신의 모습을 본다.'** 나의 제외됨을 이미지로 전환시키는 것이다. 내 부재가 거울에서처럼 반사된 이 이미지는 **서글픈** 이미지이다.

낭만주의 계열의 한 그림은 극광에 비친 얼음조각 더미를 보여준다. 그 누구도, 그 어떤 것도 살지 않는 황량한 공간. 그러나 바로 그렇기 때문에 이 텅빔은 내가 조금이라도 사

프리드리히[2]

---

1) 《베르테르》, p.89.
2) 프리드리히(C. D. Friedrich), 《얼음에 휩싸인 희망의 잔해》.

랑의 슬픔에 사로잡히기만 하면, 내가 거기에 투사하기를
바란다. 얼음 더미 위에 앉은 채 영원히 버려져 있는 조그
만 형상, 그것이 바로 내 모습이다. "추워요. 우리 돌아가요"
라고 사랑하는 사람은 말하지만, 거기에는 어떤 길도 나 있
지 않고, 배는 이미 부서졌다. 사랑하는 사람만이 느끼는 '특
별한 추위,' 그것은 어머니의 체온을 필요로 하는 아이(남
자 혹은 동물)의 추위타기와도 같은 것이다.

4 나를 아프게 하는 것은 관계의 **'형태들'** 혹은 그 이미지들
이다. 아니 더 정확히 말한다면, 다른 사람들이 **형태**라 명명
하는 것을 나는 힘으로 체험한다. 마치 강박관념자에게서
사례가 곧 사실을 의미하는 것처럼, 이미지는 '사실 그 자
체'이다. 그러므로 사랑하는 사람은 예술가이다. 그리고 그
의 세계는 그 안에서 모든 이미지가 그 자신의 결말인(이
미지를 넘어서는 아무것도 없다) 도치된 세계이다.

프리드리히는 독일 태생의 화가(1774~1840)로, 거대한 공간에서의
인간의 고독이란 낭만주의적 주제의 그림을 많이 그렸다. (역주)

알 수 없는 것

알 수 없는 것 INCONNAISSABLE

사랑의 관계에 대해 특별히 알고 있는 사실들과는 무관하게, 사
랑하는 사람이 성격이나 심리적인 것 혹은 신경증적인 유형에 의
해 사랑하는 이를 '그 자체로서' 이해하고 정의하려는 노력.

1   나는 이런 모순에 사로잡힌다. 나는 그 사람을 누구보다도
    잘 알고 있고, 또 그에게 그 사실을 의기양양하게 시위한다
    ("난 당신을 잘 알아요, 나만큼 당신을 잘 아는 사람도 없을걸
    요!"). 그러면서도 나는 그 사람의 마음을 꿰뚫어볼 수도,
    찾아낼 수도, 다룰 수도 없다는 명백한 사실에 부딪히게 된
    다. 나는 그 사람을 열어젖혀 그의 근원까지 거슬러 올라갈
    수도, 수수께끼를 풀어헤칠 수도 없는 것이다. 그는 어디서
    온 사람일까? 그는 누구일까? 나는 기진맥진해진다. 나는
    그것을 결코 알지 못할 것이다.

    (내가 알았던 모든 사람들 중에서도 확실히 X…는 가장 헤아리
    기 힘든 사람이었다. 그 이유는 내가 그의 욕망에 대해 아무것도

모른다는 데 있다. 누군가를 안다는 것은 그의 욕망을 아는 것, 단지 그것이 아닐까? 나는 Y…의 욕망의 모든 것을 즉각적으로 알아보았다. 그러자 Y…는 내게 '속이 빤히 들여다보이는 사람'으로 보였다. 나는 그를 더이상 공포 속에서 사랑하는 게 아니라, 어머니가 자식을 사랑하듯 관대하게 사랑하게 되었다.)

반전(retournment): "아무리 해도 당신을 잘 모르겠어요"라는 말은 "당신이 나를 어떻게 생각하는지 정말 모르겠어요"라는 뜻이다. 당신이 나를 어떻게 해독하고 있는지 모르기 때문에 나 역시 당신을 해독할 수 없는 것이다.

2 알 수 없는 대상 때문에 자신을 소모하고 동분서주하는 것은 순전히 종교적인 행위이다. 그 사람을 하나의 해결할 수 없는 수수께끼로 만든다는 것은——거기에 내 일생이 걸려 있는——곧 그를 신(dieu)으로 축성(祝聖)하는 것이나 다름없다. 나는 그가 던지는 질문을 결코 풀어헤칠 수가 없다. 사랑하는 사람은 오이디푸스가 아니다. 따라서 내게 남은 일이라곤 내 무지를 진실로 바꾸는 일뿐이다. 사랑하면 할수록 더 잘 이해하게 된다는 말은 사실이 아니다. 사랑의 행위를 통해 내가 체득하게 되는 지혜는, 그 사람은 알 수 있는 사람이 아니라는 것, 그러나 그의 불투명함은 어떤

지드[1]

1) 지드: (그의 부인에 대해 말하면서) "당신과 다른 것을 이해하기 위해서는 항상 사랑이 필요했다오……."(《이제 그는 네 안에 살아 있다》, p.1151)

비밀의 장막이 아닌 외관과 실체의 유희가 파기되는 명백함이라는 것이다. 그리하여 나는 **미지의 누군가**를, 그리고 영원히 그렇게 남아 있을 누군가를 열광적으로 사랑하게 된다. 신비주의자적인 움직임: 나는 알 수 없는 것의 앎에 도달한다.

3   또는 그 사람을 정의하려는 대신("그는 과연 어떤 사람일까?") 나는 내 자신에게로 시선을 돌린다. "당신을 알려고 하는 이 나는 무엇을 원하는 걸까?" 당신을 인간으로서가 아니라 힘으로 정의하려 한다면 어떻게 될까? 그리고 나 자신을 당신의 힘과 맞선 또 하나의 힘으로 설정하려 한다면? 만약 그렇게 된다면 아마도 그 사람은 내게 주는 고통이나 즐거움에 의해서만 정의될 것이다.

"누구를 원해야 할지 가르쳐 주세요"

귀납 INDUCTION
누군가가 사랑하는 사람에게 사랑의 대상이 탐난다고 가르쳐 주었기 때문에 원해지는 것. 사랑의 욕망이 아무리 특이하다 할지라도 그것은 귀납에 의해 드러난다.

1 베르테르가 사랑에 빠지기 얼마 전에 그는 과부에 대한 열정을 고백하는 한 젊은 하인을 만난다. "이 충실한 애정의 이미지는 어딜 가나 나를 따라다녀 나 역시 그 불길에 휩싸인 듯 초췌하며, 쇠진해 간다네." 이 일이 있고 난 후 이번에는 베르테르의 차례로, 로테를 사랑하는 일만이 남아 있다. 그리고 로테 역시 베르테르가 그녀를 보기 전에 이미 가리켜졌다. 무도회로 가는 마차 안에서 한 친절한 여자 친구가 로테가 얼마나 아름다운가를 말해 주었던 것이다. 이렇듯 **사랑을 받게 될** 몸은 그것에 가까이 접근시키고 확대하여 주체로 하여금 코를 갖다대게 하는 일종의 줌(zoom) 효과를 내는 카메라 렌즈에 의해 미리 포착되고 조정된다. 그것은 어떤 능숙한 손길이 내 앞에서 어른거리게 하다 나를

최면시키고 사로잡는 그런 **'반짝이는(scintillant)'** 물건이 아닐까? 이런 '감정적인 전염'은, 이 귀납은 타인·언어·책·친구들로부터 온다. 독창적인 사랑이란 존재하지 않는다. (대중 문화란 욕망을 가르쳐 주는 기계이다. 그것은 "여기 당신의 관심을 끌 만한 것이 있다"라고 말한다. 마치 인간이 혼자서

욕망의 대상을 발견하는 게 불가능한 일이라는 걸 잘 알고 있다는 것처럼.)

사랑의 모험의 어려운 점은 "누구를 원해야 할지 가르쳐 주세요, 그러고 나선 곧 사라져 버리세요"라는 데에 있다. 가장 친한 친구가 사랑하는 사람을 사랑하게 되는 경우가 얼마나 많은가! 모든 연적은 처음에는 스승·안내자·흥행사·중개자였다.

2 당신의 욕망이 어디 있는지를 보여주기 위해서는 그것을 **조금** 금지하기만 하면 된다(금지 없이는 욕망이 존재하지 않는

---

1) 프로이트, 《정신분석학 개론》, p.89.

2) 라 로슈푸코(La Rochefoucauld): "사랑에 대해 말하는 것을 한번도 들어 본 적이 없다면, 결코 사랑하지 않았을 사람도 많다."(《격언집》, 격언 36)
　　라 로슈푸코는 17세기 프랑스 모럴리스트 문학의 대표적인 작가이다.[역주]

3) 스탕달: "사랑이 시작되기 전 아름다움은 그 표지로서 필요하다. 그것은 우리가 사랑하게 될 사람을 칭찬하게 함으로써 그 사랑을 좌우하게 된다."(《연애론》, p.41)

다는 게 사실이라면). X⋯는 내가 그를 **조금** 자유롭게 내버려 두면서 그의 곁에 있기를, 때때로 자리를 비우면서도 '**멀리는 가지 않는**' 그런 유연성을 갖기를 바랐다. 즉 내가 금지로서는 현존하지만(금지 없이는 좋은 욕망이 존재하지 않는다는 것처럼), 또 그 욕망이 형성되면 내가 그를 방해할지도 모르므로 멀어져야 한다는 것이 그것이다. 어머니가 평온하게 뜨개질을 하는 동안 아이가 주위에서 노는 그런 좋은(너그러우면서도 보호할 줄 아는) 어머니가 되어야 한다. 바로 이것이 '성공적인' 커플의 구조일 것이다. 약간의 금지와 많은 유희, 욕망을 가르쳐 주고, 다음에는 내버려두는. 마치 길은 가르쳐 주지만, 같이 따라나서겠다고 고집 부리지 않는 저 친절한 원주민들처럼.

정보 제공자

정보 제공자 INFORMATEUR

다정하면서도, 그러나 사랑하는 이에 대한 하찮은 정보를 아무 일도 아니라는 듯 슬쩍 흘림으로써 사랑하는 사람이 사랑하는 이에 대해 갖고 있는 이미지를 교란시켜 상처를 주는, 그런 지속적인 역할을 담당하는 것처럼 보이는 사람.

지드[1]

1 귀스타브·레옹·리샤르가 한 패를, 위르뱅·클로디우스·에티엔·위르쇨이 다른 한 패를, 아벨·공트랑·앙젤·위베르가 또 다른 한 패를 이루고 있다(이 이름들은 일종의 인명서라 할 수 있는 지드의 《팔뤼드》에서 빌린 것이다). 그렇지만 어느 날 레옹은 위르뱅을 알게 되고, 또 위르뱅은 앙젤을 알게 된다. 그런데 앙젤은 이미 레옹을 조금 알고 있었다 등등. 이렇게 해서 하나의 성좌가 형성된다. 각자는 어느 날 그

---

1) 《팔뤼드》는 지드의 초기 작품으로 현실에 대한 불만을 풍자적으로 묘사한 글이다. 작가인 주인공은 매일 친구·친지, 아는 사람들을 찾아가 토론을 벌이며 드디어는 소설을 쓰기로 작정하나, 아무도 들으려 하지 않는다는 내용의 이야기이다.[역주]

로부터 가장 멀리 떨어진 별과 관계를 맺게 되고, 그리하여 그 별과 더불어 다른 모든 별들에 대해 이야기를 하게 되고, 마침내는 모든 것이 일치하기에 이른다(바로 이것이 저 거대한 혼란의, 우스꽝스런 소극들의 그물인 《잃어버린 시간을 찾아서》의 움직임이기도 하다). 사교계의 우정이란 전염병과도 같아 모든 사람이 앓는 그런 병이다. 지금 내가 이 그물 안에 사랑하는 이와 더불어 순수하고도 물들지 않는 공간을 유지하려고 애를 쓰는 한 고통스런 주체를 풀어 놓았다고 가정해 보자. 그러면 그물의 활동, 그 정보 교환, 그 열광, 그 주도권은 그만큼 많은 위험으로 받아들여질 것이다. 그리고 이 인종학적 마을이자 거리의 코미디, 친족 관계의 구조이자 우스꽝스럽고도 복잡한 구성의 희극(imbroglio)인 이 작은 모임 한가운데에는 '**모든 사람에게 모든 것을 말하기에**' 분망한 정보 제공자가 우뚝 서 있다.

프루스트

정보 제공자란 순진한 사람이든 악랄한 사람이든 간에 부정적인 역할을 맡게 마련이다. 그가 건네주는 (어떤 질병처럼) 메시지가 비록 대수롭지 않은 것이라 할지라도, 그는 나의 그 사람을 그저 단순한 어떤 사람으로 축소시키고 만다. 물론 나는 그의 말을 들을 수밖에는 없지만(사교적인 예의상 짜증난 모습을 보일 수는 없으므로), 내가 들은 그 말을 흐릿하고도 배어들지 않는, 무관심한 것으로 만들려고 애쓴다.

2 내가 원하는 것은 '우리 둘만이(nous deux)'(이것은 프랑스의
   한 감상적인 잡지의 이름이기도 하다) 사는 작은 우주이다(그
   것의 시간과 논리를 가진). 그러므로 외부로부터 오는 것은
   모두 위협이다. 그것이 권태의 형태로 오든(만약 그 사람이
   부재하는 세계에서 내가 살아야 한다면), 또는 상처의 형태로
   오든(만약 이 세계가 그 사람에 대해 무례한 담론을 한다면).
   정보 제공자는 나에게 별 대수롭지 않은 정보를 넘겨주면
   서 하나의 비밀을 드러나게 한다. 이 비밀은 심오한 것이 아
   닌 외부로부터 오는 것이며, 나에게 감추어졌던 것도 바로
   그 사람의 이 외부이다. 막은 거꾸로 열린다. 내밀한 장면이

브뉘엘[2] 아닌 관중석에서. 그 정보의 내용이 무엇이든간에 그것은
   나를 고통스럽게 한다. 흐릿하고도 배은망덕한 현실의 파
   편이 내 머리 위로 떨어진다. 사랑의 부드러움에 비해 모든
   사실은 공격적인 양상을 띤다. 한 조각의 '지식'이, 비록 평
   범한 것이라 할지라도 상상계를 침범하는 것이다.

---

2) 브뉘엘(Buñuel), 《부르주아지의 은근한 매력》.
   브뉘엘은 스페인 태생의 영화감독으로 초현실주의의 영향을 받아
   전통적인 윤리관과 터부를 거부하며, 꿈과 본능의 힘을 강조하는 작품
   을 많이 만들었다.〔역주〕

"이렇게는 계속할 수 없어요"

견딜 수 없는 것 INSUPPORTABLE
사랑의 고통의 축적된 감정이 드디어는 "이렇게는 계속할 수 없어요"란 외침으로 폭발하는 것.

베르테르[1]

1 《베르테르》의 끝부분에 이르면, 로테는(그녀 또한 많은 문제점을 갖고 있었기에) 베르테르의 자살을 재촉하는 한마디의 말 "이렇게는 계속할 수 없어요"란 말을 내뱉고야 만다. 베르테르 자신도 그 말을, 그것도 아주 일찍 할 수 있었을 것이다. 왜냐하면 만남의 경이로운 순간이 지나가면, 사랑의 상황은 곧 견딜 수 없는 것이 되어 버리기 때문이다. 한 마귀가 시간을, 무르익어 감을, 변증법을 부인하며 매순간마다 **"이렇게는 지속될 수 없어!"**라고 말한다. 그렇지만 그것은 지속되고, 항상 그런 것은 아닐지라도 적어도 오랜 시간 지속된다. 그러므로 사랑의 인내심은 그 출발부터 자체 부정이라는 의미를 갖고 있다. 그것은 어떤 기다림이나 자제

---

1) 《베르테르》, p.124.

력, 속임수, 용기에서 비롯되는 것이 아닌 격심해도 닳지 않는 그런 불행이다. 일련의 동요, 그 반복에 용감하게도(?) 종지부를 찍겠다고 자신에게 다짐하는 것을 의미하는 반복적인(희극적인) 몸짓. 초조함의 인내심.

(**합리적인** 감정: 모든 것은 잘 되어 나가지만 지속되는 것은 아무것도 없다. **사랑의** 감정: 잘 되어가는 것은 아무것도 없지만 그것은 지속된다.)

2 견딜 수 없는 것을 인지한다는 것은 나름대로의 이점이 있다. 무슨 수를 써서라도 빠져나가야 한다고 다짐하면서, 나는 내 마음속에 결정·행동·돌파구에 대한 호전적인 무대를 설치한다. '**열광**'은 내 초조함에서 온 부수적인 이득이다. 나는 그것으로 양분을 취하며, 그 속에서 탐닉한다. 항상 '예술가인' 나는 형태 자체에서 내용을 만든다. 하나의 고통스런 해결책을 상상하면서(단념하든가 또는 떠나든가 하는), 나는 돌파구에 열광하는 환상을 마음속에 울리게 한다. 그리하여 자기 희생이란 자만심이 나를 사로잡으면(우정은 유지하되 사랑은 포기하는), 나는 이내 내가 희생해야 하는 것, 즉 내 광기조차 망각한다. 그런데 광기란 규정상 제물의 대상이 될 수는 없다. 당신은 누군가에게 자신의 광기를 **바치는** 광인을 본 적이 있는가? 지금의 나로서는 자기 희생을 하나의 고결하고도 연극적인 형태로만 파악하고 있으며, 이것은 여전히 희생을 상상계의 영역 안에 붙잡

아두고 있다는 것을 의미한다.

3 그리하여 열광의 순간이 지나가면, 나는 인내의 철학이라
는 가장 단순한 철학으로 환원된다. 즉 적응하지 않으면서
감내하고, 격렬한 감정을 느끼는 일 없이 지속되고, 결코 낙
담하는 일 없이 항상 얼이 빠져 있는. 나는 달마 인형이다.
손가락으로 줄곧 튕겨도 그 속에 있는 받침대 때문에 **결국
은** 평정을 되찾는 오뚝이(그렇다면 내 받침대는 어떤 것일까?
사랑의 '**힘**'일까?). 이 일본 인형을 동반하는 한 민요는 그렇
게 노래하고 있다.

> "인생이란 그런 것
> 일곱 번 넘어졌다
> 여덟번째 일어나는 것."

해결의 상념

돌파구 ISSUES

해결의 미끼가 어떤 것이든간에 —— 재앙을 불러일으키는 성격
에도 불구하고 —— 그것은 사랑하는 사람에게 일시적인 휴식을
제공한다. 사랑의 위기를 극복할 수 있는 돌파구에 대한 환상적
인 조작.

1　자살의 상념, 결별의 상념, 은둔의 상념, 여행의 상념, 봉헌
　의 상념 등. 나는 사랑의 위기를 벗어날 수 있는 여러 가지
　해결책을 상상할 수 있으며, 또 끊임없이 상상한다. 그렇지
　만 비록 내가 조금은 정신나간 사람이라 할지라도 이 반복
　되는 상념을 통해 하나의 유일하고도 텅빈 형상, 즉 돌파구
　의 형상을 포착하기란 그리 어려운 일이 아니다. 나는 '**다
　른 역할**,' 즉 궁지에서 빠져나온 그 누군가의 역할을 환각
　하며, 그것과 더불어 만족하며 살아가는 것이다.
　　이렇게 하여 사랑의 감정의 언술적 속성이 다시 한 번 드러
　나게 된다. 모든 해결책은 가차없이 그 유일한 상념, 다시
　말해 언술적인 존재로 되돌려지며, 그리하여 돌파구에 대

한 상념은 언어임으로써 마침내는 모든 돌파구의 배제(for-clusion)라는 결과에 이르게 된다. 사랑의 담론은 일종의 유폐된 출구(Sorties)이다.

2 상념이란 항상 내가 상상하며 감동하는 비장한 장면, 곧 연극이다. 그리고 내가 어떤 이득을 얻게 되는 것도 상념의 이런 연극적 성격 때문이다. 금욕주의적 성향의 이 연극은 나를 크게 하며, 중요하게 만든다. 하나의 극단적인 해결책을 **상상**하면서(결정적인, 다시 말해 정의된 해결책) 나는 허구의 이야기를 만들어내며, 예술가가 되며, 그림을, 내 출구를 그려 본다. 그리하여 부르주아 연극의 그 의미심장한(prég-nant)(하나의 강렬하고도 선택된 의미가 부여된) 순간처럼 상념이 '**보여진다.**' 그것은 때로는 작별의 장면, 때로는 한 통의 엄숙한 편지, 또 때로는 오랜 시간 후의 의연함으로 충만한 해후의 장면이기도 하다. 재앙의 **예술이** 내 마음을 진정시켜 준다.

디드로[1]

3 내가 상상하는 해결책들은 모두 사랑의 시스템 안에 내재하는 것들이다. 은둔이나 여행·자살 등. 칩거하거나 떠나

---

1) 디드로는 18세기 프랑스 작가로 부르주아 연극에 대한 이론을 썼으며, 그의 의미심장한 순간에 대해서는 앞의 〈근사해!〉의 주 1)에서 이미 지적된 바 있다.〔역주〕

가는 혹은 죽어가는 사람은 언제나 사랑하는 사람이다. 자신이 칩거하는, 떠나는, 죽어가는 모습을 보면서도 그가 보는 것은 항상 사랑하는 사람의 모습이다. 나는 스스로에게 항상 사랑하는 사람이기를, 또 더이상 사랑하는 사람이 되지 말기를 명령한다. 문제점과 해결책에 대한 이런 종류의 동일성이 바로 '함정(piège)'의 정의이다. 시스템을 바꾸는 일이 내 능력 밖의 일이기에 나는 함정에 빠져 있다. 나는 이중으로 '궁지에 몰려 있는' 셈이다. 내 자신의 시스템 안에서, 그리고 또한 그것을 다른 시스템으로 대체할 수 없다는 점에서 그러하다. 이 '이중의 사슬(Double bind)'은 어떤 종류의 광기를 정의하는 것처럼 보인다(불행에 그 반대되는 요소가 없다면 함정은 다시 닫혀질 것이다. "불행이 존재하기 위해서는 선 자체가 해를 끼쳐야 한다"). 이것은 골치 아픈 일이다. '궁지에서 벗어나기 위해' 나는 시스템에서 벗어나야 하고, 또 나는 시스템에서 벗어나기를 원하고 등등. 만약 사랑의 착란이 그 스스로 지나가고 소멸되는 '속성'이 없다면, 아무도 거기에 종지부를 찍을 수 없을 것이다(베르테르가 죽었기 때문에 사랑을 멈춘 것이 아니라 오히려 그 반대이다).

이중의 사슬[2]

실러[3]

---

2) 이중의 사슬: "주체가 무엇을 하든간에 이길 수 없는 상황. 앞쪽이면 내가 이기고, 뒤쪽이면 네가 진다."(베텔하임, 《텅빈 요새》, p.85)
3) 실러(Schiller): 스존디(Szondi), 《시와 시학》, p.28에서 재인용.

질투

질투 JALOUSIE

"사랑에서 시작되어 사랑하는 이가 다른 사람을 더 좋아할지도
모른다는 두려움 때문에 야기되는 감정."(《리트레 사전》)

1 　《베르테르》에서 질투하는 사람은 베르테르가 아니라, 프레
베르테르　데리케의 약혼자이자 침울한 성격의 소유자인 슈미트 씨이
다. 베르테르의 질투는 이미지에서 파생되는 것이지(알베르
트의 팔이 로테의 허리를 껴안는 모습을 보는 것) 생각에서 오
는 것은 아니다. 그 이유는 이 책이 심리적인 것이 아니라 비
극적인 성향을 띠고 있다는 데 기인한다(바로 여기에 이 책
의 아름다움이 있는지도 모른다). 베르테르는 알베르트를 미
워하지 않는다. 다만 그가 원하는 자리를 알베르트가 차지
하고 있을 뿐. 알베르트는 그의 맞수(adversaire)(본래 의미로
는 경쟁자(concurrent))이지 원수(ennemi)가 아니다. 그는 '가
증스런' 사람이 아니다. 빌헬름에게 보낸 편지에서 베르테
르가 질투하는 모습은 거의 찾아볼 수 없다. 편지의 속내
이야기가 마지막 서사적 이야기(récit)로 바뀌면서, 경쟁은 치

열해지고 심화되는 것이다. 마치 1인칭의 '나'로부터 3인칭의 '그'로 넘어가는, 또는 상상적인 담론(그 사람으로 충만한)에서 타자의 담론(서사가 그 제도상의 목소리인)으로 넘어가는 그 단순한 과정에서 질투가 생긴다는 것처럼.

프루스트

프루스트의 화자는 베르테르와 별 상관이 없다. 그를 사랑하는 사람이라고나 할 수 있을까? 그는 단지 질투하는 사

탈르망[1]

람일 뿐. 그에게서 어머니(그 분신인 할머니)를 연인처럼 사랑할 때를 제외하고는, 전혀 '몽상가'의 모습은 찾아볼 수 없다.

2 베르테르는 이런 이미지에 사로잡힌다. 로테는 버터 바른 빵을 잘라 남동생 여동생들에게 나누어 준다. 로테는 과자이며, 이 과자는 공유된다. 각자는 자기 몫을 가지며, 나는 혼

베르테르

자가 아니다. 어느것에서도 혼자가 아니다. 내게는 남동생 여동생들이 있으며, 그들과 공유해야 한다. 분배의 법칙에 복종해야 한다. 운명의 여신은 바로 분배의 여신 '모이라이(Moirai)'[2](그 마지막 여신이 침묵, 죽음의 여신인)가 아닌가?

---

1) 탈르망 데 레오(Tallemant des Réaux): (루이 XIII에 대해) "그의 사랑은 이상한 사랑이었다. 그는 질투를 할 뿐, 연인으로서의 어떤 것도 가지고 있지 않았다."(《작은 이야기들》, I, p.338)
　탈르망은 프랑스의 회상록 작가로 앙리 IV세와 루이 XIII 시대의 궁중 비화 및 풍속도를 그린 《작은 이야기들》의 저자이다.(역주)
2) 모이라이는 운명의 여신으로 제우스와 테미스 사이에 태어난 세 딸,

게다가 내가 사랑하는 이의 공유를 용납하지 않는다면, 그건 곧 그의 완벽함을 부인하는 것이다. 왜냐하면 완벽함이란 공유되어야만 하는 것이기에. 멜리타는 완벽하기 때문에 공유되며, 그래서 히페리온은 괴로워한다. "내 슬픔은 정말로 끝이 없었다. 나는 멀리 떠나야만 했다." 이렇게 해서 나는 두 번 괴로워한다. 공유 그 자체에 대해, 그리고 공유의 고결함을 참을 수 없는 내 무력감에 대해.

휠덜린[3]

3　"사랑할 때 나는 아주 배타적인 사람이 된다"라고 프로이트는 말한다(여기서 우리는 그를 정상적인 사람의 귀감으로 간주하자). 질투는 관례적인 것이며, 오히려 질투를 거부하는 것이('완벽해지는 것') 법을 위반하는 것이다. 쥴라이하는 요셉을 유혹한다. 그래도 그녀의 남편은 분개하지 않는다. 그

프로이트[4]

클로토·라케시스·아트로포스를 가리킨다. 클로토는 실을 뽑고, 라케시스는 잡아당기고, 아트로포스는 이 실을 가위로 잘라 죽음을 정한다고 한다. 이들이 결정하는 것은 절대적인 것이어서, 그 누구도 거기서 벗어날 수 없다 하여 운명의 여신이라 불린다. 또한 모이라이는 원래 각자에게 할당된 인생의 몫이란 뜻의 '모이라'란 보통명사에서 유래했다 하여 분배의 여신이라 일컫기도 한다.[역주]
3) 휠덜린(Hölderlin), 《히페리온》, p.127(부트(Bouttes)의 지적).
　휠덜린은 독일의 시인이자 소설가(1770~1843)로 히페리온의 운명을 노래한 동일 제목의 시는 독일 시의 최고봉으로 간주된다. 여기서 인용된 작품은 프랑크푸르트에서 가정교사를 할 때 주인 여자 멜리타와의 공유된 사랑의 체험을 그린 동일 제목의 소설을 가리킨다.[역주]
4) 프로이트, 《서간집》, p.19.

제디디[5]
러나 이 스캔들에는 설명이 필요하다. 즉 이 일은 이집트에서 일어난 일이며, 이집트는 질투를 배제하는 별자리, 쌍둥이자리 아래 놓여 있기 때문이다.

(전도된 관례주의: 사람들은 더이상 질투하지 않는다, 배타주의자들은 처형한다, 여러 사람과 함께 산다 등등. 그렇다면 그 결과는 어떻게 될까? 게다가 질투한다는 사실에 수치심을 느껴 더이상 질투하지 않기로 자신을 강요한다면? 질투는 추한 것이며,

어원[6]
부르주아적이다. 그것은 쓸데없는 분망함, '열중(zèle)'이다. 그리고 우리가 거부하는 것도 바로 이 열중이다.)

4 질투하는 사람으로서의 나는 네 번 괴로워하는 셈이다. 질투하기 때문에 괴로워하며, 질투한다는 사실에 대해 자신을 비난하기 때문에 괴로워하며, 내 질투가 그 사람을 아프게 할까 봐 괴로워하며, 통속적인 것의 노예가 된 자신에 대해 괴로워한다. 나는 자신이 배타적인, 공격적인, 미치광이 같은, 상투적인 사람이라는 데 대해 괴로워하는 것이다.

---

5) 제디디(Djedidi): 쥴라이하는 요셉을 유혹하는 데 '조금' 성공한다. 그리고 요셉은 전설이 그의 남성다움을 의문시하지 않게 하기 위해 '모기 날개만큼만' 굴복한다.(《아랍인의 연애시》, p.27)
6) 어원: 프랑스어의 '질투하다(jaloux)'(중세 음유시인에게서 빌려 온)와 '열중(zèle)'은 둘 다 라틴어 'zelosus'와 그리스어 'zêlos'에 그 기원을 두고 있다.

사랑해요

난 널 사랑해 JE-T-AIME

이 문형은 사랑의 고백이나 선언에 관계되는 것이 아닌, 사랑의
외침의 반복적인 발화를 가리킨다.

1   첫번째 고백을 하고 난 후의 '난 널 사랑해'는 아무 의미가
    없다. 그것은 텅빈 것처럼 보이기에 약간은 수수께끼 같은
    과거의 메시지를(어쩌면 똑같은 말로 전달되지 않았을지는 모
    르지만) 반복하는 것에 불과하다. 나는 그 말을 그것의 관여
    성(pertinence) 여부에는 개의치 않고 그저 되풀이할 따름이
    다. 그것은 언어에서 나와 어디로 배회할 것인지?
    나는 그 말을 웃지 않고는 분해할 수 없다. 뭐라고요? 한쪽
    에는 '나'가, 다른 한쪽에는 '너'가, 그리고 한가운데에는 '합
    리적인'(어휘적인 것임으로 해서) 애정의 접합부가 있지 않은
    가? 이런 식의 분해는 비록 그것이 언어학적 이론에는 부
    합된다 할지라도, 단 한번의 움직임으로 내던져진(jeté) 것
    을 왜곡하지 않는다고 누가 느끼지 않을 수 있을까? '사랑
    하다(aimer)'란 말은 부정법(infinitif)의 형태로는 존재하지

R. H.[1]

않는다(메타언어학적인 조작을 제외하고는). 이 말은 발화되 자마자 주어와 목적어가 함께하는 그런 말이며, 따라서 '난 널 사랑해'는 '세레틀렉(szeretlek)'이란 단 하나의 단어로 표 현하는 헝가리어식으로 이해되어야(여기서는 읽혀져야) 할 것이다. 마치 프랑스어가 그 아름다운 분석적인 미덕을 부 정하고, 하나의 교착어이기라도 한 것처럼(사실 여기서 문제 가 되는 것은 바로 교착이다). 이 덩어리는 조그만 통사론적 인 변형에도 와해되어 버린다. 말하자면 그것은 통사론적 인 것의 밖에 있어, 어떤 구조적인 변형도 허용하지 않는다. 그것은 그 배합이 동일한 의미를 산출해 낼 수 있는 대체어 들 가운데서도 전혀 그 등치어를 갖지 못한다. 나는 며칠이 고 "난 널 사랑해"라고 말할 수는 있어도, 결코 "난 그를 사 랑해(je l'aime)"라고 말하기에는 이르지 못한다. 마치 그 사람 이 통사부를, 술부를, 언어를 통과하는 데에 저항이라도 한 다는 것처럼("난 널 사랑해"의 유일한 승화는, 그것에 이름을 붙여 확대하는 길밖에 없다. "아리안,[2] 난 널 사랑해"라고 디오 니소스는 말한다).

---

1) 하바스(R. Havas)와의 대화에서.

2) 아리안(또는 아리아드네)은 미노스의 큰딸로 테세우스가 그녀의 이 복오빠인 미노타우로스란 괴물을 처치하러 갈 때 미궁에서 빠져나올 수 있도록 한 타래의 실을 준다. 그러나 괴물을 퇴치한 테세우스는 그 녀를 버리고 그녀의 동생 페드라를 왕비로 삼는다. 일설에는 아리안의 버려짐이 그녀의 아름다움에 반한 디오니소스 때문이라고 말해지기도 한다.[역주]

2 '난 널 사랑해'란 말은 어떤 용도로도 쓰여지지 않는다. 그것은 어린아이의 말만큼이나 사회적인 구속을 받지 않는다. 그것은 하나의 숭고한, 엄숙한, 경박한 말이거나, 또는 선정적인, 도색적인 말일 수 있다. 그것은 사회적으로 무책임한 말이다.

'난 널 사랑해'란 말에는 뉘앙스가 없다. 그것은 설명이나 조정, 단계, 조심성을 폐지한다. 어떤 점에서는 언어의 엄청난 역설이긴 하지만, "난 널 사랑해"라고 말하는 것은 마치 말(parole)에 대한 어떤 연극도 존재하지 않으며, 또 이 말은 항상 '진실이다'(그것의 발화 이외에는 어떤 다른 지시물도 갖지 않는, 즉 수행어(performatif)[3]와도 같은 것이다)라고 말하는 것과도 같다.

'난 널 사랑해'에는 다른 곳(ailleurs)이 없다. 그것은 다이애드(dyade)[4](모성적인, 사랑스런)로 된 단어이다. 어떤 거리감도, 뒤틀림도 그 기호를 분리하러 오지 않는다. 그것은 어떤 것의 은유도 아니다.

'난 널 사랑해'는 문장이 아니다. 그 말은 어떤 의미도 전달

---

3) 오스틴(Austin)에 의하면, 말하는 이가 말하는 자체로서 어떤 행위를 수행할 때 이를 수행어라 한다.〔역주〕
4) 다이애드는 수학 용어로 두 벡터 a와 b를 나란히 쓴 ab를 가리킨다.〔역주〕

라캉[5]
하지 않으며, 다만 하나의 한계상황, 즉 "주체가 그 사람에 대해 반사적 관계에 정지되어 있는 상황"에 고착되어 있다. 그것은 일문일어(holophrase)의 문장이다.

(수없이 말해졌음에도 불구하고 '난 널 사랑해'는 사전 밖에 있다. 그것은 그 정의가 명칭을 초과할 수 없는 그런 말이다.)

3 말(문장으로서의 말)이란 내가 그것을 발화할 때라야만 의미가 있다. 그것은 자신이 즉각적으로 말하는 것 외에는 어떤 정보도 가지지 아니한다. 의미의 저장소나 창고는 없다. 모든 것은 **내던져진 것** 바로 그 안에 있다. 그것은 의례적인 표현이긴 하지만, 어떤 의식과도 관계가 없다. '난 널 사랑해'라고 말하는 상황은 분류될 수 없다. '난 널 사랑해'는 충동적이며, 예측불허의 것이다.

그렇다면 이 괴상한 존재, 충동으로 간주하기에는 너무 문장화되어 있고, 문장으로 간주하기에는 너무 소리지르는 듯한 이 위장된 언어는 어떤 언어학적 유형에 속하는 것일까? 그것은 하나의 완전한 언표(énoncé)(거기에는 어떤 메시지도 해부되기 위해 결빙·저장되거나 미라화되어 있지 않다)도, 언술행위(énonciation)[6](주체는 대화자들의 자리놀이에 겁내지 않는

---

5) 라캉, 《세미나》, I, p.250(한계상황과 일문일어에 대하여).
　　일문일어란 유아의 언어 습득 과정중 문법적으로 구조화되지 않는, 하나의 문장을 하나의 단어로 표현하는 것을 가리킨다.[역주]

다)도 아니다. 우리는 그것을 발화(profération)라 부를 수 있을 것이다. 그런데 발화에는 어떤 과학도 끼어들 자리가 없다. 따라서 그것은 언어학이나 기호학과는 무관하다. 그것의 심급(instance)(그것을 말할 수 있는 출발점)은 차라리 음악이다. 노래에서와 마찬가지로 '난 널 사랑해'의 발화 안에는 욕망이 억압되지도(언표에서처럼), 인지되지도(우리가 그것을 기대하지 않는 곳, 즉 언술 행위에서처럼) 않는다. 그것은 다만 즐겨질 뿐이다. 그런데 즐김은 말해지는 것이 아니라, 다만 '난 널 사랑해'라고 말하고 얘기할 뿐이다.

4 '난 널 사랑해'에는 여러 가지 사교적인 대답이 있을 수 있다. "난 사랑하지 않아요." "당신 말은 한마디도 믿지 않아요." "왜 그런 말을 하는 거죠?" 등등. 그러나 진짜 거절은 '대답 없음'이란 말이다. 나는 청원자로서뿐만 아니라 말하는 주체로서도(적어도 그 의례적인 표현을 마음대로 조정할 수 있는) 부인되기 때문에 더 확실히 취소된다고 할 수 있다. 부인된 것은 내 요구가 아닌, 내 실존의 마지막 수단인 내 언어이기 때문이다. 내 요구만 거절하는 것이라면, 나는 기다렸다 다시 시작할 수도 있을 텐데. 하지만 이제 질문할 권리마저도 빼앗겨 버린 나는 영원히 죽은 거나 다름없다. 프루

---

6) 언술 행위는 언표를 만드는 데 관여하는 행위들과 여러 요인들로 규정지어지는데, 그 중 중요한 것이 화자와 청자 간의 응답의 역학적인 관계, 그 상대적 위치이다.(역주)

프루스트[7] 스트의 어린 화자는 어머니가 프랑수아즈를 통해 '대답 없음'이란 말을 전해 오자, 자신을 마치 연인을 찾아 도박장으로 갔다 수위에게 쫓겨나는 한 가련한 여자에다 비교한다. 어머니가 금지되지는 않았지만 배제되었으며, 그리하여 나는 미치광이가 된다.

5 '난 널 사랑해. —— 저도 그래요(Moi aussi).'

'저도 그래요'는 완전한 대답이 아니다. 완전한 것은 형식적일 수밖에 없으며, 따라서 그것은 발화된 것을 문자 그대로 되풀이하지 않는다는 점에서(발화의 속성은 문자 그대로라는 데 있다) 결함이 있다. 그렇지만 이 대답이 주체의 환상 속에 동화되는 한, 그것은 온갖 환희의 담론을 작동시키기에 충분하다. 더욱이 그 기쁨은 어떤 갑작스런 역전에 의해

루소[8] 이루어진 것이기에 더욱 크다. 생-프뢰는 쥘리의 사랑을 여러 번 오만하게 거부하고 나서야, 어느 날 갑자기 그녀가 자

---

7) 프루스트, 《스완 가 쪽으로》, p.31.
　《잃어버린 시간을 찾아서》의 앞부분에 나오는 이 에피소드는 저녁 키스 장면으로 불리어지는 것으로서, 저녁마다 키스하러 오던 어머니가 스완의 방문으로 오지 않자 화자는 프랑수아즈를 통해 쪽지를 전달케 하나 어머니의 대답은 '대답 없음'이란 한마디였고, 이에 충격을 받은 화자는 자지도 않고 계단에서 어머니를 기다린다. 부모의 놀람, 정상적인 인간으로서의 아들의 교육 포기. 훗날 화자는 이 사건을 회상하며 부모가 느낀 그 고통에 대해 심한 자책감을 느낀다.[역주]
8) 루소가 쓴 《신엘로이즈》를 가리키는 것으로, 쥘리라는 귀족의 딸과 서민 출신의 가정교사 생-프뢰와의 사랑을 다룬 소설이다.[역주]

신을 사랑한다는 사실을 깨닫게 된다. 이 정신착란적인 진실은 어떤 논리적인 추론이나, 오랜 준비 기간을 거쳐서 오는 것이 아닌 뜻밖의 깨어남(의식의 깨어남을 뜻하는 일어의 사토리(satori)), 전환에 의해 오는 것이다. 프루스트의 어린 화자는 어머니가 자기 방에 와서 잘 것을 요구하면서, **나도 그래**라는 대답을 듣기를 원했던 것이다. 그는 미치광이마냥 그 대답을 '**미칠 듯이**' 원했고, 또 그 대답을 하나의 역전, 즉 아버지가 아들에게 어머니를 양보하는 그런 변덕스런 결정에 의해 얻는다("프랑수아즈를 불러 당신의 침대를 준비시키구려. 오늘 밤은 이 녀석 곁에서 자도록 하구려").

프루스트[9]

6 나는 **경험적으로** 불가능한 것을 환상한다. 즉 하나의 발화가 다른 발화에 종속된 것처럼 차례차례로 이어지는 그런 발화가 아니라, 두 개의 발화가 **동시에** 말해지기를 바란다. 발화는 이중적인 것이 될 수(이분화될 수) 없으며, 두 개의 힘이 하나로 결합되는 '**유일한 섬광**(éclair unique)'만이 적합할 것이다(분리되고 갈라진 힘들은 일반적인 합의 이상을 넘어서지 못한다). 왜냐하면 **유일한 섬광**은 모든 산술적인 것을 파기하는 그런 전대미문의 일을 수행하기 때문이다. 교환이나 선물·절도(경제의 유일한 형태로 알려진 것들) 등은 나름대로

보들레르[10]

클로소프스키[11]

---

9) 프루스트, 《스완 가 쪽으로》, I, p.3ι.
10) 보들레르, 《연인들의 죽음》.
11) 클로소프스키(Klossowski), 《니체와 악순환》.

이질적인 대상과 시차(時差)를 끌어들인다. 내 욕망을 다른 것과 바꾸기 위해서는 항상 계약을 체결하기 위한 시간이 필요하다. 그러나 동시적인 발화는 사회적으로 알려지지도, 생각할 수도 없는 그런 유형의 움직임을 창출해 낸다. 교환도, 선물도, 절도도 아닌 우리의 발화는 십자포화 속에서 불쑥 솟아나와 그 어느곳으로도 귀착되지 않는 소비, 공동체의 개념이 온갖 비축에의 개념을 파기하는 그런 소비를 가리킨다. 우리는 서로서로에 의해 절대적인 물질주의 속으로 들어간다.

7 '저도 그래요'는 하나의 돌연변이를 창출한다. 과거의 규칙들은 무너지고, 모든 것은 가능해진다. 그리하여 마침내는 내가 당신을 소유하는 것을 포기하는 것조차도 가능해진다. 그것은 결국 혁명이다. 어쩌면 정치적 혁명과도 그리 거리가 멀지않은. 왜냐하면 두 경우 다 내가 환상하는 것은 절대적인 **새로움**이기 때문이다. 나는 수정주의(사랑의) 따위는 부러워하지 않는다. 그러나 역설적인 사실은 이 순수한 새로움이, 가장 케케묵은 상투적인 것의 끝에 위치한다는 점이다(어젯밤만 해도 나는 사강의 연극에서 "난 널 사랑해"라고 말하는 것을 들었다. 그것은 텔레비전에서 이틀에 한 번꼴로 말해진다).

8 —— 그리하여 내가 만약 '난 널 사랑해'라는 말을 해석하려 하지 않는다면? 발화를 징후(symptôme)[12] 이하로 유지하려 한다면?

—— 당신이나 그렇게 해보시지요. 당신은 사랑의 불행이 얼마나 견디기 어렵다는 것을, 그러므로 거기에서 빠져나와야 한다는 것을 수백 번 말하지 않았던가요? 만약 당신이 '회복되기를' 원한다면 징후를 믿어야만 하고, 또 '난 널 사랑해'가 그 징후 중의 하나라는 걸 믿어야만 합니다. 그러므로 당신은 해석을 해야만 하고, 다시 말해 사랑을 낮게 **평가해야만**(déprécier) 합니다.

—— 그렇다면 우리는 고통에 대해 어떻게 생각해야만 할까요? 어떻게 평가해야 할까요? 고통은 필연적으로 악의 축에 속하는 걸까요? 사랑의 고통은 반발적인(réactif),[13] 경멸적인 치료법하고만 관계가 있나요(금지된 것을 준수해야만 하는)? 그 가치 평가를 전복시켜 사랑의 고통에 대한 비극적

니체

---

12) 징후란 화자의 개인적 특성을 나타내는 언어학 용어로 청자에게 화자가 처한 감정적 상태, 건강 상태 등 어떤 특별한 상태에 있다는 것을 알리는 지표의 일종이다.(이정민·배영남 공저, 《언어학사전》, p.768 참조) 또한 정신분석학에서는 '증상'이라 하여 병의 신호가 아닌 무의식적 갈등의 표현으로 간주한다.[역주]

13) 여기에서 각각 반발적·능동적이라고 옮긴 단어는 프랑스어의 'réactif'와 그 반대의 뜻을 가진 'actif'로, 스스로의 즐거움에 의해 무르익는 능동적인 것과 무엇에 대한 반격이나 반응들로 나타나는 반발적인 것은 서로 대립되는 개념이다. 바르트는 능동적인 텍스트를 작가의 텍스트로, 반발적인 텍스트를 지식서사의 그것으로 각기 규정한다. [역주]

인 관점을, '난 널 사랑해'의 비극적인 긍정을 상상할 수는 없나요? 그리고 만약 사랑이(사랑하는 사람이) 능동적인(Actif) 것의 기호 아래 놓여 있다면(다시 놓여진다면) 어떻게 될까요?

9 바로 거기에서 '난 널 사랑해'의 새로운 관점이 나타난다. 그것은 징후가 아닌 행위이다. 나는 당신이 대답하도록 하기 위해 발언하며, 또 이 대답의 신중한 형태(편지)는 하나의 공식과도 같이 실제적인 가치를 갖게 될 것이다. 그러므로 아무리 그 대답이 긍정적인 것이라 할지라도('저도 그래요') 그 사람이 하나의 단순한 시니피에로만 대답한다면 그건 충분치 않다. 그는 내가 그에게 보낸 "난 널 사랑해"란 말을 다시 발화해야 하며, 그래서 공식화해야 한다. 펠레아스가 "사랑하오"라고 말하자, "저도 역시 사랑해요"라고 멜리장드는 대답한다.

펠레아스[14]

펠레아스의 절박한 요청(멜리장드의 이 대답이 '**정확히**' 펠레아스가 기다렸던 것이라 가정해 보자. 또 아마도 이것은 사실일 것이다. 이 대답을 듣고 난 후 곧 그가 죽었으므로)은 그도 역시 사랑을 받고 있고, 또 그런 사실을 알고 확인하려는 등(시니피에의 차원을 초과하지 않는 모든 종류의 조작들)의 필요성에서만 비롯되는 것은 아니다. 그것은 오히려 자신의

---

14) 《펠레아스》, III막.

말만큼이나 긍정적이고도 완전하며, 분절된 말의 형태로 **'말하는 것을 들으려는'** 데서 비롯된 것이다. 내가 원하는 것은 정면에서, 어떤 새어나감도 없이, 완전하게, 문자 그대로, 사랑의 말의 원형을, 그 공식적인 표현을 받고자 함이다. 어떤 통사론적인 속임수도 변형도 없이, 두 마디의 말이 완벽하게 부응하며, 시니피앙과 시니피앙이 일치하는 그런 말이기를 바란다('저도 그래요'는 일문일어의 문장과는 정반대가 될 것이다). 중요한 점은 말의 물리적인, 육체적인 입술의 발화이다. 당신의 입을 열어 그 말이 나오도록 하게 하시오(외설적인 사람이 되시오). 내가 미치도록 원하는 것은 **말을 얻고자**(obtenir le mot) 함이다. 마술적 · 신화적인 말을? 마술에 걸려 추악한 모습을 한 야수가 미녀를 사랑한다. 물론 미녀는 야수를 사랑하지 않는다. 그러나 마침내 정복된 그녀는(어떤 방법으로 그렇게 됐는가는 중요한 일이 아니다. 야수와 가진 일련의 **대담** 때문이라고나 해두자), "야수님 전 당신을 사랑해요"란 마술적인 말을 한다. 그러자 곧 하프의 장중한 찢어짐을 통하여 새로운 주체가 나타난다. 너무 낡은 이야기라고요? 그렇다면 여기 또 다른 이야기가 있다. 아내가 떠났기 때문에 괴로워하는 한 작자가 있었다. 그는 아내가 되돌아오기를, 그녀가 "사랑해요"란 말을 해주기를 바란다. 그도 역시 말을 쫓아다닌 것이다. 마침내 그녀는 그

라벨[15]

---

15) 라벨(Ravel), 〈미녀와 야수의 대담〉, 《나의 어머니 거위》.
   프랑스 작가 페로(Perrault)의 동화를 제재로 하여 만든 발레조곡.
   [역주]

말을 하고, 그러자 곧 그는 기절한다. 이것은 1975년에 만들어진 한 영화의 이야기이다. 그리고 다시 신화로 돌아가 보면, 방황하는 화란인 또한 말을 찾아 헤맨다. 만약 그가 그 말을 얻게 되면(정절의 약조에 의해), 그는 방황하기를 멈추게 될 것이다(신화에서 중요한 것은 정절의 법칙이 아니라 그 발화·노래이다).

10 여기 독일어에는 이상한 만남이 있다. 두 종류의 긍정을 위해 똑같이 '베야웅(Bejahung)'이란 단어가 쓰어진다. 하나는 정신분석학에 의해 포착된, 과소평가될 위험이 있는 것이며(어린아이의 첫번째 긍정은 무의식에 접근하기 위해서는 부인되어져야 한다), 또 다른 하나는 니체가 제시한 힘의 의지 양식(심리적인 것은 전혀 아닌, 사회적인 것과는 더욱 거리가 먼), 다름(différence)의 산출이다. 이런 종류의 긍정의 예(oui)는 순진무구한 것이 되며(그것은 반발적인 것을 병합한다), 이것이 곧 '아멘(amen)'이란 말이다.

'난 널 사랑해'는 능동적인 것이다. 그것은 다른 힘들에 맞서 자신을 힘으로 긍정한다. 어떤 힘들에 맞서? 세상의 수많은 힘들, 그것들은 거의가 사랑을 과소평가하는 힘들이다(과학·독사(doxa)[16]·현실·이성 등). 혹은 언어에 맞서? 아

16) 독사는 그리스어 'dokeim(보인다, 사료된다라는 뜻)'에서 유래한 말로 일반 여론이나 판단들을 가리킨다. 플라톤은 개념적인 참인식에 대해 낮은 주관적인 지식을 이렇게 지칭하였으며, 바르트의 모든 노력도 이

멘이란 말이 언어 체계와는 연결되지 않은 채 언어로부터 그 반발적인 외투를 벗기고 언어의 경계에 위치하는 것과 마찬가지로 사랑의 발화 역시 통사부의 경계에 위치하며('난 널 사랑해'), 동어 반복을 수용하며('난 널 사랑해'는 '난 널 사랑해'를 의미한다), 문장에로의 종속을 거부한다(그것은 일문일어의 문장일 뿐이다). 발화로서의 '난 널 사랑해'는 기호가 아니라 기호와 맞서 유희하는 것이다. '난 널 사랑해'라고 말하지 않는 사람(그의 입술에서 '난 널 사랑해'란 말이 나오지 않는 사람)은 수많은 불확실하고도 의심쩍은 인색한 사랑의 기호들을, 또는 그 징조나 '증거'들(몸짓·시선·한숨·암시·생략 등)을 발송하도록 선고받는다. 그는 자신을 **해석하게끔** 내버려두어야 하며, **모든 것을 말하지 않았기 때문에** 계속해서 언어의 그 노예 같은 세계에 양도된 채 사랑의 기호의 반발적인 구현에 지배를 받는다(노예란 바로 혀가 잘려 시선이나 얼굴 표정·안색으로밖에 말할 수 없는 사람을 가리킨다).

사랑의 '기호'들은 엄청난 양의 반발적인 문학을 부양한다. 사랑은 외관의 미학에 맡겨진 채 **재현**된다(결국 아폴론이 모든 연애 소설을 쓴 셈이다). 대응 기호(contre-signe)로서의 '난 널 사랑해'는 디오니소스적인 것이다. 고통이 부인되지는

니체[17]

독사의 고발에 있다 해도 과언이 아닐 정도로 그의 저술의 많은 부분을 차지하고 있다.〔역주〕

17) 니체: 이 부분은 모두 들뢰즈의《니체와 철학》에 의거한 것이다 (특히 p.6o, p.75 참조).

않았지만(탄식·역겨움·원망조차도), 발화에 의해 내재화되지도 않는다. '난 널 사랑해'라고 말하는 것은(그 말을 반복하는 것은) 반발적인 것을 추방하고, 그것을 기호들의 은밀하고도 처량한 세계, 즉 말의 우회적인 세계(그렇지만 내가 관통하기를 멈추지 않는)로 되돌려보내는 것을 의미한다.

발화로서의 '난 널 사랑해'는 소비(dépense) 쪽에 있다. 말의 발화를 원하는 사람들(서정 시인이나 거짓말쟁이, 혹은 방황하는 사람들)은 소비의 주체이다. 그들은 말이 어디에선가 회수되는 것이 무례하다는(비열하다는) 듯 말을 소비한다. 그들은 언어 자체가(누가 대신 그렇게 할 수 있단 말인가?) 아무런 보장이나 보호도 받지 못하고 작업하고 있다는 것을 인식하는, 바로 거기 언어의 극단적인 경계에 위치한다.

사랑의 우수

우수 LANGUEUR

소유의 의지와는 무관하게 무엇인가가 결핍되었다고 느끼는 사
랑의 욕망의 미묘한 상태.

1 사티로스[1]는 말한다. "나는 내 욕망이 **즉각적으로** 충족될
수 있기를 바라며, 잠든 얼굴, 벌려진 입술, 늘어뜨려진 팔
을 보면 그 **위로 내 몸을 덮칠** 수 있기를 바란다." 이런 즉
각(l'Immédiat)의 형상인 사티로스는 우수와는 반대된다.
우수에서의 나는 다만 기다릴 뿐이다. "나는 당신을 욕망
하기를 멈추지 않는다." (욕망은 도처에 존재하나 사랑하는 상
태에서의 욕망은 아주 특이한, 바로 우수라는 것이 된다.)

솔레르스[2] 2 "내 분신인 그대여 제발 대답해 주구려 그대를 그리워하며
그대를 욕망하며 그대를 위해 그대에 맞서 그대의 꿈을 꾼

1) 사티로스(Satyros)는 그리스 신화에 나오는 반인반수(半人半獸)의 숲
의 신으로, 여자와 술을 좋아하는 방탕한 신으로 알려져 있다.〔역주〕

다오 대답해 주오 그대의 이름은 사방으로 퍼져나가는 향
기요 그대의 빛깔은 가시나무 사이로 터져나간다오 차가운
포도주로 내 마음을 식혀 주오 내게 아침의 이불을 만들
어 주오 이 시들고 주름진 살갗의 가면 아래서 나는 질식할
것만 같소 욕망밖에는 아무것도 존재하지 않는다오"

3 "······당신을 잠시 본 순간부터 나는 더이상 한마디 말도 할
사포[3] 수 없었어요. 내 혀는 부서지고, 내 살갗 밑으로는 어떤 미
세한 불길이 스며들어 내 눈은 보지도 못하고, 내 귀는 윙
윙거리며, 온통 땀으로 적셔진 내 몸은 갑작스런 전율에 사
로잡혔어요. 나는 풀잎보다 더 파랗게 되어 곧 죽을 것만 같
았어요."

4 "내가 아가톤을 포옹했을 때 내 영혼이 입술 위로 다가왔다

---

2) 솔레르스, 《천국》.
1981년에 발표된 이 작품은 일체의 부호 생략으로 거의 해독하기
불가능한 작품이다. 《텔 켈》지에 연재되어 많은 비판과 관심의 대상
이 되어 온 이 글에 대해 바르트는 상당히 옹호하는 입장을 표명하였
다.(역주)
3) 사포(Sappho): 그리스의 여류 시인으로 파온(Phaon)에 대한 그녀의
절망적인 사랑, 레우카도(Leucado)에서의 자살설 등은 확실한 근거가
있는 것은 아니지만 그녀를 신화적인 존재로 부각시키는 데 큰 기여
를 했다. 서정적인 감수성과 정열적이고도 강렬한 사랑의 테마를 노래
하는 《아프로디테 찬가》만이 유일하게 전해지고 있다.(역주)

잔치[4]
네. 마치 그 불쌍한 영혼이 어디론가 떠나야 한다는 것처럼." 이처럼 사랑의 우수 속에서는 무엇인가가 끝없이 사라진다. 마치 욕망이 이런 출혈 외에는 다른 아무것도 아

베르테르[5]
닌 것처럼. 여기 사랑의 피로가 있다. 그것은 채워지지 않는 배고픔, 입을 크게 벌린 사랑, 또는 내 모든 자아가 대신 자

로이스브루크[6]
리를 차지한 사랑의 대상에게로 끌려가며 이전되는 것. 우

프로이트[7]
수란 아마도 나르시스적 리비도에서 대상 리비도로 넘어가는 그 기진맥진한 과정인지도 모른다. (부재하는 이에 대한 욕망, 현존하는 이에 대한 욕망, 우수는 이 두 개의 욕망을 이중 인쇄하여 현존 안에 부재를 집어넣는다. 이렇게 하여 하나의 모순

코르테지아[8]
된 상태가 나타나며, 그것이 곧 '달콤한 불길(brûlure suave)' 이다.)

---

4) 《잔치》: 플라톤이 아가톤에게 한 이행시(pp.21-22).

5) 《베르테르》: "그 어떤 것으로도 멈추게 할 수 없는 우수의 병 속에 서서히 죽어가는 이 불행한 사람에게……." (p.59)

6) 로이스브루크: "피조물이 자신이 원하는 것에는 도달하지 못한 채 가능한 것만을 봉헌하며 상승할 때 정신적인 우수가 생긴다." (《선집》, p.48)

7) 프로이트: "리비도의 대부분이 대상으로 이전되고, 이 대상이 얼마간 자아의 자리를 차지하는 것은 다만 사랑이 충족된 상태에서만 가능하다." (《정신분석학 개론》, p.10)

　프로이트에 의하면 리비도란 성욕을 역동적으로 표현하는 힘으로서 어떤 대상에 쏟아지고 축적된다. 이런 리비도를 '대상 리비도'라 하며, 그 반대로 자아에 쏠린 리비도를 '자아 리비도' 또는 '나르시스적 리비도'라 한다.[역주]

8) 코르테지아: 루즈몽의 《사랑과 서양》, p.135에서 인용.

　루즈몽(Rougemont)은 스위스 출신의 사상가로, 그의 《사랑과 서양》은 《트리스탄과 이졸데》의 신화를 중심으로 서구인의 윤리관과 사랑관을 연구한 유명한 글이다.[역주]

사랑의 편지

편지 LETTRE

이 문형은 동시에 표현적이면서도(욕망을 표현하려는 욕구로 가득
찬) 텅빈(코드화되어 있으므로) 사랑의 편지의 특이한 변증법을 가
리킨다.

1 베르테르(공사의 비서로 일하고 있을 당시)가 로테에게 보낸
편지는 다음과 같은 도식을 따르고 있다. 1) 당신을 생각하
베르테르[1]
는 일이란 얼마나 즐거운 일인지! 2) 나는 여기 사교적인 분
위기 속에 있지만 당신이 없어 무척 외롭다. 3) 당신을 닮은
사람(B양)을 만나 당신 얘기를 할 수 있다. 4) 나는 우리가 결
합되도록 기도를 하고 있다. 단 하나의 정보가 주제 음악
마냥 여러 가지로 변형되어 나타나는데, 그것이 곧 **당신을
생각하오**(je pense à vous)이다.

'누군가를 생각한다'란 무슨 뜻일까? 누군가를 망각했고
(망각하지 않고는 살아갈 수 없기에), 그리하여 자주 그 망각

1) 《베르테르》, p.75.

프로이트[2]	에서 깨어난다는 뜻일까? 많은 것들이 연상 작용에 의해 당신을 내 담론 안으로 끌어들인다. '당신을 생각한다는' 것은 다음과 같은 환유 외에는 다른 아무것도 아니리라. 왜냐하면 상념이란 그 자체로서는 텅빈, 즉 난 당신을 생각하지 않아요. 단지 되돌아오게 할 뿐이죠(내가 당신을 망각하는 만큼)라는 것이기 때문이다. 바로 이 형태(리듬)를 나는 '상념(pensée)'이라 부른다. **난 당신에게 아무것도 할 말이 없어요.** 물론 이 아무것도 아닌 것을 당신에게 말하고 있긴 하지만요.

괴테[3]

> "왜 나는 다시 글쓰기에 도움을 청하는 걸까요?
> 사랑하는 이여, 그런 질문일랑 하지 마세요.
> 사실인즉 난 당신에게 아무것도 할 말이 없어요.
> 그래도 당신의 사랑스런 손길은 이 편지를 받으시겠
>   지요."

지드

(아무것도 아닌 것의 책인 《팔뤼드》의 화자는 자신의 비망록에다 우스꽝스럽게도 '위베르를 생각할 것'이라고 적어넣는다.)

---

2) 프로이트: (약혼녀 마르타에게) "아 정원사 뵌슬로브! 내 사랑하는 여인과 한 지붕 밑에 살 수 있으니 그는 얼마나 운이 좋은가요."(《서간집》, p.49)
3) 괴테: 프로이트의 책에서 재인용.

"당신도 잘 알다시피, 당신이 누군가에게 편지를 쓴다면, 그건 당신을 위해서 쓰는 것이 아니라 그 누군가를 위해서 쓰는 겁니다. 그러므로 당신이 생각하는 것을 말하기보다는 그의 마음에 드는 것을 쓰도록 해야 합니다"라고 《위험한 관계》의 메르테유 후작부인은 말한다. 그렇지만 그녀는 사랑하는 사람이 아니며, 그녀가 제시하는 것은 다만 하나의 **교신**(correspondance)일 뿐이다. 즉 자신의 입장을 옹호하고 타인을 정복하기 위한 전략적인 시도 말이다. 이러한 시도는 상대방 그룹의 모든 장소들을(하위 그룹까지도) 식별해야 한다. 다시 말해 그 사람의 이미지를 여러 다양한 지점

으로 분절하여, 편지로 그것을 건드려야 하는 것이다(이것은 분명 수학적 의미에서의 교신/대응이다). 그러나 사랑하는 사람에게서의 편지란 어떤 전략적인 가치도 갖지 아니하며, 다만 **표현적인**(expressif) 것에 불과하다. 기껏해야 영합적이라고나 할까(그러나 이 영합도 이해타산적인 것은 전혀 아닌, 헌신의 말에 지나지 않는다). 내가 그 사람과 더불어 시도하는 것은 하나의 **관계**이지 교신이 아니다. 그런데 관계란 두 이미지를 함께 있게 하는 것이다. 당신은 도처에 있으며, 당신의 이미지는 전부이다라고 베르테르는 여러 다양한 방식

---

4) 라클로(Laclos), 《위험한 관계》, 편지 CV.

　18세기 프랑스 서간문학의 최고봉으로 간주되는 이 작품은 사교계의 여왕 메르테유 부인이 갖가지 함정을 만들어 사람들을 놀리다 자신도 결국 그 함정에 빠지고 만다는 내용의 이야기이다.(역주)

5) 콩파뇽(A. Compagnon)과의 대화에서.

으로 로테에게 편지를 쓴다.

3 욕망과 마찬가지로 사랑의 편지 또한 회답을 기다린다. 그
  것은 은연중에 회답을 요구하며, 또 회답이 없을 경우 그 사
  람의 이미지는 변질되어 다른 것이 되어 버린다. 젊은 시절
  의 프로이트가 약혼녀에게 위엄 있게 설명했던 것도 바로
  그 점이다. "난 내 편지가 항상 회답을 받지 못한 채 그냥
  남아 있는 것을 원치 않소. 당신이 회답을 보내지 않는다면,
  난 그 즉시로 당신에게 편지 보내는 일을 중단하겠소. 사랑
  하는 이에 대한 끊임없는 독백은 그에 의해 수정되거나 부
  양되지 않는다면 서로간의 그릇된 생각만을 가지게 하여, 우
  리가 다시 만났을 때는 확인해 보지 않고 상상만 했던 것이
  실제로는 다르다는 걸 알게 되어 서로를 낯설게 만든다오."
  (의사소통의 부당함을 용납하는 자, 화답을 받지 않고도 가볍게
  다정하게 계속 말하는 자, 그런 자야말로 어머니의 위대한 자제
  력을 갖게 될 것이다.)

---

6) 어원: 변질되다를 뜻하는 프랑스어의 'altérer' 는 라틴어 'alterare' 에
서 유래한 것으로 'alter' 는 '다른 어떤' 것을 가리킨다.[역주]
7) 프로이트, 《서간집》, p.39.

다변

다변 LOQUÈLE

이 단어는 이그나티우스 로욜라에게서 빌린 것으로, 사랑하는 사람이 어떤 처신의 결과나 상처의 여파를 끊임없이 말을 통해 내뱉는 것을 가리킨다. 사랑의 담론의 과장된 형태.

샹송[1]

슈베르트[2]

1   "사랑은 나로 하여금 지나치게 많은 생각을 하게 한다." 때때로 어떤 하잘것없는 상처 때문에 내 머릿속에 언어의 열병이, 이유·해석·담화의 행렬이 시작된다. 그러면 나는 스스로 돌아가는 기계마냥, 또는 무명의 연주가가 비틀거리며 손잡이를 돌려대는, 결코 그칠 줄 모르는 저 교현금마냥 아무것도 의식하지 못한다. 그 무엇으로도 다변의 이런 되새

---

1) 15세기의 샹송.

2) 슈베르트(Schubert): "그는 비틀거리며 살얼음판을 맨발로 걸어가네. 그의 동냥 쪽박은 비어 있네. 어느 누구도 그의 음악을 듣지 않으며, 쳐다보지도 않네. 동네의 개들만이 이 늙은 음악사 주위에서 으르렁거리네. 그래도 그는 아랑곳하지 않고 계속 손잡이를 돌려대네. 그의 교현금 소리는 결코 그치지 않네."(뮐러(Müller)의 시에 의한 가곡집 《겨울 나그네》 중에서 〈거리의 악사〉)

김을 가로막지는 못한다. 어쩌다 하나의 '그럴듯한' 문장이 생각나기라도 하면(어떤 진실을 표현하는 데 딱 들어맞는다고 생각되는), 그 문장은 나를 진정시켜 주는(적절한 말을 찾아낸다는 것은 즐거운 일이기에) 정도에 따라 내가 되풀이해서 말하는 그런 공식이 된다. 나는 그 말을 되새기며, 또 거기에서 양분을 취한다. 혹은 반추증에 걸린 미치광이나 어린아이마냥 계속해서 내 상처를 삼켰다 뱉었다 한다. 사랑의 기록부를 둘둘 말았다가 풀고, 다시 짠다. 그러고는 이 모든 것을 다시 시작한다(그리스어 동사 'meruomaï'는 바로 말다, 풀다, 짜다란 뜻을 갖고 있다).

그리스어

또는 자폐증에 걸린 아이들은 자주 물건을 만지작거리는 자신의 손을 쳐다본다고 한다(물건 자체는 쳐다보지 않은 채). 이것이 **비틀기**(twiddling)이다. **비틀기**는 놀이가 아닌, 상투적인 것과 강박적인 것으로 특징지어지는 하나의 의례적인 조작이다. 이처럼 다변에 사로잡힌 연인도 자신의 상처를 만지작거린다.

베텔하임[3]

2 홈볼트[4]는 기호의 자유를 '수다(volubilité)'라 지칭한다. 나는 내 담론에 닻을 내릴 수 없으므로 수다쟁이이다(마음속에서).

---

3) 베텔하임, 《텅빈 요새》, p.99.
4) 홈볼트(Humboldt): 19세기 독일의 언어학자로서, 구체적인 언어의 수집 자료에 의한 언어 현상의 연구로 일반 언어학의 창시자가 되었다. (역주)

기호는 '추진 장치 없는 바퀴'마냥 마구 돌아간다. 만약 내가 기호를 억압하거나 제지할 수만 있다면, 마침내 휴식을 찾을 수도 있을 텐데. 다리를 깁스하듯 머리도 석고 속에 처박을 수만 있다면! 그렇지만 나는 생각하고 말하는 것을 멈출 수가 없고, 내 자신에게 돌리는 이 내적인 영화를 중단하고 "컷!" 하고 말해 줄 영화감독도 저기 없다. 수다란 인간에게만 고유한 불행이 아닐까? 나는 언어에 미쳐 있다. 어느 누구도 내 말을 듣지 않으며 쳐다보지도 않지만(슈베르트의 저 교현금을 타는 악사마냥) 나는 계속해서 말을 하고, 내 교현금을 돌린다.

3   나는 하나의 역할을, **이제 막 울음을 터뜨리려는** 자의 역할을 맡는다. 이 역할을 나는 내 앞에서 연기하고, 그러면 **그것은 나를 울게 만든다**. 나는 내 스스로의 연극 무대이다. 이렇게 울고 있는 모습을 보노라면, 그것은 더욱더 나를 울게 만들고, 그러다 울음이 멈추려 하면, 다시 울음을 솟구치게 할 가혹한 말을 자신에게 내뱉는다. 마치 고대의 '스티코미티아(stichomythia)'[5])에서처럼, 내 마음속에는 이 대사에서 저 대사로 **그 어조를 높여 가기**에 분망한 두 명의 대화자가 있다. 거기에는 말이 이분화되고, 중복되고, 마침내는 최후의 난장판(어릿광대들의 무대)에 이르는 그런 말의 즐김이 있다.

5) 고대의 시나 비극에서 대화자들이 한 행 한 행 서로 문답하고 대답하는 형식을 가리킨다. (역주)

베르테르[6]

위고[7]

(I. 베르테르는 불쾌한 기분에 대한 일장 연설을 한다. "그러자 그의 눈에는 눈물이 솟구친다." II. 그는 로테 앞에서 죽어가는 사람과의 이별 장면을 얘기한다. 그 이야기의 격렬함에 압도되어 손수건으로 눈을 가린다. III. 베르테르는 로테에게 자신이 장차 묻히게 될 무덤의 이미지를 그려 보이는 편지를 보낸다. "이런 모든 것들이 너무도 생생하게 떠오르기에 나는 어린아이마냥 눈물을 흘린다오." IV. "내 나이 스무 살 때 깊은 고통이 나로 하여금 노래 부르는 것을 포기하게 했죠. 내 목소리가 나를 울게 했기 때문이죠"라고 데보르드 발모르 부인은 말한다.)

---

6) 《베르테르》, p.35, p.36, p.125.
7) 위고, 《돌》, p.150.

마지막 잎새

마술 MAGIE
사랑하는 사람이 어떤 문화권에 속해 있던 점치는 일이나 조그만 비밀 의식, 기도 행위는 그의 삶의 일부를 이룬다.

1 "여기저기 몇 잎의 나뭇잎들이 아직도 남아 있다네. 그 나뭇
슈베르트[1] 잎 앞에서 나는 종종 생각에 잠긴다네. 그러다 한 잎새를 응시하고 거기다 내 희망을 건다네. 바람이 그 잎을 스쳐갈 때마다 내 온몸이 전율한다네. 그 잎이 떨어지면 내 희망도 함께 떨어질 것이기에."
운명의 점을 치는 데에는 이렇듯 하나의 양자택일적인 질문(**나를 사랑할 것인가/사랑하지 않을 것인가**)과, 단순한 변화만이 허용되는 대상(**떨어질 것인가/떨어지지 않을 것인가**)과, 그 변화의 축을 담당할 외적인 힘(신의 섭리나 우연 혹은 바람)이 필요하다. 나는 항상 똑같은 질문을 하며(사랑받을 수 있을까?), 또 이 질문은 양자택일적인 것이다(**전부냐, 아니면**

─────────
1) 슈베르트, 《겨울 나그네》 중에서 〈마지막 소망〉.

아무것도 아니냐라는). 나는 사물이 성장하거나, 욕망의 '시의성(à-propos)'에서 벗어난다고는 생각지 않는다. 나는 변증법자가 아니다. 변증법자라면 이렇게 말하리라. 나뭇잎은 떨어지지 않을 것이다. 그러나 **그러다가는** 떨어질 것이다. 하지만 그동안 당신은 변할 것이고, 다시는 그런 질문은 하지 않을 것이다라고.

(내가 무엇에 상담을 청하든간에 나는 이런 대답만을 기다린다. "당신이 사랑하는 사람 역시 당신을 사랑하고 있군요. 오늘 밤 그는 그렇게 말할 거예요"라는.)

2 때로 고뇌가 —— 이를테면 기다림의 고뇌 같은 것이 —— 몹시 격렬해지고 죄어들어(resserrée)(이것이 바로 '고뇌(angoisse)'의 라틴어 어원의 의미이다), 더이상 '무엇인가를 하지 않고는' 못 배길 때가 있다. 이 '무엇인가'가 예전부터 소망이라 불리던 것이다. **만약**(당신이 돌아온다면), **그러면**(내 소망을 이룰 텐데).

X…는 다음과 같은 속내 이야기를 내게 털어놓았다. "그는 난생 처음으로 이탈리아의 어느 작은 성당에서 촛불을 켰다. 그는 불꽃의 아름다움에 놀랐고, 그러자 자신의 행동이 덜 우스꽝스럽게 느껴졌다. 빛을 창조하는 기쁨을 구태여 마다할 필요가 있을까? 그렇게 해서 그는 다시 시작했고, 그 섬세한 몸짓에(이미 타고 있는 촛불에 새 초를 기울여 살

며시 심지를 비비다 불이 붙으면 기뻐하고, 또 그 은밀하고도 강렬한 빛으로 눈을 채우는) 점점 더 막연한 소망을 ——— 선택의 두려움 때문에 ——— '세상에서 잘 안 돌아가는 모든 일에 대해' 소망을 담았다고."

"난 끔찍해!"

흉측한 MONSTRUEUX

사랑하는 사람은 갑자기 자신이 사랑하는 이를 속박의 사슬로
얽어맨다고 생각하여, 더이상 자신이 가련한 사람이 아닌 괴물
같은 사람이라고 느낀다.

1 플라톤의 《파이드로스》[1]에서 소피스트인 리시아스와 초기

플라톤
의 소크라테스(《변명》 이전의)의 담화는 둘 다 사랑하는 사
람이 사랑의 대상에게는 견디기 힘든 존재(그 중압감 때문에)
라는 원칙에 근거하고 있다. 그리고 그 견디기 힘든 이유들
이 나열된다. 즉 사랑하는 사람은 누구든지 사랑의 대상의
눈에 자기보다 우월하게 보이거나 동등한 자가 나타나면 참
지 못해 모든 경쟁자를 깎아내리려고 애쓴다. 그는 사랑의
대상을 다른 많은 관계들로부터 고립시키기 위해 교활한
계략을 써서 연인을 무지 속으로 몰아넣고, 오로지 자신을
통해서만 모든 것을 알 수 있게 한다. 그는 남몰래 연인이

1) 《파이드로스》는 사랑과 미에 대한 소크라테스와 파이드로스의 대
화가 실려 있는 플라톤의 저서이다.〔역주〕

그의 소중한 사람들, 아버지·어머니·친척·친구를 잃기를 바라며, 집도 아이도 없기를 바란다. 사랑하는 사람의 부단한 출현은 사람들을 피곤하게 하며, 낮이나 밤이나 그는 잠시도 혼자 떨어져 있기를 원치 않는다. 나이가 들어도(늙음이란 그 자체가 귀찮은 것이다) 그는 포악한 탐정처럼 행동하며, 심술궂게도 연인을 감시하는 일을 조금도 멈추지 아니한다. 그러나 자신이 장차 불충실해지거나 배반할 가능성에 대해서는 전혀 개의치 않는다. 그가 무엇을 생각하든간에 그의 마음은 이렇듯 사악한 감정으로 채워져 있다. 그의 사랑은 관대한 것이 아니다.

2 연인의 담론은 그 사람을 질식시킨다. 그 육중한 담론에 짓눌려 자신의 말을 위한 어떤 자리도 찾지 못하기에. 그 이유는 내가 그 사람이 말하는 것을 가로막아서가 아니라, 말하는 도중에 '대명사를 끼어들게 하는' 방법을 알기 때문이다. "나는 말하고, 너는 듣고, 고로 우리는 존재한다."(퐁주[2]) 때로 나는 이런 역전을 공포 속에 의식한다. 순수한 주체라고 믿었던 자신이(연약하고도 섬세하며 가련한 한 예속된 주체) 자신의 담론 아래서 모든 것을 짓이기며 맹목적으로 나아가서는 둔중한 사물로 바뀌었다는 사실을. 사랑하는 내가 달갑지 않은 사람이 되어, 귀찮은 사람들의 대열에 합류한 것

1) 프랑스의 현대 시인으로 그의 언어에 대한 끝없는 모색은 시집 《사물의 편》에 잘 나타나 있다.(역주)

이다. 짐이 되고, 방해하고, 침범하고, 복잡하게 만들고, 조르고, 협박하는 그런 사람들의 대열에(또는 단지 말하는 자들의 대열에). 나는 자신에 대해 터무니없이 잘못 생각하고 있었던 것이다.

(그 사람은 침묵으로 일그러져 있다. 마치 사랑하는 사람의 얼굴 아랫부분이 완전히 지워져 입이 없이 나타나는 그런 악몽에서처럼. 말하는 나, 나 또한 얼굴이 일그러져 있다. 독백은 나를 괴물로, 하나의 거대한 혀로 만든다.)

대답 없음

침묵 MUTISME

사랑하는 사람은 자신이 보내는 말(편지나 담론)에 대해 사랑하는 이가 대답하지 않거나, 혹은 인색하게 대답하면 괴로워한다.

1 "그가 X…에게 무슨 주제에 관해서 말을 하든간에, X…는 뭔가 주변을 탐색하듯 다른 것을 쳐다보거나 듣는 것 같았다. 그러자 그는 맥이 빠져 말을 멈췄다. 긴 정적이 흐른 후 X…는 '계속하세요. 당신 말을 듣고 있으니'라고 말했다. 이야기는 그럭저럭 이어져 나갔지만, 그는 더이상 그 이야기를 믿지 않았다."

(형편없는 연주회장마냥 애정의 공간은 더이상 소리가 들리지 않는 죽은 구석을 갖고 있다. 이상적인 대화자 혹은 친구란 당신 주위에 가장 커다란 울림을 만드는 사람이 아닐까? 우정을 완벽한 음향의 공간으로 정의할 수는 없을까?)

2 "내가 뒤늦게야 포착할 수 있는 이 '회피하는 듯한 말듣기(écoute fuyante)'는 나를 비열한 상념 속으로 몰아넣는다. 그를 유혹하려고, 즐겁게 해주려고 미칠 듯이 애를 쓰는 나는, 그에게 말을 하면서 재치의 보물들을 늘어놓는다고 생각했는데, 그 보물들이 무관심하게 받아들여지다니! 아무것도 아닌 것을 위해 내 '재능'을 낭비한 셈이 아닌가. 모든 감정적인 흥분·학설·지식·부드러움 등, 내 자아의 모든 광채가 무기력한 공간 속으로 희미해져 가고 무디어져 간다. 마치 ── 죄스런 상념이긴 하지만 ── 내 재능이 그 사람의 재능을 능가하며, 혹은 내가 그 사람보다 **우월하다는** 것처럼. 그런데 감정 관계란 하나의 정확한 기계이다. 일치라든가 음악적 의미에서의 **정확함**(justesse)이라는 것이 그 근본을 이룬다. 딱 들어맞지 않는 것은 이내 **지나친 것**이 되어 버린다. 나의 말(parole)은 정확히 말해 쓰레기가 아닌 '재고품(invendu)'이다. 제때에 (그 움직임 속에) 소비되지 않아 남아도는 것.

(이 거리감 있는 말듣기로부터 결정의 고뇌가 싹튼다. 이런 '사막 속에서' 계속 말을 해야 할까? 그렇게 하기 위해서는 바로 사랑의 감성이 용납하지 않는 어떤 확신이 필요하고. 그렇다면 말하기를 단념하고 그만둘까? 그렇게 되면 내가 화가 나서 그 사람을 비난하고 '말다툼'을 하려는 것처럼 보일 텐데. 또 하나의 함정.)

3 "죽음이란 특히 이런 것이다. 지금까지 보아왔던 것이 아무 것도 아닌 것으로 보이는 것. 우리가 지각해 왔던 것으로부터의 장례." 이렇게 내가 아무것도 아닌 것을 위해 말하는 그 짧은 순간, 나는 마치 죽어가는 것 같다. 왜냐하면 사랑

하는 사람은 납으로 만든 사람, **말하지 않는** 꿈의 형상이 되며, 또 꿈속에서의 침묵이란 곧 죽음을 의미하기 때문이다. 또는 자비로운 어머니가 내게 거울을, 이미지를 보여주며 "이것이 바로 네 모습이란다"라고 말한다. 그러나 침묵 중의 어머니는 내가 누구인가를 말해 주지 않는다. 나는 더 이상 뿌리가 없이 고통스럽게 떠돌아다니는, 내 실존마저도 상실한 인간이다.

---

1) 발(François Wahl), 〈전락〉, 《텔 켈》지, 63호.
2) 프로이트, 〈세 개의 상자〉, 《정신분석학 개론》, p.93.

구 름

구름 NUAGES
다양한 기회에 사랑하는 사람을 사로잡는 울적한 기분의 의미
와 그 용도.

1   베르테르는 로테와 함께 방문한 성(聖) ***의 목사 딸인 프
베르테르[1]   레데리케에게 다정히 대한다. 그러자 프레데리케의 약혼자
슈미트 씨의 얼굴이 어두워지고 대화에 끼어들려 하지 않는
다. 그때 베르테르는 불쾌한 기분을 비난하는 일장 연설을
한다. 그것은 우리의 질투심과 허영에서 비롯된 것이다. 그
러므로 불쾌한 기분은 우리 자신에 대한 불만인데도 우리
는 그걸 남의 탓으로 돌리려 한다 등등. "불쾌한 기분이면
서도 주위 사람의 즐거움을 깨뜨리지 않으려고 그 불쾌감
을 감추고 혼자 견디어내는 착한 사람이 있다면 누군지 말
씀해 보시오!"라고 베르테르는 말한다. 물론 이런 사람은 찾
아볼 수 없다. 왜냐하면 불쾌한 기분이란 단지 하나의 메시

---
1) 《베르테르》, p.31s.

지에 불과하기 때문이다. 여러 가지 불편한 점을 초래하지 않고 질투를 표명한다는 것은 불가능한 일이기에(그 중 하나가 우스꽝스럽다는 것이다) 나는 그 이유를 솔직히 말하지 않고, 질투심의 방향을 바꾸어 거기서 파생된 하나의 완화된 불완전한 효과만을 드러내 보인다. 상처받은 것을 완전히 감출 수는 없고, 그렇다고 해서 그 이유를 공공연하게 발표할 수도 없기에 일종의 타협을 하는 셈이다. 다시 말해 형식은 포기하지 않은 채 내용을 무산시킨다. 이런 타협의 결과가 **불쾌한 기분**(humeur)이란 것이며, 그것은 마치 한 기호의 색인처럼 읽혀진다. "여기서 당신은 뭔가 잘못되고 있다는 것을 읽어야만 해요." 나는 장차 상황에 따라 그 보따리를 풀어헤칠 작정으로 나의 파토스(pathos)를 책상 위에 놓는다. 내 자신을 노출시키든가(설명하는 도중에), 또는 자신을 더욱 감싸든가 하면서(불쾌한 기분이란 상태와 기호 사이의 한 단락(短絡)이다).

J. -L. B.[2]

(몰인식: 베르테르는 불쾌한 기분이 주위 사람들의 마음을 무겁게 하기 때문에 비난한다. 그러나 후일 자신도 자살을 함으로써 또 다른 짐이 된다. 사랑의 자살이란 불쾌한 기분이 조금 심화된 것이 아닐까?)

2 불쾌한 기분이란 조잡한 기호이며, 수치스런 협박이리라.

---

2) 부트(J. -L. Bouttes)와의 대화에서.

그러나 보다 정교한 **구름**(nuage)이 있다. 불확실하고도 재빠른 이유들의 미세한 그림자가 우리 관계 위를 통과하면서 그 빛과 기복을 바꾸어 놓아, 그리하여 갑자기 다른 풍경이, 가볍고도 암울한 취기가 내 앞에 나타난다. 그러면 구름은 **내게 뭔가 결핍되어 있다**는 것, 바로 그것이다. 인간의 감성〔風流; furyu〕을 겹핍의 상태에 따라 코드화할 줄 알았던 선(禪)의 분류를 간단히 나열해 본다. 고독〔孤; sabi〕, '사물들의 그 믿을 수 없는 자연스러움'에서 오는 슬픔〔非; wabi〕, 향수〔哀; aware〕, 낯섦의 감정〔玄; yugen〕 등. "난 행복해요, 하지만 슬퍼요." 이것이 바로 멜리장드의 '구름'이었다.

"그리하여 밤이 밤을 밝히었다"

밤 NUIT

사랑하는 사람에게 어둠의 은유(감정적·지적·실존적)를 야기하
는 온갖 상태로서, 그 속에서 그는 몸부림을 치거나 마음을 진정
시킨다.

1 나는 두 종류의 밤을, 좋은 밤과 나쁜 밤을 차례로 체험한
다. 신비주의자의 구별에 따라 말해 보면, **어둠 속에 있는 것**
(estar a oscuras)은 내가 이유나 결과의 빛을 박탈당하여 그 무
엇도 비난할 수 없을 때 일어나는 것이며, **암흑 속에 있는 것**
(estar en tinieblas)은 사물에 대한 집착과 그로 인한 혼란으로
내가 눈이 멀 때 일어나는 것이다.

자주 나는 내 욕망의 어둠 그 자체 안에 있다. 내 욕망이 원

십자가의
성 요한[1]

---

1) 바루지(Baruzi), 《십자가의 성 요한》, p.3o8에서 인용.

여기서 어둠이라 번역한 프랑스어의 'obscurité'는 암흑이라 번역한
'ténèbres'와 비교해 보다 추상적인 상태를 지칭하는 단어로, 단순한 빛
의 결핍 상태를 가리킨다. 암흑은 보다 완전하고도 구체적인 빛의 결
핍 상태로 이때의 빛은 현실적인 대상이다. 이에 비해 밤(nuit)은 공간적
이고도 시간적인 개념을 수반한다.〔역주〕

하는 것이 무엇인지조차 모르며, 선 자체도 악이 되어, 모든 것은 울리며 나는 그 울림 사이에서 살아나간다. **나는 암흑 속에 있는 것이다**(estoy en tinieblas). 그러나 때로 다른 **밤**을 체험하기도 한다. 홀로 명상에 잠겨(내가 스스로에게 부과하는 역할인지는 모르지만) 그 사람을 있는 그대로 조용히 생각해 본다. 모든 해석을 유보하고, 무의미의 밤 속으로 들어간다. 어둠은 계속 진동하지만(어둠은 반투명적이다), 나는 아무것도 붙잡으려 하지 않는다. 그것은 무소득(non-profit)의 **밤**, 정교하고도 눈에 보이지 않는 소비의 밤이다. **나는 어둠 속에 있다**(estoy a oscuras). 나는 여기 사랑의 어두운 내부 안에 그저 조용히 앉아 있을 뿐이다.

로이스브루크²⁾

2 두번째 밤이 첫번째 밤을 감싸며, 어둠이 암흑을 비춘다. "밤은 어두웠으며, 그리하여 밤이 밤을 밝히었다." 나는 사랑의 막다른 길을 결정·지배·결별·봉헌 등, 간단히 말해 **몸짓에 의해** 벗어나려 하지 않는다. 단지 하나의 밤을 다른 밤으로 대체하려 할 뿐이다. "이 어둠을 어둡게 하는 것, 바로 거기에 모든 경이로움의 문이 있다."

십자가의
성 요한³⁾

도(道)⁴⁾

---

4) 도(道): "단 하나의 근원에서 유래한 존재와 비존재는 다만 그 이름이 다를 뿐이며, 이 유일한 근원이 어둠이라 불린다. 이 어둠을 어둡게 하는 것, 바로 거기에 모든 경이로움의 문이 있다."(《도덕경》에서)

2) 로이스브루크: (반투명의 밤에 대해) 《선집》, XXVI.
3) 바루지의 《십자가의 성 요한》, p.327에서 재인용.

리 본

물건 OBJETS
사랑의 대상이 만졌던 물건이면 모두 그 몸의 일부가 되어, 사랑
하는 사람이 열정적으로 매달리는 것.

1 베르테르는 물신 숭배의 몸짓을 여러 번 한다. 로테가 생일
베르테르[1] 선물로 준 리본이나 편지 쪽지(입술에 모래가 묻는 것도 상관
치 않고), 심지어는 그녀가 만졌던 권총까지도 입을 맞춘다.
사랑하는 이로부터는 그 무엇으로도 가로막을 수 없는 힘
이 흘러나와 그것이 스쳐가는——비록 하나의 시선에 지
나지 않을지라도——것은 모두 적셔 놓는다. 베르테르가
로테를 만나러 갈 수 없어 대신 하인을 보냈을 때도, 하인
은 로테의 시선이 머문, 그리하여 로테의 일부분이 된다("인
간적인 것에 대한 존경심만 없었다면 나는 기꺼이 그의 머리를
붙잡고 키스라도 했을걸세"). 이렇게 축성(祝聖)된(신의 성역
안에 놓여진) 물건은 밤이면 낮에 모은 빛으로 찬연히 빛나

1) 《베르테르》, p.61, p.44, p.42.

는 볼로냐²⁾의 돌과도 같다.

라캉

(그는 어머니 대신 펠러스를 놓고, 그것에 자신을 동일시한다. 베르테르는 로테가 준 리본과 함께 묻히기를 원한다. 그리고 무덤 속에서 그가 환기한 대로 어머니 곁에 드러눕는다.)

환유적인 물건은 때로는 현존이며(기쁨을 잉태하는), 때로는 부재이다(비통함을 낳는). 그렇다면 나의 책읽기는 어느쪽일까? 내가 충족되었다고 생각하면 괜찮은 것이고, 버림받았다고 생각하면 형편없는 것이 될 것이다.

2 이런 물신을 제외하고는, 다른 어떤 물건도 사랑의 세계에서는 존재하지 않는다. 그것은 관능적으로 초라한, 추상적인, 삭제된, 축소된 세계이다. 내 시선은 사물의 유혹을 알아보지 못한 채 통과한다. 나는 '매혹적인 몸(corps charmant)' 외에는 다른 모든 관능적인 것에 닫혀 있다. 외부 세계에서 유일하게 내 상태와 연결될 수 있는 것이 날씨의 색깔이다. 마치 '날씨'가 상상계의 영역에 속하기라도 한 것처럼(이미지는 채색되지도 심오하지도 않으나, 빛과 열기의 온갖 뉘앙스를 포함하고 있어 사랑하는 몸과 소통하며, 좋건 나쁘건 간에 자신을 전체로, 단일한 것으로 느낀다). 일본의 하이쿠에는 규칙상날[日]이나 해[年]를 가리키는 말이 꼭 하나 있어야 하는데, 이것이 계절을 의미하는 'kigo[季候]'이다. 사랑의 표기는 하

하이쿠

---

2) 이탈리아의 도시 이름.[역주]

이쿠로부터 이런 키고를 빌려 온다. 비, 저녁, 빛, 적시고 퍼
지는 모든 것에 대한 그 어렴풋한 암시.

사랑의 외설스러움

외설스러움 OBSCÈNE
현대적인 시각에서 그 가치가 폄하된 사랑의 감상적인 성격은
사랑하는 사람이 감당해야만 하는 강력한 위반처럼 —— 그만이
홀로 노출되어 있는 —— 인식된다. 어떤 가치 전도에 의해 이런
감상적인 것이 오늘날 사랑을 외설적인 것으로 만든다.

1 외설적인 것의 사례들: 심지어는 이 텍스트에서 사랑이란
   단어를 사용할 때마다 매번 그것은 외설적인 것이 된다(장
   난삼아 '사랑(l'amour)'이란 말 대신 '사렁(l'amur)'이라고 쓴다면
   사라질는지).
   또는 어느 날 저녁 오페라좌에서 어떤 형편없는 테너 가수
   가 옆에 서 있는 여인에게 사랑을 고백하려고 청중 바로 정
   면에 설 때. 내가 바로 이 테너 가수이다. 한 마리의 거대하
   고도 외설적인, 우둔한, 짐승처럼 진열장의 강렬한 조명을
   받으며, 내가 사랑하고 말을 건네는 사람은 쳐다보지도 않
   은 채 암호투성이의 아리아를 낭송한다.
   또는 꿈속에서 사랑에 '대한' 강의를 한다. 청중은 모두 나

이 든 여인네들이었다. 나는 폴 제랄디[1]이다.

토마스 만[2]　　또는 "그에게는 이 말[사랑]을 그렇게 여러 번 반복하는 것
이 별 소득이 없는 것처럼 보였다. 오히려 이 두 개의 음절
은 물에 탄 우유처럼 희끄무레하고도 들척지근한 이미지
를 연상시켜 구역질나게 하는 것이었다."

마지막으로: 내 사랑은 "창녀들의 요란한 웃음소리를 들으
바타유[3]　　며 […] 자신을 음란하고도 벌거벗은 제물로 만드는 황홀감
에 사로잡혀 장엄하고도 악취 풍기는 사정(射精)의 끔찍한
소리를 지르며 전율하는 놀라운 감수성의 성적 기관이다."

(나는 사람들이 파토스에 대해 퍼붓는 경멸을 모두 홀로 감수
하련다. 예전에는 이성이란 이름하에 행해지던 것들("이처럼 열
렬한 작품이 사람들에게 득보다는 해를 더 많이 끼치는 것을 막으려면,
짤막하고도 냉정한 마무리가 필요하다고 생각하지 않으십니까?"라고
《베르테르》에 대해 레싱[4]은 지적한다), 그리고 오늘날은 '주체'를 인
정하긴 하지만 일반적인 주체를 원하는 '현대성'의 이름하에 행
해지는 것들("진정한 민중 음악·대중 음악·서민 음악이란 더이상
유일한 주관성이나 또는 고립된 주체의 감상적 주관성을 대상으로 하

---

1) 폴 제랄디(Paul Géraldy): 프랑스의 작가(1885년생)로 사랑을 주제로
한 시나 희곡을 많이 썼다.[역주]
2) 토마스 만(Thomas Mann), 《마의 산》, p.143.
3) 바타유(G. Bataille), 《왕방울의 눈》, p.11, p.19, p.25.
　　바타유는 프랑스 전위문학의 선구자로 《에로티즘》의 저자이다.[역주]
4) 레싱(Leasing): 독일 고전희곡의 창시자로 대표작으로는 《현자 나탄》
《젊은 학자》 등이 있다.[역주]

지 않고, **집단 주관성**(subjectivités des groupe)의 온갖 움직임에만 열려 있다"라고 다니엘 샤를은 《음악과 망각》에서 말한다).)

2 사랑에 **빠진** 지식인과의 만남: 그에게서 극단적인 어리석음, 즉 자신의 담론의 그 벌거벗은 어리석음을 '감당한다'는 것은(억압하지 않고), 마치 바타유의 주인공이 공공 장소에서 벌거숭이가 되는 것과도 같았다고. 그것은 불가능과 최고의 필연적인 형태로서, 이런 비열함은 어떤 위반적인 담론으로도 수용될 수 없어 반도덕의 도덕주의에 아무 방비 없이 자신을 노출시킨다. 바로 그런 점에서 그는 동시대의 사람들을 그만큼 **순진하다**(innocent)고 판단한다. 새로운 도덕관이란 이름하에 사랑의 감상적인 성격을 비판하는 사람들은 모두 순진하다. "현대인의 정신의 두드러진 특징은 거짓말이 아니라 거짓 도덕관 안에 구현된 **순진함**이다. 이런 **순진함**을 도처에서 발견하는 것, 그것이 우리 작업 중 가장 혐오감어린 부분인지도 모른다."

니체[5]

(역사적인 전도: 외설스런 것은 더이상 성적인 것이 아닌 바로 **감상적인**(sentimental) 것이다. 그것은 결국 **또 다른 도덕관**에 지나지 않는 것에 의해 억압된다.)

---

5) 니체, 《도덕의 계보》, p.208.

3 사랑하는 사람은 착란을 일으킨다("가치에 대한 감정을 이동한다"). 그의 착란은 어리석은 것이다. 그러나 사랑하는 사람보다 더 어리석은 사람이 또 있을까? 그는 너무도 어리석어 아무도 그의 담론, 즉 소설이나 연극·분석을 심사숙고하지 않고는 발표해 주려 하지 않는다. 소크라테스의 **다이몬**[6]\(그의 마음속에서 먼저 말하는 자)은 그에게 "아니오"라고 속삭였다. 그러나 나의 **다이몬**은 반대로 내 어리석음이다. 나는 니체의 당나귀처럼 사랑의 영역에서의 모든 것에 대해 "예"라고 대답한다. 나는 고집을 부리고, 배움을 거부하고, 똑같은 처신만을 반복한다. 어느 누구도 나를 가르칠 수 없으며, 나 또한 그렇게 할 수 없다. 내 담론은 계속해서 충동적인 것이며, 나는 그것의 순서를 뒤바꾸어 배열할 줄도, 시선을 부여하거나 인용부호를 붙일 줄도 모른다. 나는 항상 첫번째 단계에서 말한다. 문학에 의해 진부해진, 저 현명한 관례적인, 신중한, 길들여진 착란에 만족한다.

(어리석음이란 **기습**(surpris)을 당하는 것이다. 사랑하는 사람은 끊임없이 기습을 당한다. 그는 변형하거나 뒤집거나 방어할 시간을 갖지 못한다. 어쩌면 자신의 어리석음을 알고 있을지는 모르지만, 그것을 **억압하지는 않는다.** 혹은 그의 어리석음은 어떤 균열, 변태처럼 작용한다. **어리석은 짓이야, 하지만 그래도 그**

---

6) 다이몬(daimon)은 소크라테스가 마음속에서 들었다는 소리로, 신의 소리, 혹은 양심의 소리를 가리킨다. 무엇인가 정당치 않은 일을 하려 할 때, 그 일을 가로막는 제지의 소리, "아니오"의 소리이다.[역주]

건 **사실인걸**이라고 말한다.)

4 시대착오적인 것은 모두 외설이다. 현대적 의미에서의 신성
(神聖)처럼 역사 또한 억압이다. 역사는 우리에게 비실제적
이기를 금지한다. 우리는 과거로부터 그 유적, 기념물, 저속
한 예술품, 혹은 복고풍의 **재미있는** 것만을 용납한다. 과거
를 단지 그 서명으로만 환원시킨다. 사랑의 감정은 유행에
뒤진 것이지만, 이제 이 유행에 뒤진 것은 구경거리조차 될
수 없다. 사랑은 **관심 있는 것**의 시간 밖으로 추락한다. 그
리하여 어떤 역사적인, 논쟁적인 의미도 부여받지 못한다.
바로 그런 점에서 사랑이 외설적인 것이다.

5 사랑의 삶을 통한 사건들의 짜임이란 믿기 어려울 정도로 하
찮은 것이어서, 이 하찮음이 가장 진지한 것과 연결되면 그
야말로 파렴치한 것이 된다. 오지 않는 전화 때문에 진지하
게 자살할 생각을 한다면, 마치 사드의 작품에서 교황이 칠
면조를 수간할 때와 같은 그런 엄청난 외설이 생겨나는 것
이다. 그러나 감상적인 외설이란 덜 낯선 것이며, 그래서 더
욱 비열한 것이 된다. "이 세상에는 아직도 수많은 사람들이
배고픔으로 죽어가고 있고, 또 많은 민족들이 그들의 해방
을 위해 투쟁하고 있는데 등등." 사랑하는 이가 단순히 부
재의 표정을 지었다 해서 세상이 무너지는 것 같은 슬픔에

사드

잠긴다면, 그보다 더 파렴치한 주체가 어디 있단 말인가?

6 모든 위반에 대해 사회가 부과하기로 결정한, 도덕적 세금
   은 섹스보다는 더 정념에 부과된다. X…가 성생활에 '큰 문
   제가 있다면' 모든 사람이 이해하겠지만, Y…가 감상적인 것
   에 문제가 있다면 아무도 관심을 갖지 않을 것이다. 사랑은
   성적인 것 대신에 감상적인 것을 취한다는 점에서 외설적이
   다. 사랑하는 상태에서 갑자기 죽어 버린 '한 감상적인 늙은
   아이'(푸리에[7])는 정부의 품안에서 뇌출혈로 쓰러진 펠릭스
   포르 대통령[8]만큼이나 외설적으로 보일 것이다.
   (《우리 둘만이》란 프랑스 잡지는 사드의 작품보다 더 외설적이
   다.)

7 사랑의 외설스러움은 극단적인 것이다. 그것을 수용하여 거
   기에 위반의 강력한 가치를 부여할 수 있는 것은 아무것도
   없다. 주체의 고독은 모든 장식이 제거되어 소심하다. 이런
   종류의 외설은 바타유와 같은 작가도 글로 옮기지 않았을
   것이다.
   사랑의 텍스트(텍스트라고도 할 수 없는 것)는 작은 나르시시

---

7) 푸리에(Fourier): 프랑스의 철학자이자 경제학자.(역주)
8) 포르(Félix Faure): 프랑스의 제3공화국 대통령으로 그의 갑작스런
   죽음은 많은 스캔들과 정치적 혼란을 야기했다.(역주)

즘과 심리적인 치사함으로 만들어진다. 그것은 위대한 것과
는 거리가 먼, 또는 그 위대함은(그것을 인정하기 위해 **사회적
으로** 누가 존재한단 말인가?) 어떤 위대함에도 합류할 수 없
는, '**천박한 물질주의**(matérlisme bas)'에조차도 합류할 수 없
는 그런 것이다. 그러므로 외설적인 것이 진정으로 긍정, 언
어의 경계인 **아멘**(amen)과 일치될 수 있는 것은 바로 **불가
능의** 순간이다(이렇게 말해지는 외설은 더이상 외설의 마지막
단계일 수가 없다. 나 자신도 이렇게 말하면서, 비록 그것이 문형
의 단순한 깜박임에 지나지 않을지언정 **이미** 회수된 것이다).

눈물의 찬가

울음 PLEURER

울음은 사랑하는 사람의 특이한 성향이다. 사랑하는 사람에게
서의 눈물의 출현 방식과 그 기능.

1   행복 혹은 근심 같은 아주 작은 사랑의 감동도 베르테르를
베르테르[1]   울게 한다. 그는 자주, 그것도 아주 격렬하게 눈물을 흘린
다. 이렇게 베르테르에게서 눈물을 흘리는 사람은 사랑하
는 사람일까, 아니면 낭만주의자일까?

자신을 울도록 내버려두는 것은 사랑하는 사람에게 고유한
성향이 아닐는지? 상상계에 예속된 그는, 오늘날 성인 남자
로 하여금 자신의 남성다움을 과시하기 위해 눈물을 멀리
하게 하는 그런 금지 조항에는 아랑곳하지 않는다(에디트 피
아프의 모성적인 연민과 만족감: "하지만 당신은 울고 계시는군
요, 밀로르!"[2]). 눈물을 아무 거리낌없이 배출하면서 그는 액

---

1) 《베르테르》, p.36, p.60, p.62, p.63, p.65, p.66, p.68, p.110, 같이 울기: p.27.
2) 에디트 피아프(Edith Piaf)가 부른 노래 이름. 원제는 "Mais vous pleu-

체의 확산 속에 적셔진 몸, 사랑하는 몸의 명령에 따른다. 함께 울고 함께 흘러가는 것. 감미로운 눈물이 베르테르와 로테가 함께 읽는 클롭슈토크[3]의 시의 독서를 마감한다. 몸이 첫번째 과녁이 되는 그런 가치 전도에서가 아니라면, 사랑하는 사람은 어디서 울 권리를 찾을 수 있단 말인가? 그는 어린아이의 몸을 되찾는 것을 수락한다.

슈베르트[4]

게다가 여기 사랑하는 몸은 역사적인 몸으로 배가된다. 누가 눈물의 역사를 쓸 것인가? 어떤 사회, 어떤 시대에서 사람들은 울었던가? 언제부터 남자들은(여자가 아닌) 더이상 울지 않게 되었던가? 어떤 이유로 '감성적인 것'이 어느 순간 '감상적인 것'으로 바뀌었던가? 남성다움의 이미지는 유동적인 것이다. 그리스인들과 17세기 사람들은 극장에서 많

미슐레[5]

이 울었다고 한다. 또 미슐레에 의하면 생 루이 왕은 눈물의 재능을 타고나지 못해 괴로워했다고 한다. 그런데 한번 눈물이 얼굴 위로 살며시 흐르는 것을 느끼자, "이 눈물이 무척 감미롭고 부드럽게 느껴졌다. 마음속에서뿐만 아니라 입술에서조차도."

(마찬가지로 1199년에는 한 젊은 수도승이 브라방[6]에 있는 시

---

rez, Milord!" [역주]
3) 클롭슈토크(Klopstock)는 독일 계몽주의의 대표적 시인이다. [역주]
4) 슈베르트: 슐레겔(Schlegel)의 시에 곡을 붙인 《눈물의 찬가》.
5) 미슐레, 《프랑스사》.
   생 루이(Saint Louis) 왕 혹은 루이 IX세로 불리는 프랑스 왕. [역주]
6) 브라방(Brabant): 벨기에의 주 이름. [역주]

토 수도원[7]으로 눈물의 재능을 얻기 위해 기도하러 떠났다.)

(니체식의 문제: 어떻게 역사와 전형(Type)은 결합되는 걸까? 역사의 비실제성을 표명하거나 설정하는 일은 전형의 일이 아닐까? 사랑하는 사람의 눈물 그 자체 안에서 우리 사회는 그 자신의 비실제성을 억압하며, 그 억압이 사회의 '건강'을 위해 필수적이라는 이유로, 눈물을 흘리는 연인을 잊혀진 대상으로 만드는 게 아닐까? 《O 후작부인》[8]이란 영화에서 주인공은 울고, 관객은 웃는다.)

2　어쩌면 '울음'은 너무 투박한 것이 아닐까? 어쩌면 모든 종류의 눈물을 동일한 의미로 간주해서는 안 되는 게 아닐까? 어쩌면 사랑하는 사람의 마음속에는 여러 명의 주체가 있어, 비슷하면서도 다른 방식으로 우는 게 아닐까? '눈에 눈물이 나 있는' 이 '나'는 과연 누구일까? 혹은 어떤 날 '거의 눈물까지 날 뻔했던' 또 다른 나는 누구일까? '내 몸의 모든 눈물을 쏟으며 우는' 나, 또는 아침에 눈을 뜨자마자 '홍수 같은 눈물을' 퍼붓는 나는 누구일까? 이토록 다양한 울음의 방식을 가진 까닭은 아마도 내가 울 때면 언제나 누군가를 대상으로 하며, 또 그 수신자는 항상 동일한 인물이 아니기 때문일 것이다. 나는 내 눈물을 가지고 주변에 행사하려는 공갈협박의 유형에 따라 내 울음의 방식을 조정하는

---

7) 프랑스 시토(Cîteaux)라는 마을에 1098년에 창설된 수도회 이름.[역주]
8) 프랑스의 영화감독 로메르(Éric Rohmer)가 만든 영화.[역주]

것이다.

3 눈물을 흘리면서 나는 누군가를 감동시키려 하고, 또 압력을 가하고자 한다("당신이 내게 한 짓을 좀 보세요"). 아마도 그렇게 함으로써 —— 대개의 경우가 그러하지만 —— 그의 동정심이나 무관심을 공공연하게 그 사람 탓으로 돌리고자 하는 것이다. 그러나 그것은 나 자신에 대해서일 수도 있다. 내 고통이 환상이 아니라는 것을 내 자신에게 증명해 보이기 위해, 나는 눈물을 흘린다. 눈물은 표현이 아닌 기호이다. 나는 내 눈물로 하나의 이야기를 하며, 고통의 신화를 만든다. 그렇게 하여 나는 고통에 적응할 수 있으며, 또 그 고통과 더불어 살아나갈 수 있다. 나는 눈물을 흘리면서 가장 '진실한' 메시지, 혀의 메시지가 아닌 몸의 메시지를 거두어 주는 한 과장된 대화 상대자를 자신에게 부여하는 것이다. "말, 그것은 무엇인가? 한 방울의 눈물도 그보다 더 많은 것을 얘기하리라."

슈베르트[9]

---

9) 슈베르트, 《눈물의 찬가》.

잡 담

잡담 POTIN

사랑하는 이가 '잡담'에 휘말리거나, 또 사람들이 공공연하게 그에 관한 말을 하는 것을 들을 때 사랑하는 사람이 느끼는 아픔.

1 팔레론[1]을 떠나 길을 가던 한 남자가 여행에 지겨운 나머지 앞서가는 남자를 붙들고 아가톤의 집에서 베풀어졌던 잔치에 대해 이야기해 달라고 조른다. 이렇게 하여 저 유명한 사랑의 이론이 탄생한다. 어떤 우연, 권태, 말하고 싶은 욕구, 또는 말하자면 3킬로미터의 긴 여정 동안의 잡담에서. 그 유명한 잔치에 참석했던 아리스토데모스는 아폴로도로스에게 그 이야기를 들려주고, 또 아폴로도로스는 팔레론 노상에서 글라우코스(그는 철학적 소양이 없는 사람으로 알려져 있

잔치[2]

---

1) 팔레론은 그리스 아테네에서 4킬로미터 떨어진 곳에 있는 가장 오래된 항구이다.(역주)
2) 《잔치》, 첫 부분.
　　플라톤이 아폴로도로스를 간접 전달자로 채택한 것은 그가 소크라테스의 말을 남김없이, '더함도 덜함도 없이' 전달할 수 있는 사람이었기 때문이라고 한다.(역주)

다)에게 들려준다. 그리하여 그것은 이제 책이란 매개체를 통하여 우리에게 전해졌고, 또 우리는 아직도 그 책에 대해 이야기한다. 그러므로 《잔치》는 단순히 '대화편'(어떤 질문에 대해 말하는)만은 아닌 잡담(함께 다른 사람의 이야기를 하는)이다.

이 작품은 두 종류의 언어학, 일반적으로 억압된 언어학과 —— 왜냐하면 공식적인 언어학은 메시지만을 다루므로 —— 관계된다. 첫번째 언어학은 대담(interlocution)이라는 형식을 통해서만 질문을(그 라틴어 어원(questio)은 탐색/연구란 뜻이다) 할 수 있다는 것을 상정한다. 잔치에 참석했던 손님들은 사랑에 관한 말을 하기 위해 다만 그들 사이에서, **이 이미지에서 저 이미지로, 혹은 이 장소에서 저 장소로**(《잔치》에서 침대의 배치는 아주 중요하다) 옮아가며 말을 할 뿐 아니라, 그들이 사로잡힌(또는 다른 사람이 사로잡혔다고 생각되는)사랑의 사슬을 그 일반적 담론에 끌어들인다. 바로 이것이 '대화(conversation)'의 언어학일 것이다. 그리고 두번째 언어학은, 말한다는 것은 항상 누군가에 대해 무엇인가를 말하는 것을 가리킨다. 잔치와 사랑에 관한 말을 나누면서

잔치[3]

---

3) 《잔치》: (아가톤의 말) "이리 오세요, 소크라테스. 제 옆에 드러누우세요, 선생님 곁에 붙어 누워서 옆집 문간에서 선생님에게 떠오른 그 지혜로운 생각을 저도 좀 받게 해주세요"(p.31) 그리고 알키비아데스의 등장에서도 드러누울 자리에 대한(일종의 반-침대라고 할 수 있는 것) 묘사가 길게 나온다. (pp.153-154)

글라우코스와 아폴로도로스는 곧 소크라테스, 알키비아데스, 그들의 친구들에 관해 말하는 셈이다. 잡담에 의해 '주체/주제'가 드러난다. 능동적인 문헌학(philologie)(언어의 힘에 관한 그것)은 따라서 두 개의 필연적인 언어학적 계열체를 포함한다. 대담(interlocution)(다른 사람에게 말하는)의 언어학과 탈담(délocution[4])(누군가에 대해 말하는)의 언어학을.

2 베르테르가 로테를 만나기 전 시골 무도회로 가는 마차 안

베르테르[5]

에서(도중에 로테를 태우러 갈) 한 여자 친구가——잡담의 소리——잠시 후에 베르테르를 매혹하게 될 이미지에 대해 논평한다. 그녀는 이미 약혼한 여자이므로 사랑해서는 안 된다는 등. 이렇게 잡담은 앞으로 다가올 이야기를 미리 요약하고 예고한다. 잡담은 진실의 소리이며(이미 약혼한 사람을 베르테르가 사랑하게 되리라는), 또 이 소리는 마술적이다. 그 여자 친구는 충고한다는 구실하에 예언하고 강요하는 심술궂은 마녀이다.

---

4) 탈담이란 좀 생경한 표현이긴 하지만, '탈언동사(delocutive verb)이'
("어떤 동사 X에게 그것이 형태론적으로 X라는 형태에서 파생되었고, 또 그것이 X를 발화함으로써 어떤 언표내적 행위를 수행하는 것을 의미하는 것"(이정민·배영남 저, 《언어학사전》, p.188 참조))란 언어학 용어에 의거하여 이렇게 옮겨 보았다. 또 피숑(Pichon)에 의거하면, 탈담이란 의사소통에 부재하는 인물에 대해 말하는 것을 가리킨다.(라루스출판사에서 간행한 《언어학사전》, p.138 참조)〔역주〕
5) 《베르테르》, p.18.

또 그 여자 친구가 말할 때, 그 담론은 무정한 것이다(마녀는 동정하지 않는다). 잡담은 경박하고도 냉정한 것이기에 일종의 객관적 성격을 띠게 되며, 그리하여 그 목소리는 요컨대 과학의 소리[6]로 중첩되는 것처럼 보인다. 이 두 개의 소리는 축소적이다. 과학이 말할 때면, 나는 마치 그 담론이 내가 사랑하는 것을 경박하고도 냉정하게 객관적으로 지껄이고 헐뜯는 그런 잡담의 소음으로 들린다. 내가 사랑하는 **것을 진실에 의거하여** 말하는 그것이.

3 잡담은 그 사람을 **그/그녀**로 축소시킨다. 그리고 이런 축소가 내게는 참기 어려운 것이다. 그 사람은 내게 **그/그녀**도 아니며, 다만 그 자신의 이름, 고유명사일 뿐이다. 3인칭 대명사는 심술궂은 대명사, 비인칭의 대명사이다. 그것은 부재하고 취소한다. 공동의 담론이 나의 그 사람을 빼앗아, 저기 존재하지 않는 모든 사물에게도 적용되는 그런 보편적인 대체물의 핏기 없는 형체로 되돌려 줄 때, 나는 마치 그 사람이 죽어, 축소되어 언어의 저 거대한 능벽 안 유골단지에 안치된 것처럼 보인다. 내게서 그 사람은 결코 **지시물**(ré-férent)이 될 수 없다. 당신은 결코 당신일 뿐이며, 나는 타인이 당신에 대해 말하는 것을 원치 않는다.

---

6) 바르트에 의하면 책읽기의 코드 해독은 텍스트의 다섯 개의 목소리와 대응하는데, 진실·사람·상징·경험·과학의 소리가 그것이다.(바르트, S/Z, pp.35-36)〔역주〕

왜?

왜 POURQUOI

왜 POURQUOI

사랑하는 사람은 왜 자신이 사랑받지 못하는가를 집요하게 자문하면서도 동시에 사랑하는 이가 자기를 사랑하면서도 다만 말하지 않고 있을 뿐이라는 믿음 속에 살아간다.

니체[1]

1 내게 있어 '최고 가치'는 존재하며, 그것이 내 사랑이다. 나는 결코 "무슨 소용이 있단 말인가"라는 말은 하지 않는다. 나는 허무주의자가 아니다. 나는 끝에 대한 질문은 하지 않는다. 내 단조로운 담론에는 **"왜 당신은 날 사랑하지 않으세요"**라고 말할 때의 그 똑같은 유일한 '왜'를 제외하고는, 왜라는 말이 없다. 사랑이 완벽하게 만든 이 나를(그렇게도 많이 주고, 또 그렇게도 행복하게 만들어 준) 어떻게 사랑하지 않을 수 있단 말인가? 사랑의 모험이 끝난 후에도 살아남는 그 끈질긴 질문, "왜 당신은 날 사랑하지 않았나요?" 혹은

---

1) 니체: "니힐리즘이란 무엇을 의미하는 것일까? 그것은 최고 가치가 그 가치를 잃어버리는 것이다. 그리하여 끝이 결핍되며, '무슨 소용이 있단 말인가'라는 질문에 대답이 없는 그런 것이다."

"내 마음의 사랑이여 말해 보세요, 왜 당신은 날 버렸나요?"

2 그러나 곧(혹은 동시에) "왜 당신은 날 사랑하지 않나요"란 질문은 "왜 날 **조금만** 사랑하나요"란 질문으로 바뀐다. 어떻게 당신은 날 **조금만** 사랑할 수 있나요? **조금만** 사랑한다는 것은 무슨 뜻일까? 나는 **지나침**(trop) 또는 충분치 않은 것(pas assez)의 체제하에 살고 있기에 일치를 열망하며, 전부가 아닌 것은 내게 모두 인색해 보인다. 내가 찾는 것은 양적인 것이 더이상 인지되지 않는, 그리하여 결산하는 것이 추방된 그런 장소를 차지하고자 함이다.

혹은 나는 유명론자(唯名論者)이기에, 나를 사랑한다고 왜 **당신은 말하지 않으세요?**라고 말한다.

3 사실인즉 엄청난 역설이긴 하지만, 나는 결코 내가 사랑받는다는 사실을 믿지 않은 적이 없다. 나는 내가 욕망하는 것을 환각한다. 그런데 상처란 의혹보다는 배신에서 더 많이 온다. 그 이유는 사랑하는 자만이 배신할 수 있으며, 사랑을 받고 있다고 믿는 자만이 질투할 수 있기 때문이다. 그 사람

---

2) 하이네, 《서정적 간주곡》, p.23, p.285.
3) 프로이트: "욕망의 환각 증세는 감추어지거나 억압된 욕망만을 의식에 가져오는 게 아니라 그것이 진짜로 실현된 것처럼 재현한다는 사실도 잊어서는 안 된다."(《메타심리학》, p.178)

은 이따금씩 나를 사랑해야만 한다는 자신의 존재 이유를 저버린다. 바로 거기에 내 불행의 원인이 있다. 하지만 정신 착란이란 거기서 깨어날 때야만 존재하는 그런 것이다(그 것은 회고적이다). 그리하여 어느 날인가 나는 내게 일어났던 일을 마침내 이해하게 된다. 사랑받지 못했기 때문에 괴로 워한다고 믿고 있었는데, 실은 사랑받는다고 믿고 있었기 때문에 괴로워했던 것이다. 나는 동시에 사랑을 받고, 또 버림을 받았다고 믿는 그런 복잡한 상황 속에 살아왔던 것이다. 나의 이 내밀한 언어를 듣는 사람이면 누구든지──마치 까다로운 아이에게 그러하듯이──**그가 원하는 것은 도대체 무엇이죠?**라고 소리지르지 않고는 못 배기리라.

(**난 당신을 사랑해요**가 **당신은 날 사랑해요**가 된다. 어느 날 X …는 익명의 사람으로부터 몇 송이의 난초꽃을 받았다. 그러자 그는 곧 그 출처에 대해 환각하기 시작했다. 그 꽃은 사랑하는 사람만이 보낼 수 있으며, 따라서 그를 사랑하는 사람은 바로 자기가 사랑하는 사람일 수밖에 없다는 등등. 오랜 시간의 성찰 후에야 그는 그 두 가지 추론을 분리하는 데 성공하였다. 그를 사랑하는 사람이 반드시 그가 사랑하는 사람이 아니라는 사실을.)

황홀

황홀 RAVISSEMENT

사랑하는 사람이 사랑하는 이의 이미지에 사로잡혀 마술에 걸린 듯 '황홀해하는,'[1] 흔히 사랑의 처음 단계라 일컬어지는(물론 나중에 재구성될 수 있긴 하지만) 에피소드(속어로는 첫눈에 반하는 것(coup de foudre), 학술 용어로는 매혹(énamoration)이라는 것).

제디디[2]

1 오래전부터 언어(어휘)는 사랑과 전쟁에 대해 등가관계를 설정해 왔다. 두 경우 다 **정복하고, 유괴하고, 사로잡는** 것이 문제가 되기 때문이다. 한 주체가 사랑에 '빠질' 때마다, 그는 남자들이 여자들을 유괴해야만 했던(이족 결혼을 위해) 원시 시대의 시간을 조금 연장하는 셈이다. 첫눈에 반한 연인은 모두 사빈(Sabine)[3](유괴당한 유명한 여자라면 누구든지)과

---

1) 여기서 황홀이라 옮긴 프랑스어의 'ravissement'은 유괴하다, 약탈하다, 넋을 잃게 하다란 뜻의 라틴어 'rapire'에서 유래한 말로 저자는 이 뜻을 다 수용하고 있다.〔역주〕

2) 제디디(Djédidi): 이를테면 아랍어로 'fitna'란 말은 동시에 물질적인 (혹은 이데올로기적인) 전쟁과 성적 유혹의 시도에 관계된다.《《아랍인의 연애시》》

같은 그 무엇이 있다.

그렇지만 여기 기묘한 교체가 있다. 옛 신화에서의 유괴자는 능동적인 사람이다. 그는 먹이를 사로잡으려 하는 유괴의 주체이다(그 대상은 **여자**이며, 알다시피 여자는 수동적이다). 그러나 현대 신화(사랑/정념의 신화)에서는 반대로 유괴자는 아무것도 원치 않으며, 아무것도 하지 않는다. 그는 부동의 존재이며(이미지처럼), 유괴의 진짜 주체는 바로 유괴된 대상이다. 즉 포획의 **대상**이 사랑의 **주체**가 되며, 또 **정복**의 주체가 사랑의 **대상**의 위치로 바뀌는 것이다. (그렇지만 이 원시적인 모델로부터 어떤 공공연한 흔적이 남게 되는데, 그것은 바로 유괴당한 연인은 언제나 암암리에 여성화되어 있다는 사실이다.)

이 이상한 뒤바꿈은 아마도 다음과 같은 사실에 기인하는지도 모른다. '주체'란 우리에게(기독교가 생긴 이래) **괴로워하는 자**를 의미하며, 그러므로 상처가 있는 곳이면 어디든지 주체가 존재한다는. "상처를! 상처를!(die Wunde! die Wunde!)"이라고 파르지팔은 외치며, 또 그렇게 함으로써 '그 자신'이 된다. 상처가 깊으면 깊을수록 —— 육체의 중심부(심장)까지 —— 주체는 더욱 주체가 된다. 왜냐하면 주체란 **내**

파르지팔[4]

---

3) 코르네유의 비극 《오라스》에 나오는 여주인공으로 유괴당한 여자인지 아닌지는 확실치 않지만 그로 인해 심한 갈등을 겪게 되는 비극적 여인이다.(역주)

4) 바그너가 죽기 몇 달 전에 쓴 음악극으로 기독교 이상에 가까운 은총과 초자연적인 치료를 내용으로 하고 있다.(역주)

면성 그 자체이기에("상처란 무시무시한 내면성이다"). 바로 이것이 사랑의 상처이다. 닫혀지지 않는 근본적인 열림(존재의 '뿌리'까지). 바로 거기서 주체가 흘러나오며, 이 유출 속에서 그는 자신을 주체로 설정한다. 사빈을 사랑 이야기의 주체로 만들기 위해서는 상처받은 사빈을 상상하기만 하면 된다.

로이스브루크[5]

2 첫눈에 반한다는 것은 최면이다. 나는 한 이미지에 매혹된다. 마치 소크라테스에 의해 메논[6]이 그랬던 것처럼 처음에는 흔들리고, 충전되고, 얼떨떨해지고, 뒤집히고, '마비'된다. 사랑의 대상, 사로잡는 이미지, 한 출현에 의해 개종한 사람의 모델이 되는 이야기. 사랑의 길과 다마스쿠스[7]로 가는 길을 구별짓는 것은 아무것도 없다. 그런 후에 이미지에(거울에) 코를 밀착하고 딱 달라붙어 납작해진 채 꼼짝 못하는 나. 그 사람의 이미지가 처음 나를 후리러 온 순간, 나는 예수회도인 아타나시우스 키르허의 저 경이로운 암탉이나 다

키르허[8]

5) 로이스브루크: "생명의 뿌리가 머무르는 골수는 상처의 중심부이다."(p.16) "인간 깊숙이에 열려져 있는 것은 쉽게 닫혀지지 않는다." (《선집》, p.14)

6) 앞의 〈아토포스〉 역주 2) 참조.〔역주〕

7) 다마스쿠스는 시리아의 수도로 메카에 이르는 순례로이다. 사도 바울이 기독교를 박해하러 다마스쿠스로 가던 도중 그리스도의 부름을 받았다 하여 개종의 길, 또는 부활의 길로 불린다.〔역주〕

8) 키르허: 경이로운 암탉 이야기에 대해서는 체르토크(Chertok), 《최면》, p.71. 최면에 대해서는 밀러(Miller), 《오르니카》지 4호에 실린 논문 참조.

를 바 없다. 암탉은 두 다리가 묶인 채 분필로 그어진 선을 응시하다 잠이 들었는데, 그 선은 마치 사슬마냥 암탉의 부리 가까이에 그려져 있었다. 묶인 것이 풀린 다음에도 여전히 암탉은 매혹된 채 꼼짝하지 않고 '자신의 정복자에 복종하는' 것이었다라고 그 예수회도는 1646년에 말하였다. 그러나 마법에 걸린 암탉을 깨우기 위해서는, 그의 상상계의 격렬함('vehemens animalis imaginatio')을 중단시키기 위해서는 암탉의 날개를 살짝 한 대 때리기만 하면 되었다. 그러자 암탉은 푸드덕거리며 다시 모이를 쪼아먹기 시작했다.

3 최면의 에피소드는 일반적으로 황혼의 상태 다음에 오는 것이라고 말해진다. 주체는 무언가 텅비어 있고 얽매이지 않아 자기도 모르게, 자기를 기습하게 될 그 유괴에 몸을 내맡

프로이트
베르테르[9]

긴다. 마찬가지로 베르테르 또한 로테를 만나기 전 발하임에서 보낸 그 무의미한 삶에 대해 길게 묘사하고 있다. 사교적인 생활이나 오락과는 거리가 먼, 다만 호메로스의 책을 읽는 일만이 그 산문적이고도(완두콩을 삶아먹는) 공허한 일상 생활에 자장가가 되어 주던 그런 삶을. 이 '경이로운 마음의 평정은' 하나의 기다림 —— 욕망에 불과하다. 내가 원하지 않았다면 나는 결코 사랑에 빠지지 않았을 것이다. 내 마음속에 만든 이 '바캉스'(베르테르 같은 사람은 아주 순진하

---

9) 《베르테르》, p.3, pp.29-43.

게, 나는 자랑스럽게 내세우는)는 **누구를 사랑해야** 할지 내색하지 않고 주변을 두리번거리는 다소간의 긴 시간에 불과하다. 물론 사랑에도 짐승을 포획할 때와 마찬가지로 시동 장치가 필요하다. 그러나 미끼는 어쩌다 필요한 것이며, 구조는 철마다 찾아오는 교미기처럼 심오하고 규칙적이다. 그럼에도 불구하고 '첫눈에 반한다'는 신화는 너무도 강력해서(내가 기대하지도, 원하지도, 아무것도 하지 않았는데도 그냥 내 위로 떨어지는), 누군가가 사랑하기로 **결심했다는** 소리를 들으면 우리는 놀라게 된다. 마치 카탈로니아 총독의 궁전에서 플로리다를 만난 아마두르가 "그녀를 오랫동안 쳐다본 후, 마침내 그녀를 **사랑하기로 결정했던** 것처럼." 뭐라고요? 나는 내가 미치광이가 되어야 한다는 것을 심의하고 결정해야 한단 말인가요(그렇다면 사랑은 **내가 원하는** 그 광기인가요)?

에프타메롱[10]

4 동물 세계에서의 성적 메커니즘의 시동 장치는 어떤 세부적인 개체가 아니라 단지 하나의 형태, 채색된 물신(그리하여 상·상·계·가 작동하기 시작하는)에 불과하다. 매혹적인 이미지에서 나를 감광시키는 것은(감광지마냥) 세부적인 요소들

---

10) 《에프타메롱》: 페브르(L. Febvre)가 인용한 것.
  Heptaméron 또는 《7일 이야기》는 르네상스 시대의 나바르 왕비의 작품으로 10인의 귀족과 귀부인이 피레네 산맥에서 길을 잃어 10일을 같이 묵으며 이야기를 나눈다는 《데카메론》조의 작품이다. [역주]

의 합계가 아닌 이런저런 굴절/억양(inflexion)이다. 그 사람
으로부터 갑자기 나를 건드리러(매혹시키러) 오는 것은 때로
목소리이기도 하고, 때로는 처진 어깨, 가냘픈 몸매, 따뜻한
손, 미소지을 때의 모양이기도 하다. 그렇다면 이미지의 미
학이 무슨 소용이 있단 말인가? 무엇인가가 내 욕망에 정확
하게 부합되었으므로(내가 전혀 모르는) 스타일에 대해서는
전혀 고려할 필요가 없다. 때로 그 사람이 위대한 문화적 모
델과 일치하기에 열광하고(옛 화가가 그 사람을 그린 듯하여),
또 때로는 그 반대로 하나의 대담한 출현이 내 마음속에 상
처를 열게 한다. 다시 말해 그의 다소간 천박한 자태(선정적
인 자태)에 반할 수도 있다. 그 사람의 몸을 재빨리 스쳐가
는 보다 정교하고도 유동적인 저속함들도 있다. 손가락을 젖

플로베르[11] 히는 짧은(그러나 지나친) 모양, 다리를 벌리는 모양, 음식을
먹으면서 입술의 살찐 부분을 움직이는 모양, 아주 산문적
인 일에 전념하는 모양, 태연한 척하려고 잠시나마 얼빠진
모습을 하는 모양(그 사람의 '저속함'에서 나를 매혹시키는 것
은 짧은 순간이나마 그 사람의 인격과는 상관없는 일종의 매춘
행위와도 같은 몸짓을 간파하기 때문일 것이다). 나를 명중하는
(또 하나의 사냥 용어) 모양은 행동의 파편, 순간적인 포즈, 간

---

11) 플로베르: "책에서 사랑에 관한 구절을 읽을 때면 마치 당신이 거
기 있는 듯합니다. 사람들이 과장되었다고 비난하는 모든 것들을 당신
은 내게 느끼게 하였습니다. 나는 왜 베르테르가 로테의 버터 바른 빵
을 역겨워하지 않았는지를 이해합니다라고 프레데릭은 말한다."(《감정
교육》)

단히 말해 **도형**이다(도형의 그리스어 어원인 schêma는 움직임, 상황, 삶 속에서 포착된 몸이란 뜻을 가지고 있다).

5 마차에서 내린 베르테르가 처음 본 로테의 모습은(그가 반한) 자기 집 문에 둘러싸인 모습이었다(아이들에게 버터 바른 빵을 잘라 주는 유명한 장면으로 많은 논평의 대상이 되어 온). 이렇듯 처음 우리는 **하나의 정경**(un tableau)을 사랑한다. 왜냐하면 첫눈에 반하기 위해서는(운명과도 같은 그 무엇에 휩싸여 넋을 잃는, 그리하여 내 책임이 아닌) 갑작스러움의 기호 자체가 필요하며, 또 이런 모든 대상의 배열 중에서도 가장 먼저 눈에 띄는 것이 정경이기 때문이다. 막이 찢어지면 지금까지 한번도 본 적이 없었던 것이 그 전체 속에 드러나 모든 시선이 쏠린다. 즉각적인 것이 충만한 것을 대신한다. 나는 입문을 받은(initié) 자이며, 정경은 내가 사랑할 대상을 **축성한다**(consacre).

하나의 틀, 찢어짐을 통해 내게 이르는 것은 이렇듯 모두 나를 매혹시키기에 적당하다. "나는 차창을 통해 처음으로 X…를 보았다. 유리창은 마치 **사랑할 누군가**를 찾아 군중 속에서 헤매는 카메라 렌즈와도 같이 움직이다, 내 욕망의 그

---

12) 저속함(trivialité)의 라틴어 어원은 'trivialis'로 모든 '네거리(trivium)'에서 발견되는 것이란 뜻이다.

13) 《베르테르》, p.19.

14) 라캉, 《세미나》, I, p.163.

어떤 **정확함**(?)에 의해 갑자기 움직이기를 멈췄다. 나는 앞으로 몇 달 동안 쫓아다니게 될 그 출현을 응시하였다. 그러나 그 사람은 주체로서의 자신을 상실하게 될 그 풍경에 저항이라도 한다는 듯, 다시 내 시야에 나타나야 할 때마다 (이를테면 내가 기다리고 있는 카페로 들어오면서) 나를 늦게 알아보는 척하거나, 신중함과 무관심이 배어든 자세로 조심스럽게, **최소한으로** 행동하는 것이었다. 간단히 말해 틀에서 벗어나려고 하였다.”

정경이란 항상 시각적인 것일까? 아니 그것은 청각적인 것일 수 있으며, 또 그 틀은 언어일 수 있다. 나는 **내게 말해진한 문장**을 사랑할 수 있다. 그 문장이 내 욕망을 건드리는 그어떤 것을 말했기 때문이 아니라, 마치 **추억처럼** 내 마음속에 살러 올 그 통사론적인 형태(그 틀) 때문이다.

6 베르테르가 로테를 '발견했을 때'(막이 걷히고 정경이 나타났을 때), 로테는 빵을 자르고 있었다. 그리고 《그라디바》[15]의 주인공 하놀드가 사랑한 사람은 걸어가고 있는 여인(그라디바(Gradiva)란 앞으로 나아가는 사람이란 뜻이다), 그것도 저부조(bas-relief)의 틀 속에 포착된 모습이었다. 이렇듯 나를 매혹하고 황홀케 하는 것은 **어떤 상황 속에 있는** 육체의 이

---

15) 앞의 〈그라디바〉 역주 1) 참조.〔역주〕

미지이다. **내게 주의를 기울이지 않고** 작업하는 모습이 나

프로이트[16]

를 흥분케 한다. '늑대 인간(Homme aux loups)'에게 강렬한
인상을 준 젊은 하녀 그루샤도 무릎을 꿇고 마루를 닦고
있었다. 작업중의 자세란, 어떻게 보면 **이미지의 순진성**을
보장하는 것이기에. 그 사람이 자신의 일에 열중하는 모습,
혹은 그의 무관심의(내 부재에 대해) 기호를 보내면 보낼수
록 나는 더 확실히 그를 놀라게 할 수 있으며, 그것은 마치
사랑하기 위해서는 기습과도 같은 고대의 유괴 양식을 감
행해야 한다는 것과도 같다(나는 그 사람을 기습하며, 또 그
렇게 하여 그는 나를 기습한다. 내가 그를 기습하게 되리라고는
기대하지 않았는데도).

7 사랑의 시간에는 어떤 속임수가 있다(이 속임수가 연애 소설
이라 불린다). 나 역시(모든 이들과 더불어) 사랑의 현상을 시
작(첫눈에 반하는)과 결말(자살·단념·냉담·은둔·수도원·여
행 등)을 가진 하나의 '에피소드'로 생각한다. 그렇지만 내
가 매혹되었던 그 처음의 장면은 단지 **나중에** 재구성된 것
일 뿐이다. 현재 시제로 체험하지만 과거 시제로 변형시키

라신[17]

는 충격적인 이미지를 재구성하는 것이다. "그를 보자 이내
내 얼굴은 붉어졌고 창백해졌다. 당황한 나의 영혼은 혼란
속에 빠졌다." 첫눈에 반한다는 것은 이렇듯 항상 단순 과

---

16) 프로이트, 〈늑대 인간〉, 《다섯 편의 정신분석》.
17) 라신, 《페드르》, 1막 3장.

거[18]로 표현된다. 왜냐하면 그것은 동시에 과거이자(재구성된) 단순하기(규칙적인) 때문이다. 말하자면 전즉각(immédiat antérieur)이라 불릴 수 있는 것이다. 이미지는 바로 이런 시간적인 속임수에 잘 부합된다. 분명하고도 기습적이며, 또 에워싸인 그것은 이미(아직도, 언제나) 하나의 추억이다(사진의 본질은 재현하는 것이 아니라 기억하는 데 있다). 나는 그 유괴의 장면을 '다시 그려 봄으로써' 회고적으로 우연을 만들어내며, 그리하여 이제 그 장면은 우연이 갖는 모든 찬란함을 갖게 되는 것이다. 나는 내 욕망에 어울리는 것을 만나게 되는 행운을 가진 데 대하여, 또는 미지의 이미지에 단번에 예속되는 그런 엄청난 위험을 무릅쓴 데 대하여 놀라움을 금치 못한다(그리고 재구성된 모든 장면은 무지에 대한 호화로운 몽타주처럼 작용한다).

J.-L. B.[19]

---

18) 단순 과거는 프랑스어의 과거를 나타내는 시제 중 과거의 어느 시기에 완료된 순간적인 사실이나 행위를 표현할 때 사용되는 시제로 주로 문어체에 쓰인다.〔역주〕
19) 부트(J.-L. Bouttes)와의 대화에서.

슬퍼할까?

슬퍼하는 REGRETTÉ
사랑하는 사람은 자신의 죽은 모습을 상상하면서, 사랑하는 이가 아무 일도 없다는 듯 여전히 삶을 계속해 나가는 것을 본다.

<table>
<tr><td>1
베르테르[1]</td><td>베르테르는 로테가 그녀의 여자 친구와 재잘거리는 것을 목격한다. 그 여자들은 죽어가는 사람에 대해 무관심하게 이야기하고 있었다. "그렇지만 당신이 이제 떠난다면, 이 테두리로부터 멀어진다면, 당신이 없음으로 해서 그들 운명에 생길 공허를 당신 친구들은 느낄까? 얼마나 오랫동안?"
그것은 내가 아무런 회한도 남기지 않은 채 사라지는 모습을 상상해서가 아니다. 부고는 확실히 날 것이다. 아니 그것은 차라리 내가 부인하지 않는 장례 그 자체를 통하여 다른 사람들의 삶이 아무런 변화 없이 계속되어 가는 것을 보기 때문이다. 나는 그들이 여전히 일·여가·문젯거리 속에서 끈질기게 지속되며, 같은 장소와 친구들에게 드나드는</td></tr>
</table>

1) 《베르테르》, p.99.

모습을 본다. 그 어떤 것도 그들의 삶의 궤도를 바꾸어 놓지 않는다. **예속**이라는 것의 그 광적인 승화인 사랑으로부터(나는 **절대적으로** 그 사람을 필요로 한다) 잔인하게도 정반대의 입장이 야기된다. 즉 아무도 진정으로 나를 필요로 하지 않는다는.

J.-L. B.[2]   (오직 어머니만이 슬퍼할 것이다. 우울증에 빠진다는 것은 영원히 나를 슬퍼하리라고 상상하는 그런 어머니의 모습을 닮는 것이라고 누군가는 말한다. 망령의 세계(NeKuia)에서 나온 듯한 부동의, 죽은 이미지. 그러나 다른 사람들은 어머니가 아니다. 그러므로 그들에게는 장례가, 내게는 우울증이.)

2   베르테르의 혼란을 가중시킨 것은 죽어가는 사람이 (자신의 모습을 투사하는) 잡담의 대상이 되었다는 사실이다. 로테와 로테의 여자 친구들은 죽음에 대해 경박하게 이야기하
어원[3]   는 '어리석은 여인네들'이다. 나는 잡담이라는 에테르 속에 용해된, 그 타인들의 말에 의해 내 입술이 조금씩 먹혀 들어가는 것을 본다. 그리하여 잡담은 내가 오래전부터 더이상 그 대상이 아님에도 불구하고 여전히 계속될 것이다. 언어

---

2) 부트(J.-L. Bouttes)와의 대화에서.
3) 프랑스어의 '재잘거리다(papoter)'의 라틴어 어원은 '죽'이란 의미의 'pappa'에서 파생한 'pappare'이다. 그런데 'pappare'는 입술 끝으로 먹다, 종알거리다, 재잘거리다라는 뜻을 가지고 있다.

의 에너지, 경박하고도 지칠 줄 모르는 그것은 이제 내 추억
마저도 압도할 것이다.

"그때 하늘은 얼마나 푸르렀던가"

만남 RENCONTRE
사랑의 관계의 어려움이 노출되기 전, 첫번째 황홀의 순간 바로
다음으로 오는 그 행복한 시간을 가리킨다.

1 　사랑의 담론은 방 안을 돌아다니는 파리만큼이나 예측할 수
　　없는 순서에 따라 동요하는 문형들의 먼지에 지나지 않는
　　다. 그렇지만 나는 사랑에 적어도 상상적으로나마, 또는 회
　　고적으로나마 어떤 일정한 순서를 부여할 수 있다. 바로 이
　　런 **역사적인** 환상을 통해 나는 사랑을 모험으로 만드는 것
　　이다. 그리하여 사랑의 행로는 세 단계(또 삼막)를 거치는 것
　　처럼 보인다. 첫번째 단계는 즉각적인 사로잡힘의 단계이다
　　(나는 이미지에 매혹된다). 이어서 일련의 만남이 그뒤를 따른
　　다(데이트·전화·편지·짧은 여행 등). 이 만남 동안에 나는 사
　　랑하는 이의 완벽함을, 다시 말하면 내 욕망과 대상 사이의
　　의외로운 조화를 미칠 듯이 '탐색한다.' 그것은 시작의 감미
롱사르[1]　로움이요, 목가적인 사랑의 시간이다. 이 행복한 시간은 '다
　　음 단계'와 대립되는 것으로서(적어도 추억 속에서) 그 정체

성(그 닫힘)을 갖게 된다. 그런데 다음 단계란 고통·상처·고뇌·비탄·원한·절망·당혹·함정의 긴 행렬로서, 그것의 희생물인 나는 끊임없이 그 사람, 나 자신, 그리고 우리 서로를 발견하게 해준 그 경이로운 만남마저도 실추하게 될지 모른다는 그런 두려움 속에 산다.

2 자살하지 않는 연인들도 있다. 즉 사랑의 만남을 잇는 이 '터널'로부터 나는 빠져나올 수 있다. 이 불행한 사랑에 하나의 변증법적인 돌파구를 마련하거나(사랑은 하면서도 최면의 상태에서는 벗어나는), 또는 이 사랑을 버리고 아직도 내 마음속에 눈부신 광채로 남아 있는 그 만남을 다른 사람들과 다시 하기 위해 재출발함으로써 그 빛을 되찾을 수도 있다. 왜냐하면 만남이란 '처음의 기쁨'에 속하며, 따라서 그것이 다시 돌아올 때까지 나는 멈출 수가 없는 것이다. 나는 긍정을 긍정하고, 반복함이 없이 다시 시작한다.

(만남은 찬연히 빛난다. 오랜 시간이 지난 후 사랑하는 사람은 추억 속에서 사랑의 행로의 세 순간을 단 하나의 순간으로 만들 것이다. 그리하여 다만 '사랑의 눈부신 터널'에 대해서만 말할 것이다.)

---

1) 롱사르(Ronsard): "내가 감미로운 시작에 사로잡혔을 때 그렇게도 감미로운 감미로움의……."
  (〈그 모습은 감미로웠느니라〉)

3 만남에서, 나는 계속되는 붓놀림으로 한번도 실패하지 않고 내 환상의 그림을 완성시켜 주는 그 누군가를 만났다는 데 대해 감탄한다. 나는 마치 자신의 욕망의 퍼즐을 단번에 맞추게 하는 그 마지막 조각에 틀림없이 손이 가닿는 운좋은 노름꾼과도 같다. 그것은 유사점·공범 관계·내면성의 점진적인 발견으로(또 검증 수단으로) 나는 그것을 다른 누군가와 영원히 유지할 수 있으며(내 생각에), 그리하여 그 누군가는 이제 나의 '그 사람'이 되어간다. 나는 이 발견에 내 혼신의 힘을 기울이고 있어(그로 인해 내가 전율하는), 마침내는 이런 만남의 대상에 대한 강렬한 호기심이 사랑과 동등하게 된다(젊은 모라이트가 여행중의 샤토브리앙에 대해 느낀 감정도 분명 사랑이라 할 수 있는 것이었다. 그녀는 그의 사소한 몸짓까지도 하나하나 뚫어져라 살펴보며 그가 떠날 때까지 줄곧 따라다니는 것이었다). 만남의 순간마다 나는 그 사람에게서 또 하나의 나를 발견한다. **당신 이거 좋아하세요? 어쩜 저도 그런데요! 저건 좋아하지 않나요? 저도 마찬가지예요** 등등. 부바르와 페퀴셰가 처음 만났을 때도 그들은 공동의 취향을 늘어놓으며 감탄해 마지않는다. 바로 이것이 의심할 여지없는 진짜 사랑의 장면이다. 만남은 사랑하는 사

샤토브리앙[2]

부바르와 페퀴셰[3]

---

2) 샤토브리앙(Chateaubriand), 《파리에서 예루살렘까지의 여정》, p.832. 프랑스 낭만주의 문학의 대표자로 《아탈라》《르네》《무덤 너머서의 회상》 등의 저자이다. 여기 인용된 작품은 근동의 성지 방문 체험을 기록한 것으로 1811년에 발표한 것이다.〔역주〕
3) 앞의 〈서문〉 역주 10) 참조.〔역주〕

람 위에(이미 매혹된) 초자연적인 우연이라는 도취감을 투사한다. 사랑은 일종의 주사위 던지기와도 같은 것이다(디오니소스적인 의미에서).

R. H.[4]

(그들은 아직 서로를 모른다. 그러므로 이야기를 나누어야만 한다. "나는 바로 이런 사람입니다" 등등. 그것은 서사적 즐김(jouissance narrative)의 시간이다. 즉 앎을 충족시켜 주면서도 동시에 늦추는, 한마디로 말해 다시 **재출발시키는** 즐김. 사랑의 만남에서의 나는 끊임없이 튀어오른다. 나는 **가볍다**(léger).)

---

4) 하바스(R. Havas)와의 대화에서.

울 림

울림 RETENTISSEMENT
사랑의 주관성의 일반적인 양상. 한마디 말, 하나의 이미지가 사랑하는 사람의 감정적인 의식 속에서 고통스럽게 울리는 것.

1   지금 내 마음속에서 울리는 것은 내가 내 몸으로 알게 되는 바로 그것이다. 뭔가 미세하고 뾰족한 것이 이제껏 일반적인 상황의 합리적인 지식 속에서 졸고 있던 내 몸을 갑자기 깨어나게 한다. 말·이미지·상념들이 채찍처럼 작용한다. 내 내면의 몸은, 마치 서로 응답하며 겹쳐지는 트럼펫 소리에 뒤흔들린 것처럼 진동하기 시작한다. 자극은 흔적을 남기며, 또 그 흔적은 점점 확산되어 모든 것을 잠식한다(다소간 빨리). 사랑의 상상계 안에는, 가장 경미한 자극과 실제 그 결과로서 일어난 일 사이에는 아무 차이도 없다. 시간은 앞으로(갑자기 어떤 재앙에 대한 예감이 내 머릿속에 떠오른다), 그리고 뒤로(나는 공포 속에서 '지나간 일들을' 회상한다) 흔들거린다. 아무것도 아닌 것에서부터 온갖 추억과 죽음의 담론이 솟아올라 나를 휩쓸어 간다. 그것은 울림의 —— 니체

니체[1]

가 '한(恨; ressentiment)'이라고 불렀던 것──무기인 기억
의 제국이다.

(울림은 "인물들의 상태를 갑자기 바꾸어 놓는 하나의 예측 못
할 사건에서 생긴다." 이것이 연극에서 말하는 사건의 '반전'이
요, 회화에서 말하는 '유리한 순간(moment favorable)'이다. 초췌
하고 낙담한 주체에 대한 비장한 그림.)

디드로[2]

2 울림의 공간은 몸이다. 이 상상적인 몸은 너무도 '긴밀히 결
   합되어'(유착되어) 있어 나는 그것을 일종의 일반화된 동요
   로밖에는 달리 체험할 수 없다. 이 감정의 동요는(수치심이
   나 감동으로 얼굴이 붉어지는 것과도 같은) 갑작스런 겁먹음
   (trac)이다. 무슨 일을 하기 전에 내가 느끼는 그 일반적인 겁
   먹음의 상태에서는 미래의 내 모습, 즉 실패·중상모략·스
   캔들의 대상이 된 내 모습이 보인다. 그러나 사랑의 겁먹음
   에서는 내 자신의 파멸을 두려워한다. 말이나 이미지의 섬
   광 속에서 내가 갑작스레 목격하는 그 확실하고도, 잘 형성
   된 파멸을.

디드로[3]

---

1) 니체: 들뢰즈의 《니체와 철학》, p.142에서.
2) 디드로, 《전집》, III.
3) 디드로: "말은 사건이 아닌, 우리가 그 빛을 통해 사건을 인지하는 하
나의 섬광이다."

3 플로베르는 쓸 말이 생각나지 않으면 의자에 몸을 내던졌다고 한다. 이것을 그는 '소금물에 절이기(marinade)'라 불렀다. 무엇인가가 지나치게 격렬하게 울리면, 그것은 내 몸속에서 대소동을 일으켜 나는 모든 작업을 중단할 수밖에 없게 된다. 그러면 나는 침대 위에 드러누워 아무 저항 없이

로이스브루크[4] 이 '내적인 폭풍우(tempête interieure)'에 몸을 내맡긴다. 자신에게서 모든 이미지를 비우는 선종의 수도승과는 달리, 나는 이미지로 채워지는 자신을 그냥 내버려두며 그 쓰디쓴 맛을 끝까지 느끼고자 한다. 그러므로 우울증은 그 나름의 몸짓을, 코드화된 몸짓을 갖고 있으며, 바로 이 점이 우울증의 한계인지도 모른다. 왜냐하면 울림이 약화되어 단지 울적한 권태감 같은 것에 자리를 내주려면, 어느 순간 이 몸짓(공허한)을 다른 몸짓으로 바꾸기만 하면 되기 때문이다(금방 일을 하려는 것도 아니면서 자리에서 일어나 책상 앞으로 가든가 하는 따위). 침대(낮 동안의)는 상상계의 장소이며, 책상은 거기서 무엇을 하든 또다시 현실이다.

4 X⋯는 나와 관련된 불유쾌한 소문을 전해 준다. 이 사건은 내 마음속에서 두 가지 방식으로 울린다. 하나는 메시지의 내용을 액면 그대로 받아들여 그 허위성에 분개하고 그것을 부인하는 등등의 행위이고, 다른 하나는 X⋯로 하여금

---

4) 로이스브루크, 《선집》, p.16.

내게 상처를 주는 정보를 전하게끔 부추긴(그 자신도 의식하지 못하면서) 그 작은 공격적인 움직임을 간파하는 것이 그것이다. 전통적인 언어학은 메시지만을 분석한다. 그러나 능동적인 문헌학은 무엇보다도 메시지를 유도하는(혹은 유인하는) 힘(여기서는 반발적인)을 해석하거나 평가하려고 애쓴다. 그렇다면 내가 하는 것은 무엇일까? 나는 이 두 개의 언어학을 결합하여 서로서로에 의해 확대시킨다. 나는 메시지의 실체(이를테면 소문의 내용) 속으로 고통스럽게 파고들면서, 또 한편으로는 그 메시지를 설정하는 힘을 의혹의 시선으로 신랄하게 따져 보는 것이다. 그러나 나는 양쪽에서 다 실패하며, 도처에서 상처를 받는다. 울림이란 완벽한 말 듣기의 열성적인 실천을 의미한다. 타자가 말하는 동안 '표류하는' 분석자와는 달리(그는 그럴 만한 충분한 이유가 있다), 나는 완전한 의식 상태에서 전부 듣는다. 나는 모든 것을 듣는 자신을 가로막을 수가 없다. 내게 고통스런 것은 바로 이런 말듣기의 순수성이다. 모든 '소음'이 제거된, 그러나 그 다중적인 의미를 어느 누가 고통 없이 견디어낼 수가 있단 말인가? 울림은 말듣기를 이해할 수 있는 소요로 만들며, 또 사랑하는 사람을 거대한 청각 기관으로 축소된 괴물 같은 청취자로 만든다. 마치 듣기 자체가 곧 발화의 상태로 들어가는 것을 의미한다는 것처럼, 내게서 말하는 것은 바로 내 귀이다.

아침의 노래

깨어남 RÉVEIL

사랑하는 사람이 잠에서 깨어나면서 자신의 정념으로 인한 걱정거리에 휩싸이게 되는 여러 양상.

1 베르테르는 자신의 피로에 대해 말한다("끝까지 괴로워하게
베르테르[1] 끔 나를 좀 내버려두었으면 하네. 지칠 대로 지쳐 있지만, 그럴 힘
은 충분히 있으니까"). 사랑의 근심은 육체적인 노동만큼이나
S. S.[2] 육체를 혹사시키고 소모한다. "나는 너무도 괴로워했다. 하
루 종일 사랑하는 이의 이미지와 싸웠더니 밤에는 잠이 잘
베르테르[3] 왔다"라고 누군가는 말한다. 베르테르 또한 자살하기 바로
직전 침대에 드러누워 오랫동안 잠을 잤다.

2 서글픈 깨어남, 마음이 찢어지는 듯한(다정함으로) 깨어남,

1) 《베르테르》, p.103.
2) 사르뒤(S. Sarduy)가 전해 준 이야기.
3) 《베르테르》, p.140.

텅빈 깨어남, 순진한 깨어남, 까닭 모를 불안한 깨어남(옥타브는 기절했다 깨어난다. "그러자 갑자기 그의 불행이 생각 속에서 명백해졌다. 사람은 고통으로는 죽지 않는다. 그렇지 않다면 나는 이 순간에 벌써 죽어 있었을 것이다").

스탕달[4]

---

4) 스탕달, 《아르망스》, p.115.
　1827년에 발표된 이 작품은 주인공 옥타브의 모호한 성적 정체성을 주제로 한 소설이다.[역주]

언 쟁

언쟁 SCÈNE
이 문형은 상호간의 반론을 교환하는 것으로서의 모든 '언쟁'(가
정적인 의미에서)을 가리킨다.

1 두 명의 주체가 정해진 순번에 따라 대사를 교환하고 '결정
   적인 발언'을 하려고 말다툼을 하고 있다면, 이 두 주체는
   이미 결혼한 사람들이다. 그들에게 있어 언쟁이란 권리의 행
   사요, 그들이 공동으로 소유하고 있는 언어의 실천이다. **각자
   차례대로**라고 언쟁은 말한다. 이 말은 **내가 없이는 당신도
   없어요** 혹은 그 반대되는 것을 의미한다. 이것이 바로 완곡
   한 표현으로 **대화**(dialogue)라는 것이다. 서로의 이야기를 듣
   지 말 것, 그러나 말이라는 재산의 분배에 있어 평등의 원칙
   에 공동으로 복종할 것 등등. 그들은 자신들이 벌이는 이 싸
   움이 그들을 헤어지게 하지 못하리라는 것을, 그러므로 변
   태적인 쾌락만큼이나 비결과론적이라는 것을 잘 알고 있다
   (언쟁은 아이를 만들지 않고도 재미를 볼 수 있는 한 방법이다).
   첫번째 언쟁과 더불어 언어는 그 불필요한 동요로서의 긴

행로를 시작한다. 소크라테스가 등장하기 이전에 비극을 부
패시켰던 것도 바로 이 대화였다(두 배우의 경합인). 그리하
여 독백(monologue)은 인간적인 것의 경계까지 밀려나갔다.
그리하여 그것은 고대의 비극에서나 정신분열증의 몇몇 형
태, 그리고 사랑의 독백 안에서만 존재한다(그것도 내 정신
착란 상태를 '유지하고,' 그 사람을 언어의 정해진 반론 안으로
끌어들이려는 욕구를 포기하는 한에서만 가능하다). 그것은 마
치 배우의 원형이나 미치광이, 그리고 사랑하는 사람이 말
의 주인공으로 나서기를 거부하고, 성인의 언어, 심술궂은
에리스[3]가 읊어 주는 사회적인 언어, 보편적인 신경증의 언
어에 예속되는 것을 거부하는 것과도 같다.

니체[1]

야콥슨[2]

2 《베르테르》는 사랑하는 사람의 순수한 담론이다. 그 독백(목
가적인, 고뇌에 찬)은 단 한번 자살하기 직전의 마지막 순간

베르테르[4]

---

1) 니체: "주인공과 합창단이 말을 주고받는 것과 유사한 형태가 이미
이전에 존재했었다. 그러나 그 중 하나가 다른 하나에 종속된 이후로 변
증법적인 **투쟁**은 불가능하게 되었다. 그렇지만 두 명의 주인공이 마주
서기만 하면, 우리는 헬레니즘적인 본능과 일치하는 말과 논쟁의 경합
이 생겨나는 것을 보게 되는데, 이것이 사랑의 대화이다. 이 대화[우리가
언쟁이라 부르는 짓]는 그리스 비극에서는 항상 미지의 것이었다."(〈소크
라테스와 비극〉, 《유고집》, p.42)
2) 야콥슨(Jakobson), 〈대담〉, 《비평》지, 348호.
3) 에리스(Eris)는 불화의 여신으로 트로이 전쟁을 유발케 한 장본인으
로 알려져 있다. 즉 파리스에게 황금 사과를 던져줌으로써 세 여신간의
불화를 일으켜 그로 인해 트로이 전쟁이 발발되었다는 것이다.[역주]
4) 《베르테르》, p.123 s.

에 가서야 끊긴다. 베르테르가 로테를 방문하자, 로테는 크리스마스 이전에는 다시 찾아오지 말라고 부탁한다. 이 말은 베르테르가 자주 찾아와서는 안 된다는, 그리고 이제는 더이상 그의 열정을 받아들일 수 없다는 것을 의미한다. 그리하여 언쟁이 벌어진다.

언쟁은 하나의 차이점에서 출발한다. 로테는 거북해하고, 베르테르는 흥분한다. 로테의 거북해하는 모습을 보면서 베르테르는 더욱 흥분한다. 그러므로 언쟁에는 에너지의 차이에 의해(언쟁은 전기를 띤 것이다) 나누어진 단 한 명의 주체가 있을 뿐이다. 이런 불균형이 작동하기 위해서는(발동기마냥), 또는 그 속도를 가속화하기 위해서는 어떤 미끼——양편이 다 자기 쪽으로 끌어들이려고 하는——가 필요하다. 일반적으로 이 미끼는 하나의 사실이거나(한쪽은 긍정하고, 다른 한쪽은 부인하는), 혹은 결정(한쪽은 강요하고, 다른 한쪽은 거부하는. 《베르테르》에서는 자주 찾아오지 말라는 로테의 명령이 그것이다)일 수 있다. 합의를 본다는 것은 논리적으로 불가능하다. 왜냐하면 논쟁의 대상이 되는 것은 어떤 사실이나 결정, 즉 언어 밖의 그 무엇이 아니라 그것을 선행하는 것이기 때문이다. 언쟁에는 대상이 없으며, 혹 대상이 있다 하더라도 금방 상실된다. 언쟁은 대상이 상실된 언어이다. 언쟁에서의 대사(réplique)는 증명하거나 설득하기 위한 어떤 결론도 갖고 있지 않으며, 거기에는 단지 발단만이 있으며, 이 발단 또한 즉각적이라는 속성을 가진다. 언쟁에서 나는 상대방이 방금 말한 것을 물고 늘어지는 것이다. 언쟁의 주체는(분리된, 그렇지만 공동의) 이행시(distique)로 발화한다. 이것이 바로 고대 그리스 비극에서 대화자들이 한행한행 서로 묻고 대답하는 '스티코미티아'라는 것으로, 이 세상에서 벌어지는 모든 종류의 언쟁의 원형이다(언쟁의 상태에 있을 때 우리는 '행'으로 말한다). 그러나 이 메커니즘이 아무리 규칙적인 것이라 할지라도, 출발의 차이점은 각 이행시 안에서 다시 찾아져야만 한다. 이렇게 해서 로테는 자신의 논지를 항상 일반적인 명제로 끌고 가며("당신이 나를 원하는 까닭은 그것이 불가능한 일이기 때문이죠"), 베르테르는 사랑의 상처의 여신이라 할 수 있는 우발적인 것으로 끌고 가는 것이다("당신의 결정은 알베르트에게서 온 것임에 틀림이 없습니다"). 각 논지(각 이행시의 구절)는 서로 대칭을 이루도록 선택된다. 다시 말하자면 앞의 구절과 동등하면서도 반론이 더 첨가된 그런 형태로 나타난다. 간단히 말해 **경매**의 형태이다. 그러나 이 경매는 단지 "그럼 난! 그럼 난!(Et moi! Et moi!)"이라는 나르시스의 외침에 불과하다.

어원[5]

3 언쟁은 ⠆⠆문장과도 같다. 구조적으로 그것을 멈추도록 강요하는 것은 아무것도 없다. 어떤 내적인 제약도 언쟁을 고갈시키지 못한다. 왜냐하면 언쟁은 ⠆⠆문장과 마찬가지로 핵심만 주어지면(하나의 사실이나 결정 같은) 무한한 확대가 가능

---

5) 어원: 스티코미티아(stichomythia)의 '스티코스(stichos)'는 행·열을 뜻한다.(앞의 〈다변〉 역주 5) 참조)

한 그런 것이기 때문이다. 단지 그것의 구조 밖에 있는 어떤 외적인 상황만이 언쟁을 중단시킬 수 있다. 이를테면 두 파트너의 피로(한 사람의 피로만으로는 충분치 않다), 혹은 제삼자의 등장(《베르테르》에서는 알베르트의 등장), 혹은 욕망이 갑자기 공격적인 양상으로 바뀌는 것 등이 그러하다. 이런 사건들이 아니고서는 어떤 파트너도 언쟁을 저지할 힘이 없다. 나는 어떤 방법을 가지고 있을까? 침묵일까? 그러나 침묵은 언쟁에 대한 **의지**를 부채질할 뿐이다. 나는 언쟁을 삭제하거나 완화시키기 위해 대답하지 않을 수밖에 없다. 그렇다면 합리적인 설득? 그 누구도 상대방의 말문을 꽉 막아 버릴 만큼 흠잡을 데 없는 '금속'이 될 수는 없다. 언쟁 자체에 대한 분석? 언쟁에서 메타-언쟁(méta-scène)으로 넘어간다는 것은 또 다른 언쟁을 끌어들이는 것이다. 그렇다면 회피? 그러나 그것은 **이미** 이루어진 변절의 기호이다. 커플은 **이미** 깨어진 것이다. 사랑과 마찬가지로 언쟁도 항상 상호적이다. 그러므로 언쟁은 언어처럼 끝이 없다. 언쟁은 무한대 속에서 포착된 언어 그 자체이며, 바로 이런 '끝없는 찬미'가 인간이 존재한 이래로 **말하기를 멈추지 않게** 하는 것이다.

(X…는 그에게 주어진 문장을 결코 이용하지 않는다는 장점을 갖고 있었다. 일종의 드문 금욕적 태도로 그는 **결코 언어의 득을 보려고 하지 않았던 것이다.**)

4 어떤 언쟁도 의미를 갖지 않으며, 어떤 언쟁도 해명이나 변형 쪽으로 발전하지 않는다. 언쟁은 실제적인 것도, 변증법적인 것도 아니다. 그것은 사치스럽고 한가하며, 변태적인 오르가슴만큼이나 비결과론적이다. 그것은 흔적을 남기지 않으며, 더럽히지도 않는다. 역설적이긴 하지만 사드에게는 폭력 또한 흔적을 남기지 않는다. 육체는 새로운 소모를 위해 순식간에 복원된다. 끊임없이 혹사당하고 더럽혀지고 찢기면서도, 쥐스틴은 항상 싱싱하고 온전하며 생기 있는 모습이다. 언쟁의 파트너도 이와 마찬가지이다. 과거의 언쟁으로부터 아무 일도 없다는 듯 다시 태어난다. 무의미한 소동에 지나지 않은 언쟁은, 로마인들의 구토 장면을 연상시킨다. 나는 일부러 목젖을 간질여(반박을 하려고 자신을 부추기며) 토하고(상처를 주는 말들을 마구 뱉으며), 조용히 다시 먹기 시작한다.

사드[6]

5 무의미한 언쟁은 그렇지만 그 무의미함과 싸우기도 한다. 언쟁의 모든 파트너들은 각자 자신이 **결정적인 말**을 할 수 있기를 꿈꾼다. 마지막으로 말한다는 것, 즉 '결론을 내린다는 것'은 지금까지 말해진 모든 것에 하나의 운명을 부여하는 것이요, 의미를 지배하고, 소유하고, 사면하고, 위협하는 것이다. 말의 공간에서는 마지막으로 말하는 자가 정해

6) 앞의 〈얼어붙은 세상〉 역주 6) 참조.[역주]

진 특권에 따라 교수나 대통령·판사 혹은 고해신부가 차지하는 것과도 같은 최고의 자리를 차지하게 되는 것이다. 모든 언어 투쟁(과거 소피스트들이 '마키아(machia)'라 불렀던 것, 혹은 스콜라학파 학자들이 '논쟁(disputatio)'이라 불렀던 것)의 목적은 이 최고의 자리를 차지하는 데 있다. 최후의 결정적인 말로 나는 상대방에게 치명적인 상처를 가하여(나르시스적인 생각이긴 하지만) 그를 혼란시키며, '해치워 버리려는' 것이다. 혹은 그를 침묵 속으로 몰아넣어 모든 말로부터 거세하려는 것이다. 언쟁은 이런 승리를 목적으로 전개된다. 그러나 각각의 대사가 어떤 진실의 승리를 위해 이바지한다거나, 또 그 진실을 조금씩 구축하려는 것도 전혀 아닌, 다만 **마지막** 대사가 적절하기만 하면 되는 것이다. 중요한 것은 마지막 주사위이다. 언쟁은 장기놀이와는 전혀 다른, 차라리 고리찾기놀이와 흡사하다. 그러나 여기서의 놀이 규칙은 거꾸로다. 놀이가 멈추는 순간에 자기 손에 고리를 갖고 있는 사람이 이기는 것이다. 고리는 언쟁 내내 돌아다니며, 승리는 그 작은 동물을 포획한 자에게 돌아간다. 고리를 소유함으로써, 다시 말해 마지막 결정적인 말의 소유가 전능의 힘을 보장한다.

베르테르[7]   《베르테르》에서 언쟁은 협박으로 장식된다. "내게 휴식할 시간을 좀 주십시오, 그러면 모든 일이 잘될 겁니다"라고 베르테르는 로테에게 처량하고도 협박하는 듯한 어조로 말한

---

7) 《베르테르》, p.125.

다. 말하자면 이 말은 "당신은 곧 나에게서 해방될 것입니다"란 뜻이다. 그것은 결정적인 말을 한다는 환상을 주기에 일종의 쾌감마저도 깃들인 말이다. 언쟁의 주체가 진정으로 단호한 결정적인 말을 하기 위해서는 자살 이상의 것은 없다. 자살을 통고하는 즉시 베르테르는 **두 사람 중 가장 강한 사람이 된다**. 이렇게 하여 우리는 다시 한번 죽음만이 문장이나 언쟁을 중단시킬 수 있다는 사실을 알게 된다.

영웅/주인공(héros)이란 무엇일까? 그것은 마지막 결정적 발언을 하는 사람이 아닐까? 죽기 전에 말하지 않는 영웅/주인공이란 존재하지 않는다. 그러므로 마지막 말을 포기하는 것은(언쟁을 거부하는 것은) 반영웅주의적 도덕관과 관계된다. 이것이 아브라함의 도덕관이다. 요구된 희생이 끝날 때까지 그는 아무 말도 하지 않는다. 아니면 덜 연극적인 까닭에(침묵은 훌륭한 연극이다) 보다 전복적인 반격도 있다. 마지막 말을 엉뚱한 짓으로 얼버무리는 것이 그것이다. 선종의 한 스승은 "부처님은 누구십니까?"라는 경건한 질문에 그 유일한 대답으로 신발을 벗어 머리 위에 올려놓고는 떠나 버렸다. 마지막 결정적 말의 완전무결한 해체, 비지배의 지배(maîtrise de la non-maîtrise).

키에르케고르[8]

선(禪)

---

8) 키에르케고르(Kierkegaard), 《공포와 전율》.

"성직자는 한 사람도 따라가지 않았다"

홀로 SEUL
이 문형은 오늘날 어떤 중요한 사유적(담론적) 체계도 사랑/정념을 다루지 않음으로써, 사랑하는 사람의 인간적인 고독이 어떠하든간에 그의 '철학적' 고독만을 대상으로 한다.

1 마치 '잘못 생각하기 위해(se tromper)' 자기 앞에 영원이라도 있다는 듯, 모든 사람에 대해 모든 사람에 맞서 실수를 고집하는 주체를 과연 무엇이라 불러야 할까요? 우리는 그를 '상습 과실자(relaps)'라고 부른다. 이 사랑에서 저 사랑으로, 혹은 동일한 사랑의 내부에서든, 나는 어느 누구도 나와 함께 공유하지 않는 내적인 학설 속으로 계속 '추락한다.' 베르테르의 시체가 두 그루의 보리수나무(그 향기만 맡아도 추억과 수면을 불러일으키는)가 있는 묘지 한구석으로 옮겨졌을 때, "성직자는 한 사람도 따라가지 않았다"(이것이 《베르테르》의 마지막 구절이다). 이렇듯 종교가 처단하는 것은 베

베르테르[1]

---

1) 《베르테르》, p.151.

르테르가 단지 자살자라는 이유만은 아닌, 어쩌면 그에게서 사랑하는 사람, 유토피아 지향자, 신분 이탈자, 자기 외에는 그 누구와도 '연결되지' 않은 자를 본 때문이 아닐까?

어원[2]

2 《잔치》에서 에뤼크시마코스는 어디선가 소금에 대한 찬사는 읽은 적이 있지만, 에로스에 관한 것은 아무것도 읽은 적이 없다고 빈정거리는 투로 말한다. 이것은 에로스가 대화의 주제로 금지되었으며, 《잔치》의 작은 모임이 이를 토론의 주제로 삼았기 때문이다. 그것은 마치 오늘날의 지식인들이 시대의 흐름에 역행하여 정치가 아닌 사랑을, 욕구(사회적인)가 아닌 욕망(사랑의)을 논의하기로 결정하는 것과도 같다. 대화의 편벽성은 이 대화가 체계적이라는 데 있다. 즉 《잔치》의 회식자들이 모여 산출하려는 것은 어떤 입증된 사실이나 체험담이 아닌 학설이다. 그들 각자에게서 에로스는 하나의 체계이다. 그렇지만 오늘날에는 사랑에 관한 어떤 체계도 존재하지 않는다. 현대의 연인을 둘러싸는 어떤 체계도 그에게 끼어들 자리를 주지 않는다(그것이 평가절하된 자리가 아니라면). 귀에 들리는 이런저런 언어에 아무리 주의를 기울여 보아도, 그에게 응답하는 것은 아무것도 없다. 그가 사랑하는 것으로부터 그의 마음을 돌려 놓으려

잔치[3]

---

2) 프랑스어의 '연결하다(relier)'의 라틴어 어원은 묶다, 끈으로 동여매다란 뜻의 'religare'이다.
3) 《잔치》, p.37.

는 것을 제외하고는. 기독교적 담론은(만약 아직도 그런 것이 존재한다면) 그로 하여금 억제하거나 승화할 것을 요구한다. 정신분석학적인 담론은(적어도 그의 상태를 묘사하는) 그의 상상계의 장례를 치르도록 부추긴다. 그리고 마르크스적인 담론으로 말하자면, 그것은 아무 말도 하지 않는다. 내 '광기'(내 '진실')를 **어디에선가**(그곳이 어디든간에) 인정받기 위해 이런 문들을 두드리고 싶은 욕망에 사로잡힐 때, 그때 이 문들은 차례차례로 닫혀진다. 그리하여 모든 문들이 닫혀졌을 때, 내 주위에는 나를 매장하고 억압하고 배척하는 언어의 벽이 세워진다. 적어도 내가 **회개**하고 X…로부터 **벗어나기로** 동의하지 않는 한.

("사랑하는 이가 길에서 몸이 불편해 약을 달라고 고통스럽게 소리를 지르는 악몽을 꾼 적이 있다. 미친 듯이 뛰어다니는데도 행인들은 가혹하게 거절하며 그냥 지나가는 것이었다. 그러자 그 사람의 고통은 히스테리 증세를 보이기 시작했고, 나는 이런 그를 비난했다. 얼마의 시간이 지난 후 나는 그 사람이 바로 나 자신이었다는 걸 깨닫게 되었다. 물론 그렇지 않다면 다른 누구에 대해 꿈을 꿀 수 있단 말인가? 나는 지나가는 모든 언어들(모든 체계)에게 호소했고, 거부당했고, 그럼에도 불구하고 소란스럽게, **파렴치하게** '나를 이해하고' '나를 받아 줄' 철학을 달라고 부르짖는 것이었다.")

3 사랑하는 사람의 고독은 인간의 고독이 아닌(사랑은 스스로 속내 이야기를 털어놓고 말하고 얘기한다) 체계/시스템의 고독이다. 나는 사랑을 시스템으로 만드는 유일한 사람이다(그 것은 어쩌면 내가 계속해서 유아론적인 담론으로 내던져지기 때문일 것이다). 어려운 역설이긴 하지만, 모든 사람은 내 말을 이해할 수는 있지만(사랑은 책에서 오며, 또 그 방언은 일반적인 것이다), **정확히 지금** 나와 동일한 언어를 가진 사람만이 내 말을 알아들을 수 있을 것이다('예언적으로' 받아들일 수 있을 것이다). 모든 연인은 독사에 물린 사람과 흡사하다고 알키비아데스는 말한다. "흔히들 말하는 것을 들으면 독사에 물린 사람은 그것이 어떤 것인지, 그런 일을 겪은 사람 말고는 어느 누구에게도 들려주기를 꺼린답니다. 너무도 아픈 나머지 무슨 짓을 하든지, 무슨 말을 하든지, 이런 사람들만은 알아주고 용서도 해줄 것이라고 생각하기 때문이죠." 어떤 위대한 언어도(단편적이나마 지나간 빛바랜 **소설**(Roman)의 언어를 제외하고는) 자신의 목소리를 '**굶주린 영혼**'이나 사랑 때문에 **자살하는 사람들**(동일한 연인이 얼마나 자주 자살하지 않았겠는가?)의 그 초라한 무리에게는 빌려주지 않는다.

잔치[4]

로이스브루크

4 당시의 교회에서 용인되지 않았던 신비주의자들처럼, 사랑의 주체로서의 나는 충돌하지도 항의하지도 않는다. 다만 대

---

4) 《잔치》, p.167.

화를 하지 않을 뿐이다. 권력이나 사상·지식·행정 등의 기구와. 그렇다고 해서 내가 '탈정치화(dépolitisé)' 되었다는 말은 아니다. 내 이탈은 '흥분하지(excité)' 않았다는 데 있다. 사회는 그 보복으로 내게 금지도 징계도 아닌 이상한 형태의 억압을 공공연하게 가한다. 무의미한 것에 대해 행해지는 그 묵시적인 칙령에 의해, 나는 인간적인 것과는 거리가 먼 **반인간적인**(a humanis) 것에 계류된다. 나는 어떤 목록에도 끼이지 못하며, 어떤 보호소에도 들어가지 못한다.

5 왜 나는 혼자인가:

도(道)[5]

"모든 이는 재산을 갖고 있건만,
나만이 무일푼인 듯 보이네.
내 머리는 일자무식의 그것,
너무나 둔하기 때문.
모든 이는 명석하건만,
나만이 어둠 속에 있네.
모든 이는 영민한 재치를 가졌건만,
나만이 혼란한 머리를 가졌네.
바다처럼 출렁거리고, 바람처럼 윙윙거리는.
모든 이는 정확한 목표를 갖고 있건만,

---

5) 도(道): 《도덕경》, XX, p.85.

나만이 농부처럼 무딘 머리를 가졌네.
그러나 나만이 다른 사람과 다르네.
그건 내가 어머니의 젖가슴을 빨고 싶어하기 때문이
  라네.”

기호의 불확실성

기호 SIGNES

사랑하는 사람은 자신의 사랑을 증명해 보이려거나, 혹은 그 사람이 진정으로 자기를 사랑하는지를 확인해 보고 싶을 때면, 어떤 확실한 기호 체계도 수중에 갖지 못한다.

1 나는 기호를 찾는다? 그러나 무엇의 기호를? 내가 읽으려는 것은 무엇일까? 내가 사랑받고 있다는(아니면 더이상 사랑받지 못한다는? 혹은 아직도 사랑을 받고 있다는)? 또는 고문서학과 점성술을 혼합한 방식으로 내게 일어날 일의 예고가 기록된 것을 해독하면서 내 미래를 읽으려는 걸까? 결국 내가 매달려 있는 질문은, 그리하여 내가 그 사람의 얼굴에서 끈질기게 그 대답을 요구하는 것은 **난 당신에게 어떤**

발자크[1]

---

1) 발자크: "그녀는 소위 이 방면에 권위자였고, 그래서 사랑의 특성은 아주 하찮은 것 안에 씌어져 있다는 것을 잘 알고 있었다. 총명한 여인은 자신의 미래를 하나의 단순한 몸짓에서도 읽을 수 있다. 마치 퀴비에가 짐승의 발 한 부분을 보면서 이것은 어떤 크기의 짐승의 것이다라고 말할 수 있었던 것처럼."(《카디강 공작부인의 비밀》)

가치가 있죠?라는 질문이 아닐까?

2 상상계의 위력은 즉각적이다. 나는 이미지를 찾으려 하지 않는다. 그것은 갑자기 내게로 온다. 그런 다음에야 나는 이미지로 되돌아가서 끝없이 그것의 좋은 것과 나쁜 것을 엇갈리기 시작한다. "난 당신을 높게 평가한다오란 그 짧은 말은 무슨 뜻일까? 그보다 더 냉정한 말이 또 있을까? 그 말은 과거의 내밀한 관계로 다시 돌아가고 싶다는 뜻일까? 아니면 불쾌한 설명을 피하려는 예의바른 표현에 지나지 않는 걸까?" 나는 스탕달의 소설에 나오는 옥타브처럼 **정상적인** 것이 무엇인지를 결코 알지 못한다. 모든 이성에서 차단된(난 그 사실을 잘 안다) 나는, 해석하기 위해 상식적인 것에 자신을 내맡기고 싶어한다. 그러나 상식은 명백히 모순되는 사실만 제공한다. "도대체 왜 그래? 한밤중에 외출해서 네 시간 후에야 돌아오는 것은 어쨌든 정상적인 일은 아니잖아!" 혹은 "그래도 불면증에 걸렸을 때는 한 바퀴 도는 것이 정상적이지" 등등. 진실을 바라는 자에게는 항상 강렬하고 생생한 이미지만이 전달된다. 그러나 그가 이미지를 기호로 변형하려는 순간, 그 이미지는 모호해지고 불확실해져 버리는 것이다. 모든 점술에서와 마찬가지로 상담을 청하는 연인은 스스로 자신의 진실을 만들어내야 한다.

스탕달[2]

---

2) 스탕달, 《아르망스》, p.57.

3 프로이트는 약혼녀에게 이렇게 말한다. "나를 괴롭히는 것
은 단지 내 사랑을 당신에게 증명해 보일 수 없다는 그 불
가능성이오"라고. 그리고 지드는 "그녀의 모든 태도가 그
이가 나를 더이상 사랑하지 않으니 이젠 아무것도 중요하
지 않아라고 말하는 것처럼 보였다. 그런데 나는 아직도 그
녀를 사랑하고 있고, 이처럼 사랑한 적은 결코 없었는데도.
그러나 나의 이런 사랑을 증명한다는 것은 불가능하고, 그
래서 더욱 끔찍하다."

프로이트[3]

지드[4]

기호는 증거가 아니다. 누구나 거짓 기호, 혹은 모호한 기
호를 만들 수 있기에. 그리하여 우리는 역설적으로 언어의
전지전능함 쪽으로 되던져진다. 그 어떤 것도 언어를 보증
해 주지 않음으로써 나는 언어를 최후의, 유일한 보증인으
로 간주하고자 한다. 다시 말해 **나는 더이상 해석을 믿지 않
으려 한다**. 나의 그 사람으로부터 오는 말은 모두 진실의 기
호로 받아들여, 내가 말할 때 그가 그것을 진실로 받아들일
지 어떤지는 의문시하지 않으려다. 바로 여기서 선언의 중요
성이 비롯된다. 나는 그 사람에게서 그의 감정의 공식적인 표
현을 끝없이 탈취하려 하며, 또 내 편에서도 그를 사랑한다
는 말을 계속 지껄인다. 그 어떤 것도 암시나 점술 따위에는
맡겨지지 않는다. 무언가가 알려지려면 말해야만 하고, 또
그것은 일단 말해진 이상 일시적이나마 진실이 되는 것이다.

---

3) 프로이트, 《서간집》, p.36.

4) 지드, 《일기》, 1939년, p.11.

"별은 빛나건만"

추억 SOUVENIR

사랑하는 이에 관련된 물건이나 몸짓·장면 등의 행복하고도 가슴 아픈 회상으로, 연인의 담론의 문법에서는 반과거 시제의 개입을 나타나게 하는 것.

1   "우리는 찬란한 여름을 보내었다네. 나는 자주 로테네 과수
베르테르[1] 원에 가서 과일을 따는 긴 장대를 들고 나무에 올라가 꼭대기의 배를 따고, 그러면 로테는 밑에서 그걸 받는다네." 베르테르는 현재 시제로 말하고 얘기하지만, 그 정경은 이미 추억의 소명을 지닌 것이다. 이 현재 뒤에서 반과거가 낮은 목소리로 속삭인다. 그리하여 어느 날인가 내가 그 장면을 회상하게 될 때면, 나는 **과거 속에서** 길을 잃게 된다. 사랑의 정경은 처음의 황홀했던 순간처럼 뒤늦게야 만들어진다. 이것이 **건망증**이다. 내가 단지 시간만을, 시간 그 자체만을 기억한다는 것처럼 극적인 것은 전혀 없는 무의미한 것만을

---

1) 《베르테르》, p.62.

되찾게 하는 그런 건망증 말이다. 그것은 버팀이 없는 향기, 기억의 낱알, 단순한 방향제이다. 순수 소비와도 같은 그 무엇. 일본의 하이쿠만이 그것에 어떤 운명을 부여하지 않고도 표현할 수 있었던 그런 것.

(B의 정원에는 높이 매달린 무화과를 따기 위한 과일 채집기가 있었다. 대나무로 만들어진 긴 막대기 끝에는 장미꽃 무늬가 새겨진 양철로 된 깔때기가 달려 있었다. 이런 유년 시절의 추억은 마치 사랑의 추억처럼 작용한다.)

2   "별은 빛나고 있었다." 그러나 그 행복은 결코 **그대로는** 돌아오지 않는다. 건망증은 내 마음을 충족시켜 주고, 또 아프게 한다.

토스카[2]

반과거는 매혹의 시제이다. 그것은 살아 있는 것처럼 보이지만, 또 움직이지 않는다. 불완전한 현존, 불완전한 죽음. 망각도 부활도 아닌, 기억의 기진맥진한 미끼. 그 기원에서부터 하나의 역할을 하기를 열망하는 장면은 추억 속에 자리한다. 나는 장면이 형성되는 그 순간에 이미 그걸 느끼고 예감한다. 이런 시간의 연극은 잃어버린 시간의 탐색과는 반대된다. 그것은 내가 철학적으로, 담론적으로 회상하지 않

프루스트[3]

---

2) 푸치니의 《토스카》에 나오는 유명한 아리아로, 이 단상의 제목 또한 'E lucevan le stelle'로서 이탈리아어로 씌어 있다. (역주)

고 비장하게 규칙적으로 회상하기 때문이다. 즉 나는 이해하기 위해서 회상하는 것이 아니라, 불행/행복해지기 위해서 회상한다. 나는 글을 쓰지 않으며, 되찾은 시간에 대한 거대한 소설을 쓰기 위해 틀어박히지도 않는다.

---

3) 여기서 저자는 프루스트가 《잃어버린 시간을 찾아서》를 쓰기 위해 코르크 마개로 방음벽을 설치한 방에 틀어박혀 글쓰기에 몰두했던 사실을 환기하고 있다. (역주)

자살의 상념

자살 SUICIDE
사랑의 영역에서는 아무것도 아닌 일 때문에 자살의 충동이 자주 일어난다.

1   나는 아주 조그만 상처에도 자살하고 싶어한다. 사랑의 자살에는 잘 생각해 보면 동기가 없다. 그것은 아주 가벼운 상념으로, 말하자면 쉽고도 단순하며, 담론의 어느 순간에 가서 내가 필요로 하는 일종의 신속한 대수학이다. 나는 그 상념에 어떤 견고한 실체도 부여하지 않으며, 죽음이라는 상투적인 결론이나 무거운 장식도 예측하지 않는다. 다만 내가 아는 것은 **어떻게** 자살하느냐 하는 문제일 뿐이다. 그 상념은 내가 울적한 마음으로 애무하는 하나의 문장, 그러나 그 문장의 사소한 것이 나를 바꾸어 놓는 그런 문장이다. "자

스탕달[1]   신의 일생에 종지부를 찍겠다고 45분 동안 결심했던 남자가, 바로 그 순간에 자기 서가에서 생-고뱅의 거울 가격표를 찾

---

1) 스탕달, 《아르망스》, p.25.

기 위해 의자 위로 올라가는 것이었다."

2 때로 어떤 하찮은 상황에 의해 계시를 받거나, 또 그 상황이
   야기하는 울림에 휩쓸리어 갑자기 함정에 사로잡힌 듯 불
   가능한 상황(장소) 속에 꼼짝 못하는 자신을 보게 된다. 그
   러면 그때 돌파구는 단 두 개뿐(**또는** ⋯⋯ **또는** ⋯⋯ 이라는).
   그러나 그것도 모두 빗장이 걸려 있다. 어느쪽에서든 나는
   침묵을 지킬 수밖에 없다. 그러면 자살의 상념이 나를 구해
   준다. **나는 그것을 말할 수 있다**(또 그렇게 하기를 멈추지 아니
   한다). 그리하여 나는 다시 태어나고, 그 상념을 삶의 빛깔로
   채색한다. 사랑하는 이에 대해 공격적인 자세를 취하거나(잘
   알려진 공갈협박이라는 것), 혹은 죽음 속에서 그와 결합되는
하이네[2] 것을 환각하면서("당신 품속에 파묻히기 위해 나는 무덤 속으
   로 내려갈 것입니다").

3 여러 차례의 논의 끝에 학자들은 동물은 자살하지 않는다
   는 결론을 내렸다. 단지 기껏해야 말이나 개 같은 몇몇 동물
   들만이 자신의 다리를 절단하고 싶은 충동을 가졌다 한다.
   바로 이 말 이야기를 하면서 베르테르는 모든 종류의 자살
베르테르[3] 을 특징짓는 **고귀함**(no-blesse)에 대해 역설한다. "사람들은

   ───────────
   2) 하이네, 《서정적 간주곡》, p.52, p.231.
   3) 《베르테르》, p.83.

귀한 종류의 말 이야기를 하는데, 그 말은 너무 열심히 달려 흥분하게 되면 본능적으로 자신의 혈관을 물어뜯어 보다 자유롭게 호흡한다는 걸세. 나도 자주 그런 생각이 든다네. 영원한 자유를 얻기 위해 내 혈관을 열어젖히고 싶은 생각이."

지드[4] 지드의 어리석음: "나는 방금 《베르테르》를 다시 읽는 것을 마쳤는데 무척 짜증이 났다. 베르테르가 죽는 데 그렇게 많은 시간이 걸린다는 것을[이것은 완전히 잘못된 생각이다] 나는 까맣게 잊고 있었다. 하도 끝이 안 나서 어깨로 떠밀고 싶을 정도였다. 네다섯 번이나 이것이 베르테르의 마지막 숨결이거니 생각했는데 또 다른 최후의 숨결로 이어지고…… 그 너덜너덜한 떠남이 나를 진력나게 했다." 연애 소설의 주인공은 **사실적**이며(그는 절대적으로 투사적인(projectif) 질료로 만들어져 있어 사랑하는 사람들은 모두 그에게서 자신의 모습을 본다), 그리고 주인공이 원하는 것은 한 남자의 죽음, 즉 나의 죽음이라는 것을 지드는 알지 못한 것이다.

---

4) 지드, 《일기》, 1940, p.66.

그대로

그대로 TEL
사랑하는 사람은 사랑하는 이를 정의해야만 하는 그 끊임없는 요청 앞에 자신이 내리는 정의의 불확실성 때문에 괴로워하면서 모든 형용사가 배제된, 있는 그대로의 그 사람을 받아들이는 지혜를 가질 수 있기를 꿈꾼다.

1 편협된 생각: 나는 그 사람의 아무것도 인정하지 않으며, 아무것도 이해하지 못한다. 그 사람에게서 나와 관련되지 않는 것은 모두 낯설게 보이거나 적대적인 것처럼 보인다. 그렇게 하여 나는 그 사람에 대해 일종의 공포심과 가혹함이 섞인 감정을 느끼게 된다. 그 사람이 더이상 그의 이미지와 '밀착되지' 않으면, 나는 그를 두려워하고 비난한다. 나는 다만 '자유주의자(libéral),' 어떻게 보면 처량한 독단주의자인 것이다.

(내 마음속에서 지칠 줄 모르게 부지런히 돌아가는──그것은 작동이 잘된다──언어의 기계는 일련의 형용사들을 배출해 낸

다. 나는 그 사람을 형용사로 뒤덮으며, 그 **자질들**(qualitas)을 나열한다.)

2 이런 영롱한, 변덕스런 판단을 통해 하나의 고통스런 인상이 존속한다. 나는 그 사람이 끈질기게 지속되는 것을 보면서, 그 사람은 내가 부딪치게 되는 완강함 그 자체라는 것을 알게 된다. 나는 그 사람을 **움직이게** 할 수 없다는 사실에 놀라며, 내가 무엇을 하든간에, 그를 위해 무엇을 소비하든간에, 그는 결코 자신의 시스템을 포기하지 않으리라는 사실에 당황해한다. 나는 모순되게도 그 사람을 나에 대한 생각을 끊임없이 바꾸는 변덕스런 신으로 생각하기도 하고, 또 동시에 어떤 무거운, **만성적인 것**(그것은 지금 있는 그대로 늙어갈 것이고, 그래서 난 괴로워한다)으로 느끼기도 한다. 또는 **자기 한계 속에** 있는 그 사람의 모습을 본다. 또는 그 사람에게서 **나를 놀라게 할 수 있는 점이 단** 하나라도 있는지 자문해 보기도 한다. 그렇게 하여 그 사람이 '자기 자신이 되려는 자유'를 소심증에서 비롯된 완강함으로 느낀다. 나는 그 사람을 있는 그대로 보며, 또 그를 그렇게 만든 그 **그대로란** 것을 본다. 그러나 사랑의 영역에서는 이 **그대로**가 고통스러운 것이다. 왜냐하면 바로 그것이 우리를 갈라 놓으며, 나는 다시 한번 우리 이미지의 분리, 그 사람의 이타성을 인정

어원[1]

---

1) 프랑스어의 만성 고질이 되다란 뜻의 'invétérer'의 라틴어 어원은 'inveterare'로서 늙어가다란 뜻이다.

하기를 거부하기 때문이다.

3 이 첫번째의 **그대로**는 나쁜 것이다. 그 이유는 내가 남몰래 어떤 내적인 부패의 점처럼 하나의 형용사를, 즉 그 사람은 '완강하다(entêté)'라는 형용사를 감추었기 때문이다. 그것은 여전히 그의 **자질**에 관련된 것이며, 나는 이런 결산을 하려는 욕구에서 완전히 벗어나야 한다. 적어도 그는 내 눈에 이런 수식어에서 무관해져야 한다. 내가 그를 **그대로**라고 지칭하면 할수록 나는 그에 대해 말을 적게 하게 될 것이다.

선(禪)[2] 나는 뭔가를 가리키기 위해 타다탓(Ta Da Tat)(산스크리트어로)이란 텅빈 말로 만족하는 어린아이와도 같다. 사랑하는 사람은 **그대로**라고 말할 것이다. **당신은 그대로예요, 바로 그대로예요**라고.

당신을 **그대로**라고 지칭하면서, 나는 당신을 분류의 죽음에서 벗어나게 하여, 타자로부터 언어로부터 당신을 유괴하여 불멸의 존재로 만들려고 한다. **있는 그대로**(tel qu'il est)의 그 사람은 더이상 나로부터도, 또는 그가 붙잡혀 있는 시스템으로부터도 의미를 부여받지 못한다. 그리하여 그는 맥락이 배제된 한 텍스트에 불과하게 되며, 나는 그것을 해독할 필요도 욕구도 없게 된다. 그것은 어떻게 보면 **그 자신의 자리의 보체**(supplément)[3]이다. 그가 하나의 자리에 지나지 않는

---

2) 선: 와츠(Watts), 《불교와 선》, p.205, p.85.

다면 어느 날인가 내가 그를 대신할 수도 있을 텐데. 그러나 그의 자리의 보체란, 그의 **그대로**란 아무것으로도 대체할 수 없는 것이다.

J. -L. B.[4]

(하루의 일과를 끝낸 식당 종업원들은 내일을 위해 새로이 식탁을 준비한다. 똑같은 하얀 식탁보, 똑같은 식기, 똑같은 소금병. 그것은 자리와 교체의 세계이지, **그대로**의 세계가 아니다.)

4   그리하여 나는 형용사가 없는 한 언어(짧은 순간이나마)에 도달한다. 나는 그 사람을 그의 자질(계산할 수 있는)이 아닌, 그의 실존에 의해 사랑한다. 사람들이 신비주의 움직임이라 부를지도 모르는 그런 움직임에 따라, 나는 그의 사람됨을 사랑하는 게 아니라 **그 사람임**(qu'il est)을 사랑하는 것이다. 그때 사랑하는 사람이 내세우는 언어는(세상의 모든 수다스런 언어에 대항하여) **무딘**(obtus) 언어이다. 모든 판단이 정지되고, 의미에 대한 공포가 파기되는 언어. 내가 이 움직임에서 청산하는 것은 가치 평가에 대한 범주 그 자체이다. 신비주의자가 신성이라는 것(또 하나의 속사에 지나지 않는)에 무관심해지는 것과 마찬가지로, 나 역시 그 사람의 **그대로**에 도달함으로써 더이상 욕망에 봉헌을 대립시키지 않게 된다.

---

3) 여기서 '보체(supplément)'라 옮긴 것은 데리다의 용어로 보충과 대체의 두 가지 뜻을 다 가지고 있다.〔역주〕
4) 부트(J. -L. Bouttes)와의 대화에서.

마치 그 사람을 덜 욕망하게끔 함으로써 더 그를 향유하려는 것처럼.

(**그대로**의 가장 사악한 적은 형용사들의 부패한 제조소인 잡담이다. 그리고 있는 **그대로**의 연인과 가장 흡사한 것이 아마도 텍스트일 것이다. 나는 거기에 어떤 형용사도 첨가할 수 없으며, 그것을 해독할 필요도 없이 그저 내가 즐긴다.)

5 또는 **그대로**란 친구가 아닐까? 이미지가 손상되는 일이 없이 잠시 멀어지는 그런 친구가? "우리는 친구였지만, 이제는 서로 낯선 사람이 되었다. 하지만 그건 잘된 일이다. 그런 사실에 수치심이라도 느낀다는 듯, 그 사실을 감추거나 얼버무릴 필요가 없게 된 것이다. 우리는 각자 자신의 갈 길과 목적지를 가진 두 척의 배이다. 오다가다 길을 마주칠 수도 있고, 예전에 우리가 했던 것처럼 함께 축제를 벌일 수도 있다. 그리하여 그 배들은 나란히 똑같은 태양 아래, 똑같은 항구에서 너무도 조용하게 휴식을 취하고 있어 이미 목적지에 도달한 것처럼, 또 동일한 목적지를 갖고 있는 것처럼 보인다. 그러나 거역할 수 없는 임무가 다시 우리를 불러 각자 다른 바다 위로, 다른 해역으로, 다른 태양 아래로 멀어지게 한다. 어쩌면 우리는 영원히 다시는 못 만나게 될

니체[5]

---

5) 니체, 〈별들의 우정〉, 《즐거운 지식》, 아포리즘 279.

것이다. 또는 다시 만난다 해도 서로를 더이상 알아보지 못할 것이다. 다른 바다와 다른 태양이 우리를 변하게 했을 것이므로!"

다정함

다정함 TENDRESSE
사랑하는 사람은 사랑하는 이의 다정한 몸짓에 기뻐하면서도, 자신에게만 그런 특권이 주어진 것이 아니라는 걸 알고 불안해한다.

1   우리는 다만 그 사람의 다정함만을 필요로 하는 게 아니라 그 사람에게도 다정해질 필요가 있다. 서로의 친절함 속에 갇혀 어머니처럼 서로를 보살핀다. 우리는 모든 관계의 근원으로, 욕구와 욕망이 결합되는 그곳으로 되돌아간다. 다정한 몸짓은 이렇게 말한다. 네 몸을 잠들게 할 수 있는 것이라면 뭐든지 청하렴. 그러나 또한 내가 너의 그 무엇도 **즉시** 소유하려 함이 없이, 너를 조금, 가볍게 욕망하고 있다는 사실은 잊지 말아 다오라고.

무질[1]

---

1) 무질(Musil): "그녀의 오빠의 몸이 너무도 다정하게, 너무도 부드럽게 그녀의 몸을 누르자, 마치 그가 그녀의 몸속에 있는 것처럼, 그의 몸속에서 편안한 휴식 같은 것을 느꼈다. 그녀 속에 있는 그 무엇도, 찬란한 욕망조차도 더이상 꿈쩍하지 않았다."(《특성 없는 사나이》, p.272)

    무질은 오스트리아의 작가로 여기 인용된 작품은 현대 문학사에 중요한 자리를 차지한다. [역주]

성적인 쾌락은 환유적인 것이 아니다. 일단 얻고 나면 끝이 나는 그런 것이다. 그것은 언제나 닫힌 축제, 잠시 열린다 해도 금지에 의해 통제를 받는 그런 축제이다. 반대로 다정함은 무한한, 충족될 줄 모르는 환유이다. 다정한 몸짓이나 에피소드(어느 날 저녁의 그 감미로운 조화)가 중단될 때 내 마음은 찢어지는 듯하다. 모든 것은 의문시되며, 리듬의 회귀

선(禪)[2] ——— **윤회**(vritti), **열반**(nirvâna)의 사라짐.

2 만약 내가 요구의 영역에서 그의 다정한 몸짓을 받으면, 나는 충족된다. 그건 현존의 기적적인 결정체가 아닌가? 그러나 욕망의 영역에서 받으면(그것은 동시에 일어날 수도 있다), 불안해한다. 다정함이란 당연히 배타적인 것이 아니다. 그러므로 지금 내가 받고 있는 것을 다른 사람도 받고 있다는 사실을 인정해야 한다(때때로 그런 광경이 내게 주어지기도 한다). 당신은 당신이 다정스러운 바로 그곳에서, 당신의 다수성(pluriel)을 말한다.

("L…은 바이에른의 어느 식당에서 A…가 커틀릿을 주문하면서 식당 종업원에게 그토록 자기를 감동시켰던, 똑같은 천사 같은 눈길, 똑같은 다정한 시선을 보내는 것을 보고 깜짝 놀랐다.")

---

2) 선종: 불도에게서 윤회는 일련의 여파, 순환 과정으로 고통스런 것이며, 단지 열반만이 거기에 종지부를 찍게 할 수 있다.

결 합

결합 UNION

사랑하는 이와의 완전한 결합에의 꿈.

아리스토텔레스[1] **1** 완전한 결합이란 "유일하고도 단순한 즐거움이요" "흠도 불
이븐 하즘[2] 순물도 없는 기쁨이자 꿈의 완벽함이며, 모든 희망의 종착
노발리스[3] 역이요" "신과 같은 찬연함이다." 그것은 분리되지 않는 휴
무질[4] 식이자, 또는 소유권의 충족이다. 우리는 서로를 절대적으로
자기 것으로 만들어 즐길 수 있기를 꿈꾼다. 그것은 결실

---

1) 아리스토텔레스: "선은 언제나 유일하고도 단순한 즐거움을 누린다."
(브라운(Brown), 《에로스와 타나토스》, p.122)
2) 이븐 하즘(Ibn Hazm): "흠이 없는 기쁨……."(페레(Perret), 《숭고한 사
랑 선집》, p.77).
　이븐 하즘은 아랍의 시인(993~1064)이자 신학자이다. [역주]
3) 노발리스: "신과 같은 찬연함……."(페레, 《숭고한 사랑 선집》, p.177)
4) 무질: "이 분리되지 않은 결합된 휴식 속에서 자신의 마음속에서
도 분리되지 않아 그들의 지성마저도 사라지고, 그들의 기억마저도 텅
비어, 그 의지마저도 무력해져 버리는 그런 휴식 속에서, 그녀는 마치
솟아오르는 태양 앞에 있는 것처럼 우뚝 서 있었다. 그 속에 완전히 몰
입하여 그녀 자신과 그녀의 온갖 세속적인 특성마저도 잊어버리는 것
이다."(《특성 없는 사나이》, II, p.772)

리트레 사전[5] (fruitif)의 결합이자 사랑의 **향유**(fruition)이다(이 단어는 너무 현학적일까? 향유를 의미하는 '프뤼시옹(fruition)'의 첫번째 마찰음과 예리한 모음의 번득임은 그것이 말하는 즐김을 구술적인 쾌락으로 증가시킨다. 이 단어를 말하면서 나는 **입 안에서** 그 결합을 즐긴다).

롱사르[6]   2   "그녀의 반쪽에 내 반쪽을 다시 붙인다." 나는 한 편의 영화를(별로 대단치 않은 영화이긴 하지만) 보고 나온다. 영화에 나오는 한 인물이 플라톤과 남녀양성겸유자에 대해 말한다. 이제 사람들은 모두 서로 붙기를 원하는 두 반쪽의 이야기를 알고 있는 것처럼 보인다. 여기에 달걀 이야기, 날아가는 껍질 조각, 오믈렛의 이야기가 덧붙여진다(욕망이란 자기가 가진 라캉[7] 것으로부터의 겹핍이요, 자기가 가지지 않은 것을 주는 것이다. 그것은 보충(complément)이 아닌 보체(supplément)의 문제이다).

(나는 아리스토파네스가 말하는 남녀양성겸유자의 모습을 그

---

5) 《리트레 사전》. 몽테뉴(Montaigne)는 삶의 향유에 대해 말한다.
   코르네유(Corneille) 역시 이렇게 말한다.
       "매일 자신이 희생하지 않고는
       완전한 사랑이 부여하는
       결실의 결합을 보존할 수 없다."
6) 롱사르, 《사랑》, CXXVII.
7) 라캉, 《세미나》, XI, pp.179-187. 그리고 "정신분석학은 결핍된 기관(리비도)을 찾으려는 것이지, 결핍된 반쪽을 찾으려는 것이 아니다"(애석하게도!).

리며 오후 한나절을 보낸다. 그것은 네 개의 손과 네 개의 다리, 네 개의 귀에 하나의 머리, 하나의 목을 가진 둥근 모습이다. 두 쪽은 등을 대고 있을까? 아니면 얼굴을 대고 있을까? 아마도 배를 대고 있었을 거야. 왜냐하면 아폴론이 배 쪽의 살가죽을 끌어당겨 배꼽을 만들면서 다시 꿰맬 테니까. 그렇지만 얼굴은 서로 반대쪽에 있겠지? 아폴론이 그것을 가른 자리 쪽으로 돌려 놓을 테니까. 그리고 생식기는 뒤에 붙었을 거야 등등. 나는 끈질기게 이어나가나 형편없는 화가이자 초라한 공상가인 까닭에 아무것에도 이르지 못한다. ^{잔치8)} "예전의 완전한 것을 그리워하고 욕망하는 마음을 우리는 사랑이라 부릅니다." 그러나 이 완전한 것의 형상인 남녀양성겸유자의 모습을 나는 그릴 수가 없다. 기껏해야 괴물 같은 흉측한, 있음직하지 않은 그런 육체만이 떠오를 뿐. 꿈에서 우스꽝스런 형상이 나온다. 마찬가지로 **미치광이** 같은 커플에서 **부부**의 외설스러움이 생긴다(한 사람은 다른 한 사람을 위해 평생 음식을 만든다).)

^{잔치9)} 3 파이드로스는 완벽한 부부의 이미지를 찾는다. 그것은 오르페우스와 에우리디케일까? 이 두 사람 사이에는 별다른

---

8) 《잔치》, p.77s. 인용, p.87.
9) 《잔치》: 파이드로스의 연설, p.46s.
  페라이 왕인 아드메토스가 병들어 죽게 되자, 누가 대신 죽어 주면 살 수 있다는 신과의 약속을 상기한다. 그러나 부모조차도 이를 거절하고, 아내인 알케스티스만이 남편을 위해 죽기를 자청한다. 이 사실을 안 헤라클레스가 죽음의 신과 격투하여 드디어 알케스티스는 다시 살

차이가 없다. 나약해진 오르페우스는 여자나 다름없었으며, 게다가 신들도 결국은 그를 여자들 손에서 죽게 했으니까. 그렇다면 아드메토스와 알케스티스일까? 그래도 앞의 커플보다는 나은 편이다. 왜냐하면 알케스티스는 의무를 소홀히 하는 부모 대신에 남편에게서 그 이름을 빼앗아 다른 이름을 주었으니까. 하지만 그 일에는 항상 한 남자가 남아 있다. 보다 완벽한 커플은 아킬레우스와 파트로클로스일 것이다. 동성애를 지지해서가 아니라 하나의 동일한 성(性) 안에 차이가 기재되기 때문이다. 한 남자(파트로클로스)는 사랑하는 자이고, 다른 한 남자(아킬레우스)는 사랑받는 자이다. 이처럼 자연이나 지혜·신화는 우리에게 결합(자

프로이트[10] 웅혼성(amphimixie))을, 성의 구별이 안 되면 적어도 역할의 분배에서 찾으라는 것을 가르쳐 준다. 이것이 바로 커플의 이치이다.

그러나 엉뚱한(수치스러운) 꿈은 정반대의 이미지를 제공한다. 내가 환각하는 쌍수적인 형태에서, 나는 하나의 **다른 곳**이 없는 한 점의 존재를 원하며, **동일자**의 견고함에 의해 균형을 이룬 **집중된** 구조를 갈망한다(soupirer)(현대적인 태도라고는 할 수 없지만). **모든 것**이 둘 속에 없다면, 싸워 본들 무

아난다는 이야기다. 또한 아킬레우스와 파트로클로스의 이야기는 호메로스의 작품에서는 절친한 친구 사이로 나와 있을 뿐인데, 연애 관계에 있다는 것은 나중에 만들어낸 이야기라고 플라톤은 《잔치》에서 밝히고 있다.(역주)

10) 프로이트, 《정신분석학 개론》, p.61(자웅혼성이란 두 개인의 실체의 혼합을 가리킨다).

슨 소용이 있단 말인가? 그럴 바에야 차라리 다수(multiple)를 찾아나서는 게 더 낫지 않은가? 내가 원하는 이 **모든 것**, 이 모든 것을 성취하기 위해서는(꿈이 고집하는) 우리 각자가 자리를 갖지 않고, 마술적으로 서로를 대체할 수 있어야 한다. '**서로를 위한**' 제국의 내도("함께 길을 가면서 각자 서로를 위해 생각해 보세"). 마치 우리가 하나의 단어를 다른 단어 대신 사용하는 것이 절대적으로 합법적인 그런 새롭고도 이상한 언어 체계가 내도한 것처럼. 이런 결합은 그 확대 규모가 아닌, 치환[12]에 대한 무관심 때문에 한계가 없을 것이다.

잔치[11]

(제한된 관계라면 내가 무엇을 할 수 있단 말인가? 그것은 다만 나를 고통스럽게 하겠지. 그래서 아마도 누군가가 나에게 "X…와는 어떻게 되어가죠?"라고 묻는다면, 나는 지금 우리 한계를 탐색하는 중이죠라고 대답해야 할 것이다. 바보 같은 나는 앞질러 가고 우리 공동의 영역을 한정한다. 그러나 내가 꿈꾸는 것은 모든 사람을 단 하나로 만드는 것이다. 왜냐하면 지금 내가 별처럼 총총하게 퍼져 있는 모든 점들로부터 X… Y… Z…를 결합시킬 수만 있다면, 나는 하나의 완벽한 형상을 만들 수 있으며, 그리하여 나의 그 사람은 태어날 것이기에.)

---

11) 《잔치》, p.28, 《일리아드》, X, p.224에서 재인용.
12) 치환(permutation)이란 하나의 문장에서 그 인접 요소의 순서를 바꾸는 것을 가리키는 언어학 용어이다. 이 글에서는 문장의 운에 따라 교환이란 말로 옮긴 적도 있음을 밝혀둔다. (역주)

4 완전한 결합에의 꿈. 사람들은 그 꿈이 불가능하다고 말하지만, 그렇지만 그것은 지속된다. 나는 결코 포기하지 않는다. "아테네의 묘비 위에는 죽은 사람을 영웅시하는 묘비 대신에 손을 잡고 있는 부부가 서로 작별을 고하는 장면이 그려져 있다. 제삼의 힘만이 파기할 수 있는 계약이 만료되었기 때문이다. 그것이 여기 '당신 없이는 나 또한 더이상 내가 아닙니다'라는 표현을 완성하는 장례이다." 나는 바로 이 **재현된** 장례에서 내 꿈의 증거를 찾는다. 나는 그것이 죽음을 피할 수 없기에 믿을 수 있다(불가능의 유일한 형태가 불멸이다).

프랑수아 발[13]

---

13) 프랑수아 발, 〈전략〉, 《텔 켈》지, 63호, p.13.

진 실

진실 VÉRITÉ

사랑하는 사람이 자신의 사랑을 생각하면서 느끼는 '진실의 감정'과 관련된 모든 언어의 에피소드. 그런데 이런 느낌은 사랑하는 사람이 사랑하는 이를 자신만이 '그 진실 속에서' 파악한다고 믿거나, 아니면 자신의 특이한 요구를 마치 결코 양보할 수 없는 진실로 정의하려는 데에서 비롯된다.

1 그 사람은 내 재산이자 내 지식이다. 나만이 그를 알고 있으며, 나만이 그를 진실 속에 존재케 한다. 내가 아닌 그 누구도 그를 알지 못한다. "이렇게 혼자만이, 이렇게 진정으로, 이렇게 전적으로 그녀를 사랑하고 있는데, 그녀 이외에는 어느 누구도 모르고 아무것도 알지 못하며 아무것도 가진 것이 없는데, 어떻게 다른 사람이 그녀를 사랑할 수 있고, 또 사랑할 **권리**가 있는지 나는 때때로 이해할 수가 없다네." 또는 반대로 그 사람이 나를 진실 속에 자리잡게 하며, 그 사

베르테르[1]

프로이트[2]

---

1) 《베르테르》, p.90.
2) 프로이트: "자신에 대한 사랑을 의심하는 사람은 그보다 덜 중요한

람과 함께 있을 때에만 나는 '내 자신임(moi-même)'을 느낀다. 나는 다른 모든 사람들보다도 더 내 자신을 잘 안다. 그들은 내가 사랑하고 있다는 것은 모르기에.

(사랑은 눈을 멀게 한다라는 속담은 거짓말이다. 사랑은 오히려 눈을 크게 뜨게 하며, 명석하게 만든다. "나는 당신에 대해, 당신에 관해 절대적인 앎을 갖고 있다." 서기가 주인에게 보내는 보고서: "주인님은 저에 대해 모든 권리를 갖고 있지만, 저는 주인님에 대해 모든 걸 알고 있습니다.")

2 언제나 똑같은 역전: 세상이 '객관적'이라고 생각하는 것을 나는 인위적이라 생각하며, 세상이 광기·환상·실수라고 하는 것을 나는 진실로 여긴다. 이상하게도 이런 진실의 감정이 자리잡으러 오는 곳은 속임수의 가장 밑바닥에서이다. 모든 장식품이 제거된 속임수는 마치 가공되지 않은 금속처럼 순수하게 되어, 그 어떤 것으로도 변질시킬 수 없는 파괴 불능의 것이 된다. 베르테르는 죽기로 결심한다. "나는 어떤 소설적인 열광도 없이 평온하게 이 편지를 쓰고 있다오." 전치(déplacement)[4]: 진실인 것은 진실이 아니며, 속임수와의 관

베르테르[3]

것도 의심할 수 있으며, 아니 차라리 의심해야만 한다."(클라인(Klein), 《정신분석학 입문》, p.320에서 재인용.)

3) 《베르테르》, p.126.

4) 감정이 한 대상에서 떠나 다른 대상으로 옮겨지는 것을 가리키는 정

계가 진실이 된다. 나는 진실 속에 머무르기 위해 완강하게
고집을 부리기만 하면 된다. 모든 것에 대해, 모든 것에 맞
서 한없이 확인된 '속임수'는 곧 진실이 되는 것이다. (이를
테면 사랑/정념에도 결국 한 조각의 진정한…… 진실이 있는
게 아닌지?)

3 이렇듯 제거된 진실은 죽음 외에는 더이상 아무것도 드러
낼 것이 없는 것처럼 보인다(인생은 더이상 살 가치가 없다고
말하는 것처럼). 골렘이라는 이름에 얽힌 이야기도 그와 같은
사실을 말해 준다. 그는 에메트(Emeth), 즉 **진실**이라 불렸으
나 사람들이 한 글자를 지워 버리자 메트(Meth), 즉 '그는 죽
었다(il est mort)'가 된다. 혹은 진실이란 환상이나 환각 속
에서 부인되거나 손상·배반되지 않고, 다만 지연되는 그런
것이 아닐까? 그것의 환원 불가능한 부분을 나는 죽기 전
에 단 한번이라도 알기를 원한다(달리 표현하자면 "나는 알

야코브 그림[5]

신분석학 용어.[역주]

5) 야코브 그림(Jacob Grimm), 〈은자를 위한 일기〉: "골렘은 아교와 진
흙으로 만들어진 사람이었다. 그는 말을 할 수 없었다. 사람들이 그를
하인으로 고용하였다. 그는 결코 집 밖으로 나가면 안 되었다. 그의 이
마 위에는 에메트, 즉 진실이란 글자가 씌어 있었다. 날마다 그는 살이
쪄갔고, 그래서 가장 힘센 사람이 되었다. 겁이 난 사람들은 그의 이마
에서 첫 글자를 지워 메트(그는 죽었다라는 뜻)라는 말만 남게 했다. 그
러자 그는 와르르 무너져 다시 진흙이 되었다."(숄렘(Scholem), 《유대인
의 성서 해석과 그 상징성》에서 재인용)
  그림은 독일의 문헌학자이자 작가(1785~1863)이다.[역주]

지 못한 채 죽을 것이다" 등등).

(사랑하는 사람은 자신을 거세하는 데 실패한 자일까? 그러나 그는 이 실패로부터 완강하게도 하나의 **가치**로 만들려고 고집한다.)

4 진실이란 **완곡한**(à côté) 것이다. 한 승려가 후한(後漢)의 고조에게 "진실의 유일한 마지막 말은 무엇입니까?"라고 물었다. 그러자 스승은 "예(oui)"라고 대답한다. 나는 이 대답이, 일반적인 동의를 하는 것이 진실의 철학적인 비결이라고 생각하는, 그런 막연한 편견에서 취해진 진부한 것이라고는 여기지 않는다. 나는 스승이 대명사 **무엇**(quel)에다 부사 '예(oui)'를 묘하게 대립시킴으로써 **완곡하게** 대답했다고 생각한다. 스승은 귀먹은 사람의 대답을 한 것이다. 또 다른 승려가 "모든 것은 **하나**로 환원된다고 하는데, 그렇다면 **하나**는 무엇으로 환원됩니까"라고 묻자, 고조는 "내가 칭 지방에 있었을 때, 나는 일곱 근이나 나가는 옷을 만들게 했다네"라고 대답하는 것이었다.

선(禪)

절제된 도취

소유의 의지 VOULOIR-SAISIR
사랑하는 사람은 사랑의 관계의 어려움이, 사랑하는 이를 이런
저런 방법으로 전유(專有)하려는 자신의 욕망에서 비롯된다는
것을 알고, 이후부터는 그에 대한 모든 '소유의 의지'를 포기하기
로 결심한다.

1 사랑하는 사람의 한결같은 생각은 "그 사람은 내가 필요로
바그너[1] 하는 것을 내게 줄 의무가 있다"라는 것이다.
그렇지만 처음으로 겁이 난 나는 침대 위에 몸을 던지고, 생
각을 되씹으며, 이제부터는 그 사람의 아무것도 더이상 소
유하지 않겠다고 결심한다.
비소유의 의지(N.V.S.; non-vouloir-saisir)(동양식의 표현을 모방
한다면)는 자살의 도치된 대체물이다. 자살하지 말 것(사랑
때문에)이라는 말은 그 사람을 소유하지 않는다는 결정을 내

---

1) 바그너: "세상은 내가 필요로 하는 것을 내게 줄 의무가 있다. 내게
는 아름다움·광채·빛 등이 필요하다."(바이로이트 바그너 4부작 공연 프
로그램에서 인용)

릴 것이라는 뜻이다. 베르테르가 자살한 바로 그 같은 순간
에 그는 로테를 소유하는 것을 포기할 수도 있었다. 그것
이냐, 아니면 죽음이냐(그러므로 엄숙한 순간이다).

2 **소유의 의지**는 멈춰져야만 한다. 하지만 **비소유의 의지**가
보여져서도 안 된다. 말하자면 봉헌의 행위는 용납되지 않
는다. 나는 정념의 그 뜨거운 격앙을 '메마른 삶이나, 죽음
에의 의지, 그 커다란 무력감'으로 바꾸고 싶지는 않다.
비소유의 의지는 친절함과는 거리가 먼, 격렬하고도 메마른
것이다. 한편으로 나는 감각 세계에 자신을 대립시키지 않
으면서 내 마음속에 욕망이 순환하도록 내버려둔다. 그러
도(道)[2] 나 다른 한편으로는 욕망을 '내 진실'에 기대게 한다. 그런
데 내 진실은 절대적으로 사랑한다는 것이며, 그러므로 사
랑이 결핍될 때, 나는 '포위하기'를 단념하는 군대처럼 물
러가거나 자신을 분산시킨다.

3 그런데 만약 이 **비소유의 의지**가 어떤 전략적인 생각이라
면(마침내!)? 만약 내가 그 사람을 포기하는 척하면서 여전

---

2) 도: "그는 자신을 과시하지 않기 때문에 빛날 것이요, 자신의 주장을
내세우지 않기 때문에 위압할 것이다. 그의 작업이 성취되었다 할지라
도 거기에 집착하지 아니하며, 바로 그렇기 때문에 그의 업적은 길이 남
으리라."《도덕경》, XXII)

히 그를 정복하려 한다면(물론 은밀하게)? 그를 보다 확실하게 소유하기 **위해서** 내가 사라진다면? '르베르시(reversis)'란 카드놀이(최소 득점자가 이기는 놀이)는 현자에게는 잘 알려진 위장이라는 것에 근거한다("내 힘은 내 약함에 있다"). 그러나 이 상념은 하나의 술책일 뿐이다. 그것은 내 정념 깊숙이에 자리잡으면서도 내 강박관념이나 고뇌는 건드리지 않는다.

도(道)
릴케[3]

(마지막 함정: 나는 모든 소유의 의지를 포기하면서 내가 남기게 될 나의 그 '멋있는 이미지'에 열광하며 황홀해한다. 그러므로 나는 아직 그 시스템에서 벗어난 것이 아니다. "미덕에 대한 어떤 열광 때문에 아르망스는 흥분한다. 그것은 옥타브를 사랑하는 또 하나의 방법이었기에.")

스탕달[4]

4 **비소유의 의지**에 대한 상념이 상상계의 체계와 단절되기 위해서는 내가 언어 밖의 어디엔가로, 무기력한 상태로 추락해야만 한다(어떤 막연한 피로감을 핑계대면서). 그것은 어쩌면 단순히 자리에 **앉는**(s'asseoir) 행위일 수도 있다("아무것도 하지 않고 조용히 앉아 있어도, 봄은 오고 풀들은 저절로 자

선(禪)[5]

---

3) 릴케: "당신을 결코 붙잡으려 하지 않았기 때문에 당신을 단단히 붙잡을 수 있다오."(베베른(Webern)이 작곡한 두 멜로디의 구절, 1911-1912)
4) 스탕달, 《아르망스》, p.60.
5) 선(禪): 와츠(Watts), 《불교와 선》, p.153.

란다"). 다시 한번 동양 철학을 빌린다면, **비소유의 의지를** 소유하지 않으며, 오는 것을(그 사람으로부터) 오도록 내버려 두며, 가는 것을(그 사람으로부터) 가도록 내버려두며, 아무것 도 소유하지 않고 아무것도 물리치지 아니하며, 받되 보존 하지 않으며, 만들되 제 것으로 하지 않는다 등등. 또는 "완 벽한 도(道)는 선택하는 것을 피하는 어려움 외에는 어떤 어 려움도 제시하지 아니한다."

도(道)[6]

5 그러므로 욕망은 여전히 다음과 같은 위험한 움직임으로 **비소유의 의지**를 적셔 놓는다. 내 머릿속에는 **사랑해요**라는 말이 떠오르지만, 나는 그 말을 입 안에 가두어 발화하지 않 는다. 나는 더이상 나의 그 사람이 아닌, 또는 아직은 나의 그 사람이 아닌 사람에게 침묵 속에 말한다. **당신을 사랑하 는 것을 자제하고 있다고.**

니체

니체식의 표현: "더이상 기도하지 말고 찬미하라!" 신비주 의자의 표현: "가장 감미롭고도 취하게 만드는 최상의 포 도주여, 기진맥진한 영혼은 마시지 않고도 취했네! 자유롭 고도 취한 영혼이여, 잊어버린 잊혀진 영혼이여, 마시지 않 고 또 결코 마시지 않을 것에 취해 버린 영혼이여!"

로이스브루크[7]

───────────────

6) 도(道): 와츠, 《불교와 선》, p.107, p.37, 그리고 《도덕경》.
7) 로이스브루크: 라포르트(Laporte), 〈공허한 공포를 넘어서서〉, 《자 전적 주제에 관한 15개의 변주곡》에서 재인용.

역자 후기

　마르크스주의자·구조주의자·후기 구조주의자 등 '현기증나는 전이'를 통해 프랑스와 세계에 가장 활력적인 사유 체계의 개척자로 손꼽히는 롤랑 바르트의 문학 세계는 한마디로 새로운 것에 대한 끊임없는 탐색 정신으로 정의되어진다. 하나의 사유 체계를 찾으면 거기에 응고되거나 안착하지 않고, 또 다른 사유 체계를 찾아나서는 그의 실험 정신은 그러므로 현대의 모든 전위적 움직임과도 깊은 관계를 맺고 있다. 바르트는 1915년 11월 12일 프랑스의 쉐르부르에서 태어나 사르트르처럼 아버지를 일찍 잃고(1916), 프랑스 남서쪽 피레네 산맥 근처에 있는 바이욘에서 유년 시절을 보낸다. 그 이질적인 문화의 혼재 장소에 대한 그의 추억은 남다른 것이어서 오랫동안 그의 정신적 고향의 지평을 이룬다. 그리고는 이어 전형적인 프랑스 지성인의 엘리트 코스라 할 수 있는 파리 몽테뉴중학교, 루이르그랑고등학교를 거쳐 파리고등사범학교 입시를 준비하다 폐결핵으로 포기하고 오랜 시간의 요양 생활을 한다. 이어 소르본대학에서의 고전문학반 시절 사회학자 모스(Mauss)의 영향을 받았으며, 그후 부카레스트와 알렉산드리아의 교수 생활을 거쳐 1950년부터는 파리 문단의 중추적 역할을 담당하게 된다. 국립과학원 연구원 생활(1950~52), 파리고등연구실천학교 기호사회학 교수(1960), 드디어는 프랑스 지성인의 최고 영예라 할 수 있는 콜레주 드 프랑스에서 단지 학위라고는 문학사 학위만을 가진 채 문학기호학 교수로 취임하게 된다(1977). 그리고 1980년 3월 26일 교통 사고로 절단된 육체로 회복되기를 거부하여 세상을 등진다. 살아생전에 한 강의실에서 학문을 일방적으로 강요하는 테러리스트가 되기보다는 자신의 내면적 성찰을 우선하는 에고이스트가 되겠다는 그의 발언과 그 뒤를 이은, 바르트가 소설을 쓸지도 모른다는 그 파다한 소문은 많은 놀라움과 울림을 자아냈으며, 그후로 우리는 솔레르스·크리스테바·두브로브스키 등 여러 명의 비평가들의 자전적 소설에 접하게 되었다. 또한 여기 소개하는 《사랑의 단상》이 1977년에 발표된 후에 크리스테바는 《사랑 이야기》(1983)를, 그레마스는 《정념의 기호학》(1991)을 출간한 것만 보아도 그의 견인으로서의 혜안이 프랑스의 지적 풍토에 어떤 울림을 자아냈는지 능히 짐작할 수 있다.

《사랑의 단상》은 1974년부터 76년까지 파리고등연구실천학교의 세미나에서 '연인의 담론'이라는 이름으로, 사랑/정념의 원형이라 할 수 있는 괴테의 《젊은 베르테르의 슬픔》을 대상으로 행해진 강의의 결과이다. 그러나 괴테의 텍스트는 사랑과 죽음을 얘기하는 다른 수많은 텍스트들 중의 하나로 저기 빛바랜 물건마냥 놓여 있으며, 바르트의 다시쓰기 작업은 그것을 완전히 새로운 형태로 바꾸어 놓는다. 아니 그것은 더이상 괴테의 텍스트에 대한 책읽기가 아닌 바르트 고유의 창작이자 글쓰기이다. 이 글은 '말하고 얘기하는' 사랑하는 사람의 일종의 구조적 초상화이다. 총 80개의 단상으로 구성된 이 글에서 바르트는 '의미의 유혹을 저지하기 위해' 또는 이 책이 사랑 이야기나 '사랑의 철학'이 아니라는 것을 상기시키기 위해 절대적으로 무의미한 알파벳 순서를 택한다(그리하여 우리는 만남의 경이로운 황홀의 순간은 뒷부분에, 사랑하는 이의 부재로 야기되는 고통은 앞부분에 나타나는 이상한(?) 책의 배열과 만나게 된다). 사랑하는 사람의 담론은 이렇게 하여 수사학적 의미가 아닌 '행동하는 상태에서 포착된 몸짓' 또는 '작업중에 있는 연인'이라는 이름으로 정의되어지는 문형들의 자의적인 배열 속에서 극화되어 무대에 올려지며, 각 문형의 서두에는 그것의 '논지'가 제시된다. 이 논지는 문형을 정의하고 무엇보다도 그것을 긍정하는 데 목적이 있다. 또한 브레히트식의 '거리감의 도구'라는 의미도 갖고 있다. 왜냐하면 사랑하는 '나'는 글을 쓰는 '나'와는 언제나 거리가 있기 때문이다. 사랑하는 사람으로서의 나는 깊은 고뇌와 기다림의 고통에 잠겨 있는 불안한 주체인데 반해, 문장 속의 씌어진 나는 이미 거기서 빠져나온 한 편안한 안정된 주체이기 때문이다. 이 분열된 주체 또는 표현성에 대한 환상 외에도 주체와 대상 사이에는 결코 극복될 수 없는 심연이 놓여 있다. 사랑한다는 것은 오로지 그 사람만을 꿈꾸며 욕망하며 자신을 송두리째 바치는 것을 의미하나, 이런 사랑은 생존 본능에, 군생 집단의 일반 견해에 위반되는 것이기에 주체는 이미지의 장례를 치르고 긴 불면의 밤으로 자신을 유배한다. 그러나 이 불면의 밤에서 욕망은 다시 작동하고······ 그러므로 사랑한다는 것은 소설에서와 마찬가지로 장애물을 극복하려는 몸짓과 그것을 뛰어넘는 기쁨을 만끽하기 위해 일부러 장애물을 만드는 미친 경주와도 같다고 모랭은 지적한다. 이어 그는 이 텍스트에서 세 가지 움직임을 포착한다. 밀물과 썰물, 만남의 정지된 움직임이 그것이다. 사랑하는 그 사람을 향한 희망과 기쁨으로 점철된 밀물의 움직임은 '이해하다·연민·헌정·우수' 등의 문형에서, 그 사람으로부터 멀어지는 썰물의 움직임은 '부재·취소·현실 유리·유형' 등의 문형에서, 그 사람과 함께 있는 즐김의 순간은 '접촉·선언·사랑해요·포옹' 등의 문형에 각기 나타난다. 그러나 그 문형들의 분배는 보통 연인들이 체험하는 그런 시간적인 순서도, 지속의 개념도 따르지 않는다. 텍스트의 3분의 2나 차지하는 썰물의 그 긴 고뇌의 시간, 다음으로 밀물의 시간, 그리하여 만남의 시간은 가장 단순한 몸짓으로만(접촉이나 선언 등) 표현된다.

또한 이 글은 바르트의 말대로 '소설적인 텍스트'이다. "언어나 정신분석학이 우리의 모든 정서 현상에 인쇄하는 그 끔찍한 환원 작업으로부터 사랑하는 사람과 말하는 사람이 마침내 승리하게 되는 소설적인 텍스트가 바로 《사랑의 단상》이다."(필립 로제, 《롤랑 바르트: 소설》) 바르트는 이 글에서 지금까지 그의 사유 체계를 보호해 주던 지적 담론과 결별을 고하며 사랑과 상상계에 대한 회귀를 선언한다. 그것은 어쩌면 오늘날 우리의 모든 사유 체계가 지나치게 이데올로기화·정치화되어 있어 사랑이라든가 상상계는 이제 더이상 설 자리가 없게 되었기 때문이다. 과학·지식·예술·군생 집단의 견해인 독사 등 오늘날의 모든 지배 담론으로부터 추방당하여 '지극히 외로운 처지에 놓이게 된' 이 연인의 담론을, 상상계를 긍정하고 사랑하는 사람에게 말의 자리를 제공해 주는 것, 이것이 바로 이 책의 주제이다.

그렇다면 이런 욕망의 변증법적인 구조 안에서, 그 해결할 수 없는 모순의 매듭 속에서 말하기를 멈추지 아니하며 소리를 지르며 잠겨 들어가는 사랑하는 사람은 누구일까? 바르트에 의하면 서구의 문학사에는 두 가지 유형의 사랑하는 사람이 존재한다. 하나는 프랑스 전통의 그것으로 라신과 프루스트로 이어지는 일종의 편집증 환자이자 질투하는 사람이며, 또 다른 하나는 프랑스 문학에서는 찾아보기 힘든 것으로 독일의 낭만주의의 전통에 속하는 슈베르트와 슈만의 그것이다. 그들에게서 질투란 배제되지는 않았지만 그 감정은 무엇보다도 하나의 충일을, 융합을 지향하는 사랑의 감정 속에 그 빛이 퇴색하게 된다. 이런 충일의 근본적인 형상이 어머니와의 결합이다. 그러므로 이 글에서 사랑하는 사람은 질투하는 사람이 아닌, 낭만주의적 전통의 사랑하는 사람이다. 또한 바르트의 사랑하는 사람은 적어도 스탕달의 사랑하는 사람처럼 침묵을 지키는 자는 아니다. 스탕달은 《연애론》에서 "사랑의 몽상은 씌어질 수 없는 것이다"라고 말한 적이 있다. 그러나 바르트의 사랑하는 사람은 모든 문화적 지식을 동원하여 사랑의 외침의 반복되는 발화 속에서 다면의 고통스러운 되새김을 멈추지 아니한다. 사랑하는 사람은 수다쟁이이다. 금이 간 레코드마냥 '사랑해요'란 말을 되뇌이면서 '저도 사랑해요'란 말의 복귀를 희원하며 니체식의 '긍정'의 폭발을 갈망하나, 그것은 공허한 외침일 뿐 아무도 그 불가능한 대답을 수행해 주지는 않는다.

사랑하는 사람의 담론은 대화가 아닌 독백이다. 그러므로 이 글은 사랑에 관한 담론(스탕달의 《연애론》처럼)이 아닌, 한 사랑하는 사람의 담론일 뿐이다. 사랑하는 사람의 언어를 흉내내며(베르테르나 트리스탄, 펠레아스, 그라디바, 파르지팔 등) 그 감정적 문화의 백과사전을 계속 돌려대는 '나'는 바르트 자신을 가리키는 걸까? 이 글에서 1인칭으로 지칭하며 말하는 화자는 적어도 《카메라 루시다》의 자전적 개인적 주체는 아니다. 그것은 현재 시제의 사용과 더불어 사랑하는 사람의 체험을 일반화시키며, 또 해체하는 하나의 상상적인 주체에 불과하다. "이 모든 것은 소설의 주인공이 말하는 것처럼 이해되어져야 한다"라고 그가 《롤랑 바르트 그 사람을》에서 말했던 것처럼 작가와 주인공의 관계가 무대로 올려진 텍스트가 곧 소설적인 텍스트이다. 그렇다면 왜 소설이 아닐까라는 물음이 제기된다. 이에 대해 바르트는 우연하고도 하찮은 기회에 사랑하는 사람의 머리를 스쳐가는 그 미세한 움직임들은 불연속적이고도 분산된 언어의 파편으로만 존재하기 때문에 이런 언어의 소요의 그 근본적인 불연속성을 존중하기 위해서는 단상이라는 형식을 빌릴 수밖에 없었다고 말한다. 사랑하는 사람은 역설적으로 사랑 이야기 안에 존재할 수 없다. 하나의 시작과 위기, 그리고 결말이 있는 그런 사랑 이야기를 체험한다는 것은 사랑하는 사람에게는 불가능하다. 그가 체험하는 것은 다만 '고뇌의 순수한 편린'인 현재의 그 어려운 시간뿐이며, 그것이 끝이 나리라는 것을 결코 알지 못한다. 바로 그런 점에서 사랑하는 사람은 일종의 미치광이인 셈이며, 이런 분산된, 분열된 언어는 결코 잘 조직되고 구성된 사랑 이야기로, 소설로 승화될 수 없는 운명을 지닌 것이다. 그것은 시작도 끝도 알지 못하는 단편적인 언어의 폭발일 뿐이다. 이 사랑하는 사람의 언어는 또 독자의 그것일 수도 있다. '하나로 결합된 독자와 연인에게'란 헌사를 통해 바르트는 마치 바람둥이처럼 하나의 경이롭고도 소중한 만남을 위해 욕망의 여행을 시작한다. 왜냐하면 글을 쓴다는 것, 또는 읽는다는 것은 사랑에서와 마찬가지로 하나의 결합에의 꿈을 실현시키기 때문이다. 그리하여 이 책은 바르트에게 20만 부가 팔리는 베스트셀러 작가로서의 명성과 인기를 가져다 주었으며, '사랑의 기호학자' '우리 시대의 가장 위대한 신화의 해독자'라는 울림을 자아내게 했던 것이다.

바르트 글의 아름다움은 그 수많은 부호·괄호·생략으로 극도로 압축된 표현에 있다. 그리고 그는 이 글에서 많은 인용문과 더불어 어원과 시니피앙을 가지고 일종의 문의 불명의 유희를 하고 있다. 이 의미에서 저 의미로 자유롭게 넘나드는 그 끝없는 의미의 미끄러짐을, 그 압축된 표현을 우리말로 옮긴다는 것은 참으로 어려운 일이었고, 더욱이 바르트 문체의 그 육감적인 분위기를 전한다는 것은 능력 밖이었다. 이런 번역의 서투름과 오역에도 불구하고 10년 만에 다시 개정판을 내게 된 것은 이 책에 대한 많은 분들의 사랑 때문이다. 관심 있는 분들의 애정 어린 질정을 다시 한번 기대해 본다. 아울러 이 책을 처음 출간하게끔 도와 주신 김치수 교수님과 문학과지성사의 김병익 사장님, 그리고 저작권 계약에도 불구하고 오랜 시간을 인내심 있게 기다려 주신 동문선의 신성대 사장님께도 감사의 마음을 전하고자 한다.

2004년 11월 김 희 영

찾아보기

김희영

한국외국어대학교 불어과 졸업.
프랑스 파리3대학교 불문과 석사, 박사 학위 취득.
현재 한국외국어대학교 불어과 교수.
미국 하버드대학교와 예일대학교 불문과 객원교수 역임.
논문: 〈프루스트의 스완의 사랑에 나타난 이야기의 구조적 분석〉
　　　〈바르트의 텍스트론〉〈프루스트의 은유와 환유〉
　　　〈프루스트의 자전적 글쓰기〉〈불어권 흑인 문학〉
　　　〈계몽주의와 프랑스적 정체성〉〈프랑스 페미니즘 문학〉 등.
역서: 사르트르의 《구토 외》, 디드로의 《운명론자 자크》,
　　　바르트의 《텍스트의 즐거움》 등.

東文選 文藝新書 178

사랑의 단상

초판 발행　2004년 11월 25일
개정 1쇄　2023년　5월 30일

지 은 이　롤랑 바르트
옮 긴 이　김희영
펴 낸 곳　東文選
　　　　　제10-64호, 1978년 12월 16일 등록
　　　　　서울 종로구 인사동길 40
　　　　　전화　02-737-2795
　　　　　팩스　02-733-4901
　　　　　이메일　dmspub@hanmail.net

ISBN　978-89-8038-948-3　94000
ISBN　978-89-8038-000-8　(세트)

78	艸衣選集	艸衣意恂 / 林鍾旭	20,000원
79	漢語音韻學講義	董少文 / 林東錫	10,000원
80	이오네스코 연극미학	C. 위베르 / 박형섭	9,000원
81	중국문자훈고학사전	全廣鎭 편역	23,000원
82	상말속담사전	宋在璇	10,000원
83	書法論叢	沈尹黙 / 郭魯鳳	16,000원
84	침실의 문화사	P. 디비 / 편집부	9,000원
85	禮의 精神	柳肅 / 洪熹	20,000원
86	조선공예개관	沈雨晟 편역	30,000원
87	性愛의 社會史	J. 솔레 / 李宗旼	18,000원
88	러시아 미술사	A. I. 조토프 / 이건수	26,000원
89	中國書藝論文選	郭魯鳳 選譯	25,000원
90	朝鮮美術史	關野貞 / 沈雨晟	30,000원
91	美術版 탄트라	P. 로슨 / 편집부	8,000원
92	군달리니	A. 무케르지 / 편집부	9,000원
93	카마수트라	바짜야나 / 鄭泰爀	18,000원
94	중국언어학총론	J. 노먼 / 全廣鎭	28,000원
95	運氣學說	任應秋 / 李宰碩	15,000원
96	동물속담사전	宋在璇	20,000원
97	자본주의의 아비투스	P. 부르디외 / 최종철	10,000원
98	宗敎學入門	F. 막스 뮐러 / 金龜山	10,000원
99	변 화	P. 바츨라빅크 外 / 박인철	10,000원
100	우리나라 민속놀이	沈雨晟	15,000원
101	歌訣(중국역대명언경구집)	李宰碩 편역	20,000원
102	아니마와 아니무스	A. 융 / 박해순	8,000원
103	나, 너, 우리	L. 이리가라이 / 박정오	12,000원
104	베케트연극론	M. 푸크레 / 박형섭	8,000원
105	포르노그래피	A. 드워킨 / 유혜련	12,000원
106	셸 링	M. 하이데거 / 최상욱	12,000원
107	프랑수아 비용	宋勉	18,000원
108	중국서예 80제	郭魯鳳 편역	16,000원
109	性과 미디어	W. B. 키 / 박해순	12,000원
110	中國正史朝鮮列國傳(전2권)	金聲九 편역	120,000원
111	질병의 기원	T. 매큐언 / 서 일 · 박종연	12,000원
112	과학과 젠더	E. F. 켈러 / 민경숙 · 이현주	10,000원
113	물질문명 · 경제 · 자본주의	F. 브로델 / 이문숙 外	절판
114	이탈리아인 태고의 지혜	G. 비코 / 李源斗	8,000원
115	中國武俠史	陳山 / 姜鳳求	18,000원
116	공포의 권력	J. 크리스테바 / 서민원	23,000원

【기 타】